A LINGUAGEM OCULTA DOS
SÍMBOLOS
E
ALFABETOS MÁGICOS

SANDRA KYNES

A LINGUAGEM OCULTA DOS SÍMBOLOS E ALFABETOS MÁGICOS

História, Origens, Rituais,
Alfabeto das Bruxas, Ogham, Runas,
Sigilos e muito mais

Tradução
Marcos Malvezzi

Editora
Pensamento
SÃO PAULO

Título do original: *Magical Symbols and Alphabeths*.

Copyright © 2020 Sandra Kynes.

Publicado originalmente por Llewellyn Publications, Woodbury, MN 55125 – USA – www.llewellyn.com

Copyright da edição brasileira © 2023 Editora Pensamento-Cultrix Ltda.

1ª edição 2023.

Todos os direitos reservados. Nenhuma parte deste livro pode ser reproduzida ou usada de qualquer forma ou por qualquer meio, eletrônico ou mecânico, inclusive fotocópias, gravações ou sistema de armazenamento em banco de dados, sem permissão por escrito, exceto nos casos de trechos curtos citados em resenhas críticas ou artigos de revista.

A Editora Pensamento não se responsabiliza por eventuais mudanças ocorridas nos endereços convencionais ou eletrônicos citados neste livro.

Editor: Adilson Silva Ramachandra
Gerente editorial: Roseli de S. Ferraz
Preparação de originais: Adriane Gozzo
Gerente de produção editorial: Indiara Faria Kayo
Editoração eletrônica: S2 Books
Revisão: Erika Alonso

**Dados Internacionais de Catalogação na Publicação
(CIP)(Câmara Brasileira do Livro, SP, Brasil)**

Kynes, Sandra
 A linguagem oculta dos símbolos e alfabetos mágicos : história, origens, rituais, alfabeto das bruxas, ogham, runas, sigilos e muito mais / Sandra Kynes ; tradução Marcos Malvezzi. -- São Paulo : Editora Pensamento, 2023.

 Título original: Magical symbols and alphabeths
 Bibliografia.
 ISBN 978-85-315-2301-4

 1. Esoterismo 2. Magia 3. Ocultismo 4. Rituais 5. Símbolos I. Título.

23-155437   CDD-133.4

Índices para catálogo sistemático:
1. Rituais e encantamentos : Ocultismo 133.4
Eliane de Freitas Leite - Bibliotecária - CRB 8/8415

Direitos de tradução para o Brasil adquiridos com exclusividade pela
EDITORA PENSAMENTO-CULTRIX LTDA., que se reserva a
propriedade literária desta tradução.
Rua Dr. Mário Vicente, 368 – 04270-000 – São Paulo – SP – Fone: (11) 2066-9000
http://www.editorapensamento.com.br
E-mail: atendimento@editorapensamento.com.br
Foi feito o depósito legal.

SUMÁRIO

Introdução 11

PARTE 1: SÍMBOLOS ASTROLÓGICOS

Capítulo 1: Raízes Distantes 17
    O retorno à Europa 20

Capítulo 2: Os Planetas 23
    Horas planetárias 25
    Trabalhando com os planetas 27

Capítulo 3: As Constelações Zodiacais 39
    Doze ou treze para a magia? 39
    Trabalhando com as constelações 40

PARTE 2: OS ELEMENTOS

Capítulo 4: A Filosofia dos Elementos 59
    A raiz da existência 60
    Os elementais e a alquimia 62

Capítulo 5: Os Elementos e o Autoconhecimento 67
    O arquétipo da terra 68
    O arquétipo da água 69
    O arquétipo do ar 70
    O arquétipo do fogo 70

Capítulo 6: Os Elementos em Ritual e Magia 73
    Meditação com os elementos 74
    Os símbolos na magia 75
    Seres elementais 78

PARTE 3: AS QUINZE ESTRELAS FIXAS

Capítulo 7: Estrelas Especiais 83
Usando as estrelas na magia 85
Atraindo o poder das estrelas 86

Capítulo 8: Trabalhando com as Quinze Estrelas Fixas 89
Ala Corvi 90
Aldebarã 91
Algol 92
Alfeca 93
Antares 94
Arturo 96
Capela 97
Deneb Algedi 98
As Plêiades 99
Polar 100
Prócion 101
Régulo 103
Sirius 104
Espiga 105
Vega 106

PARTE 4: O OGHAM

Capítulo 9: Teorias da Origem, Inscrições e Linguagens 111
Inscrições ogham 112
As linguagens do ogham 114
A escrita e o uso do ogham 115

Capítulo 10: O Ogham na Magia 117
Bastões ogham e divinação 121
Divinação ogham 122

Capítulo 11: Trabalhando com os Vinte Ogham Originais 123
Ailm/Aillim 124
Beith/Beithe/Beth 125

Coll/Call	126
Duir/Dair	126
Edad/Eadha/Eadhadh	128
Fearn/Fern	129
Gort	129
Huath/hÚath/Uath	130
Ioho/Idho/Iodho/Iodahdh	131
Luis	132
Muin/Muinn	133
Ngetal/nGétal/Gétal/nGéadal	134
Nion/Nuin/Nuinn	135
Onn/Ohn	136
Quert/Ceirt	137
Ruis	138
Saille/Saile	139
Straif/Straith	140
Tinne/Teine	141
Ur/Uhr/Ura	142

Capítulo 12: Trabalhando com os Forfeda **143**

Amhancholl/Eamancholl/Emancoll/Mór	143
Ebad/Éabhadh/também Koad/Grove	144
Ifin/Iphin	145
Oir/Or	146
Uilleann/Uilen/Uilleand	146
Peith/Pethboc/Pethbol	147
Phagos	148

PARTE 5: AS RUNAS

Capítulo 13: O Surgimento das Runas **151**

Inscrições rúnicas	152
Os alfabetos rúnicos	154
As runas pontilhadas	157
As runas anglo-saxônicas	158
As runas redescobertas	159

Capítulo 14: Runas para Magia e Orientação **161**

    Magia rúnica no século XXI.. 162

    Runas para orientação 167

Capítulo 15: Trabalhando com o Futhark Mais Velho e o Futhark Mais Jovem **169**

    Algiz 170

    Ansuz 171

    Berkanan 172

    Dagaz 173

    Ehwaz.. 173

    Fehu 174

    Gebo.. 175

    Hagalaz 176

    Ingwaz 177

    Isa 178

    Iwaz 178

    Jera 179

    Kenaz 180

    Laguz 181

    Mannaz 182

    Naudiz 183

    Oþila 184

    Perþ 185

    Raido 186

    Sowilo 187

    Thurisaz 188

    Tiwaz 190

    Uruz 191

    Wunjo.. 192

Capítulo 16: Trabalhando com Runas Próprias do Futhark Mais Jovem e do Anglo--Saxônico **193**

    Ac 193

    Aesc 194

    Ar.. 195

Calc	195
Cweorþ	196
Ear	197
Gar	197
Ior	198
Stan	199
Yr	199

PARTE 6: SIGILOS

Capítulo 17: Sigilos de Quadrados Mágicos 203
    Do quadrado para o sigilo 205

Capítulo 18: Sigilos de Palavras 209
    Criando um sigilo 210
    Ativando um sigilo 212
    Destruir ou não? 213

Capítulo 19: Método Pictórico de Spare 215
    Combinando os métodos de Spare 216
    Incorporando símbolos mágicos 217

Capítulo 20: Novos Métodos e Outros Usos 221
    De volta a Lo Shu 221
    O quadrado mágico alfabético 223
    Do quadrado para o círculo e o teclado 225
    Outros modos de usar sigilos 228

PARTE 7: O ALFABETO DAS BRUXAS E OUTRAS ESCRITAS MÁGICAS

Capítulo 21: O Alfabeto das Bruxas 235
    Renascimento e nova vida para o alfabeto 237
    O alfabeto das bruxas no século XXI 238

Capítulo 22: Outros Três Alfabetos Mágicos 241
    O alfabeto Malaquim 242
    O alfabeto Celestial 244
    Alfabeto Travessia do Rio 245

Capítulo 23: Paracelso, John Dee e Alfabetos Mágicos 249
    O alfabeto dos Magos 249
    O alfabeto Enoquiano 252

Resumo 257
Bibliografia 259
Índice remissivo 269
Contato com a autora 279

INTRODUÇÃO

APESAR DE NÃO PERCEBERMOS, OS símbolos estão presentes em nossa vida diária, em forma de placas de trânsito, instruções de lavagem, funções matemáticas e, claro, *emojis*. Embora comuniquem informação, esses símbolos não têm grande importância. Entretanto, em arte, mito, religião e magia, deparamo-nos com símbolos que transmitem significado profundo e oferecem orientação.

Desde tempos imemoriais, as pessoas têm utilizado símbolos para explicar eventos incomuns, o mundo natural e o Divino místico. Eles eram – e ainda são – utilizados para expressar ideias abstratas. Embora o uso de símbolos encontrados nas cavernas Lascaux, na França, e em Altamira, na Espanha, remonte a aproximadamente 30.000 a.C., descobertas mais recentes na África revelam a presença deles em tempos ainda mais remotos, por volta de 70.000 a.C.[1] Parece que estamos mesmo programados para utilizar símbolos.

Após dedicar a vida ao estudo da cultura neolítica e da Idade do Bronze na Europa, a estudiosa e arqueóloga Marija Gimbutas (1921-1994) considerou muitos desses símbolos antigos "um alfabeto da metafísica".[2]

A transmissão de informações por meio de símbolos tinha importância vital antes da linguagem escrita e mesmo em períodos posteriores, quando a maior parte da população ainda era analfabeta.

---

1 Alexander Marshack. *The Roots of Civilization: The Cognitive Beginnings of Man's First Art, Symbol and Notation*. Wakefield, RI: Moyer Bell Ltd., 1991. p. 57; Nicholas St. Fleur, "Oldest Known Drawing by a Human is Found in South Africa", *The New York Times*, 13 set. 2018, p. 10.

2 Marija Gimbutas. *The Language of the Goddess*. São Francisco: HarperSanFrancisco, 1991. p. xv.

Eram fáceis de compreender e serviam de abreviações simples para conceitos. Também eram úteis para esconder informações dos não iniciados.

O psicólogo suíço Carl Jung (1875-1961) escreveu sobre a profunda relevância dos símbolos e do fato de sermos atraídos a eles porque, em algum lugar de nossa psique, reconhecemos sua importância. Como a maioria dos símbolos tem múltiplas camadas – operam nos níveis emocional, intelectual e espiritual –, despertam uma reação em nosso íntimo. O mitólogo, escritor e palestrante Joseph Campbell (1904-1987) comentava que os símbolos nos ajudam "a nos identificarmos com a força simbolizada".[3] Segundo Campbell, um símbolo proporciona um meio de acessar a realidade do conceito simbolizado e, de uma forma ou de outra, juntar-se a ele ou corporificá-lo.

Derivada do grego *symbolon*, a palavra símbolo já experimentou uma variedade de significados, um dos quais se relaciona ao princípio da complementação.[4] Nesse sentido, o símbolo complementa ou faz parte de algo maior e, como abreviação, serve para transmitir o significado ou a verdade ali contida. Entretanto, na forma verbal, *symballein*, símbolo pode significar "oculto" ou "velado".[5] Em termos de magia, os símbolos fazem as duas coisas: tornam as informações acessíveis, mas também podem camuflá-las. Por exemplo, o ogham ou as runas podem parecer simples desenhos lineares, mas para o iniciado que distingue os caracteres reservam uma riqueza de informações.

Embora alguns dos símbolos aqui explorados tenham mais utilização que outros, todos oferecem abordagens exclusivas para trazer a magia à nossa vida. Este livro serve de introdução aos diversos sistemas de símbolos e alfabetos e possibilita ao leitor começar a usá-los nas práticas pessoais. Aos que já utilizam alguns, pode oferecer mais informações para melhor compreensão de seu contexto, sua história e relevância. São incluídas também informações e sugestões para o uso mágico, ritualístico e mundano, significativos aos pagãos e wiccanos do século XXI.

Com o objetivo de informar e inspirar, este livro serve de base sobre a qual você pode continuar acumulando conhecimento. Como a maioria dos sistemas é mais extensa do que permite o espaço, talvez o leitor queira aprofundar os estudos. Mesmo que você prefira não se dedicar mais a fundo a nenhum dos sistemas, o livro ainda será uma referência conveniente por muitos anos.

Cada parte aborda um sistema separado, a começar pelos símbolos astrológicos. Apesar de serem frequentemente associados à alta magia ou à magia cerimonial, e, claro, à astrologia, o propósito dessa parte é familiarizar o leitor com uma aplicação mais centrada no paganismo e no wicca. A parte 2

---

3 Joseph Campbell e Bill Moyers. *The Power of Myth*. Nova York: Doubleday, 1988.
4 Kenan B. Osborne. *Sacramental Theology: A General Introduction*. Nova York: Paulist Press, 1988. p. 60.
5 Udo Becker. *The Continuum Encyclopedia of Symbols*, trans. Lance W. Garmer. Nova York: Continuum International Publishing Group Inc., 2000. p. 5.

explora os elementos, os quais, em geral, não passam de um componente superficial de ritual e magia. Veremos quão expansivo e subjacente é o conceito dos elementos e como podemos acessar, de modo pleno, o poder deles. Embora enfoque os símbolos astrológicos, a parte 3 explora as estrelas "fixas". Elas formam um grupo especial de quinze estrelas consideradas particularmente potentes para magia desde tempos imemoriais.

As partes 4 e 5 examinam o ogham e as runas, respectivamente. Enquanto as origens exatas desses sistemas se perdem nas brumas proverbiais do tempo, essas partes seguem seus históricos tortuosos, separam fato de fantasia e apresentam sugestões realistas e significativas para o uso. A parte 6 explora sigilos e o desenvolvimento deles com base em quadrados mágicos até o método de palavras para criá-los. Também apresenta várias novas abordagens para a criação desses símbolos singulares. Por fim, a parte 7 trata de alfabetos mágicos, com foco especial naquele conhecido como o alfabeto das bruxas.

À medida que você for trabalhando com símbolos, descobrirá que eles proporcionam poder e simplicidade. Isso não significa que devemos dispensar o uso de acessórios mágicos e ritualísticos; no entanto, os objetos usados podem ser fortalecidos com símbolos. Além disso, quando incorporamos símbolos em nosso cotidiano, eles fornecem continuidade e nos permitem viver mais intensamente na magia à nossa volta. Apesar de eu já ter escrito a respeito de muitos desses sistemas, o aprofundamento em pesquisa mais intensa foi uma jornada interessante e estimulante, que aprimorou meu conhecimento e minha apreciação dos símbolos.

Ao mesmo tempo que simplesmente usamos os símbolos para fortalecer a energia de feitiços e rituais, o aprendizado pleno de sua história nos permite discernir como empregá-los de maneira relevante hoje. Fornece-nos uma base sobre a qual podemos continuar acumulando conhecimento enquanto desenvolvemos nossas habilidades e nossa expressão única na arte.

PARTE 1
SÍMBOLOS ASTROLÓGICOS

O propósito desta parte não é explicar como se criam e interpretam mapas ou leituras astrológicas, mas, sim, explorar as raízes históricas da astrologia e seus símbolos. Examinaremos a relevância desses símbolos na magia para pagãos e wiccanos do século XXI, independentes da astrologia.

Intimamente ligados a traços pessoais e a forças a eles associadas, os signos do zodíaco costumam ser utilizados com o intuito de canalizar energia para uso mágico, de acordo com o signo de nascimento. Visto sob a lente dos quatro elementos e longas listas de correspondências, às vezes o poder das constelações e dos planetas parece se perder. Exploraremos como os símbolos astrológicos podem ser utilizados para energizar feitiços e rituais, além de cultivar aspectos da vida pessoal. Embora os signos solares e os planetas sob os quais nascemos possam reservar significado e poder especiais para nós, a energia desses corpos celestes está disponível para qualquer pessoa usar, seja qual for o signo do nascimento.

CAPÍTULO 1

RAÍZES DISTANTES

A INFLUÊNCIA GREGA NA ASTRONOMIA foi extensa. No entanto, os gregos não foram os primeiros observadores das estrelas. Os babilônios, os persas, os egípcios, os indianos e os chineses também estudavam o firmamento. A Lua, satélite mais próximo da Terra e o mais impressionante a olho nu, era o foco da astronomia e da astrologia primitivas.

Já no segundo milênio antes de Cristo, os chineses coordenavam seus doze signos zodiacais com vinte e oito mansões lunares – segmentos do céu que assinalavam a posição da Lua. Os hindus da Índia contavam com um sistema semelhante, com o qual acompanhavam o progresso da Lua pelo céu, dividindo seu caminho em mansões lunares. Em época aproximada, a astronomia da Mesopotâmia concentrava-se na Lua e nos eclipses para formar um calendário com base lunar. Os mesopotâmios só começaram a se interessar pelos movimentos dos planetas com o desenvolvimento da literatura profética, por volta de 1.000 a.C., que, inicialmente, se aplicava à realeza, não à população comum.[6] A astrologia profética babilônica posterior baseava-se na premissa de que a influência celestial era relevante tanto para eventos importantes quanto para os mundanos.

A Babilônia, cidade mais famosa da Mesopotâmia, era a capital da região sudeste, local da antiga nação da Suméria. Conforme os babilônios expandiram sua astrologia além dos planetas e da Lua

---

6   Jim Tester. *A History of Western Astrology*. Woodbridge, Inglaterra: The Boydell Press, 1996. p. 13.

para incluir as estrelas, adaptaram as constelações antes reconhecidas pelos sumérios. Fenômenos meteorológicos também foram incluídos em observações e predições. Além disso, a astrologia babilônica e a literatura profética divergiam da astrologia anterior por causa da premissa de que os céus não direcionavam os eventos; em vez disso, ofereciam sinais. Pretendida não apenas para os ricos, era usada por fazendeiros que por ela se orientavam no plantio e na colheita. Quando a cidade ganhou proeminência, o nome *Babilônia* passou a identificar toda uma cultura e área.

Por fim, os babilônios registravam o movimento dos planetas, como evidenciam milhares de tábuas cuneiformes que indicam que estudavam com atenção as constelações sumerianas e inventaram um zodíaco para astronomia matemática. O zodíaco é um clube exclusivo de constelações que aparecem ao longo de uma faixa do céu chamada *eclíptica*, que circunda a Terra. Essa faixa acompanha o arco anual do Sol. Afirmar que o Sol está em um dos signos zodiacais significa que se posiciona entre a Terra e as constelações. Por isso as constelações também são chamadas de *signos solares*.

As doze constelações na eclíptica tornaram-se o foco da astronomia e da astrologia babilônica, substituindo as dezessete constelações anteriores que apareciam ao longo do caminho da Lua. Com esmero, os astrônomos dividiram o círculo de 360 graus da eclíptica em doze segmentos iguais de 30 graus. Usado primeiro pelos babilônios no século V a.C., o sistema também incluía cálculos matemáticos para posições planetárias e lunares.[7] Incorporando as constelações zodiacais no sistema, eles desenvolveram uma nova forma de astrologia, e os textos proféticos mais antigos foram reescritos e aprimorados. Símbolos para os planetas e para as constelações zodiacais eram usados em astronomia, astrologia e textos mágicos.

Os caldeus foram um povo semítico que habitou a área sul ao redor da Babilônia. Seu líder, Nabopolassar (que reinou entre c. 625-605 a.C.), aproveitou-se da oportunidade de se tornar rei da Babilônia em 625 a.C. e criou uma dinastia caldeia de governantes que ocupou o poder até 539 a.C., quando os persas invadiram a cidade e os dominaram.[8] O termo *caldeu* virou sinônimo de *babilônio* e era usado por alguns escritores antigos em referência aos estudiosos e sacerdotes da região renomados pelo conhecimento de astronomia e astrologia. Apesar do prestígio destes, tábuas antigas encontradas nas cidades de Uruk e da Babilônia indicavam que astronomia e astrologia eram uma ocupação secundária, não uma profissão em tempo integral. Por causa da crença em demônios, os astrólogos frequentemente cumpriam também a função de exorcistas.

---

7 Ulla Koch-Westenholz. *Mesopotamian Astrology: An Introduction to Babylonian and Assyrian Celestial Divination*. Copenhague, Dinamarca: Museum Tusculanum Press, 1995. p. 163.
8 Os editores da Encyclopaedia Britannica, "Babylonia". *Encyclopaedia Britannica*, Inc., 12 jul. 2016, disponível em: https://www.britannica.com/place/Babylonia.

Os persas contribuíram para a disseminação da astronomia e da astrologia da Babilônia, levando-as consigo nas campanhas de conquista em outras terras. Embora os antigos egípcios mapeassem as estrelas para uso em calendário, não adotaram o estilo babilônio de astrologia trazido pelos persas. A mudança chegou mais tarde ao Egito, durante a ocupação grega.

Com o movimento do comércio de mercadorias, a informação filtrou-se pelo Mediterrâneo e para o leste, até a Índia e a China. Como já mencionado, a antiga astrologia hindu baseava-se na posição da Lua; porém, os hindus adaptaram parte da astrologia profética babilônica em seu sistema. Quanto à China, apesar de alguns acadêmicos do início do século XX tentarem corroborar uma influência babilônica, o país se ateve a um sistema celestial próprio.[9] Segundo os gregos, a astrologia foi apresentada a eles pelo estudioso e sacerdote caldeu Beroso (c. 330-250 a.C.), que fundou uma escola na ilha de Kos, no mar Egeu, em 290 a.C.[10] Os gregos usaram suas ideias e redefiniram o trabalho de babilônios e egípcios, incorporando-o ao seu. Além disso, associaram os planetas às suas divindades e aplicaram os conceitos dos elementos e da regência planetária. A regência baseava-se na distância entre cada planeta e o Sol e na velocidade com que pareciam atravessar o zodíaco. A sequência de planetas e sua regência também se aplicavam aos dias da semana e às horas do dia. Posteriormente, o matemático e astrônomo greco-romano Cláudio Ptolomeu (c. 100-170 a.C.), mais conhecido apenas como Ptolomeu, sugeriu que estrelas e constelações tinham "naturezas" semelhantes a um ou dois dos planetas. Atribui-se ao estudioso, biólogo e físico Teofrasto (c. 372-287 a.C.) o crédito de associar os corpos celestes a plantas e cristais e integrá-los à prática da medicina.

No século I a.C., o interesse romano pela astrologia já era muito alto. Inúmeros textos desse período que tratam do assunto eram atribuídos aos deuses Hermes e Esculápio, ambos associados à cura. Apesar de não existirem mais, esses textos são conhecidos por referências na obra de astrólogos posteriores. Um texto que sobreviveu foi o do poeta romano Marco Manílio (século I d.C.). Embora seu poema instrucional intitulado *Astronomica* enfocasse o zodíaco, as estrelas fixas e as casas do horóscopo, continha pouca coisa a respeito dos planetas.

---

9   David W. Pankenier. "On Chinese Astrology's Imperviousness to External Influences". *Astrology in Time and Place: Cross-Cultural Questions in the History of Astrology*, org. Nicholas Campion e Dorian Geiseler-Greenbaum. Newcastle upon Tyne, Inglaterra: Cambridge Scholars Publishing, 2015. pp. 3-26.

10   James Herschel Holden. *A History of Horoscopic Astrology*. 2ª ed. Tempe, AZ: American Federation of Astrologers, Inc., 2006. p. 7.

O RETORNO À EUROPA

Após o declínio do Império Romano, a Europa entrou em um período caótico chamado *Idade das Trevas* (c. 500-1000 d.C.), quando o avanço do aprendizado e do conhecimento sofreu uma parada gritante. Estudiosos em fuga dessa devastação levaram consigo para o Oriente Médio as observações e ideias dos antigos contempladores das estrelas. Ávidos por expandir seu conhecimento, filósofos e cientistas árabes deram as boas-vindas aos recém-chegados, e Bagdá tornou-se um centro importante de aprendizado, onde os textos europeus foram traduzidos para o árabe. O filósofo, matemático e astrônomo Estéfano de Alexandria (c. 550-622 d.C.) era entusiasta e colecionador de livros de astrologia, conhecido pelo tratado sobre alquimia. Depois de passar algum tempo em Bagdá, mudou-se para Constantinopla, que se tornava, na época, um crisol de sabedoria. Assim como Estéfano, outros estudiosos empenhavam-se em disseminar conhecimento por onde viajavam.

Ao se filtrar de volta para o Ocidente, a astrologia esbarrou na condenação da poderosa Igreja cristã. Entretanto, firmou-se na Espanha do século X por causa da influência dos mouros, que governaram o país por cerca de oitocentos anos. Apesar de a astrologia ser tão controvertida, muitos astrônomos islâmicos a consideravam ramificação de sua ciência. À medida que se tornava mais popular entre os leigos, os símbolos astrológicos que personificavam os planetas e as constelações zodiacais foram incorporados à arte islâmica. Acreditava-se que objetos decorados com esses motivos tinham poder talismânico.

Impacientes por conhecimento, os estudiosos europeus viajavam para a Espanha e o Oriente Médio, onde grande parte das obras traduzidas do grego para o árabe estava sendo traduzida para o latim. Em decorrência disso, os estudos astrológicos na Europa explodiram durante os séculos XII e XIII. O médico e estudioso de Pádua, Pietro d'Abano (1257-1316), foi um dos muitos influenciados pelos textos árabes recém-traduzidos. Escreveu livros sobre medicina, astrologia e filosofia e desempenhou papel importante no desenvolvimento da medicina astrológica. Negava a existência e a influência de espíritos e demônios e acreditava que os corpos celestes podiam definir as questões humanas, o que lhe causou problemas com a Igreja. Tampouco agradou às autoridades locais o fato de ele ter desenhado centenas de símbolos astrológicos na sede da prefeitura de Pádua. Julgado duas vezes pela Inquisição, foi condenado, mas morreu em custódia antes da sentença.

De acordo com uma crença em voga na época, anjos e demônios habitavam o Cosmos. Mais conhecido por ser o primeiro a escrever sobre a lenda do rei Arthur em *Historia Regum Britanniae* (*História dos Reis Britânicos*), o clérigo e cronista inglês Geoffrey de Monmouth (c. 1100-1155) explicava que Deus criou o Universo, os anjos viviam acima das estrelas, e os demônios moravam acima da

Lua.[11] Os astrólogos da época tinham visão um pouco diferente e diziam que as inteligências celestiais e os espíritos planetários povoavam o Universo. Havia, ainda, a crença de que, quando a alma de uma pessoa descia do céu – seu local de origem –, ganhava atributos dos planetas.

Apesar de suas doutrinas, a Igreja, às vezes, fazia vista grossa, e as pessoas descobriam maneiras de escapar ao escrutínio eclesiástico. Até alguns membros do clero agiam assim, em particular em mosteiros rurais, onde se acreditava que a magia natural aperfeiçoava o conhecimento. Trabalhando com o mundo natural, a magia natural, ou branca, incluía o estudo das estrelas, das pedras, das ervas e dos animais. A magia era considerada um ramo da astrologia, e vice-versa. A magia natural era vista como oposta à demoníaca, ou negra.

Frequentemente relacionada à divinação (ou adivinhação), a astrologia sofria denúncias dos líderes da Igreja, mas quando compreendida como filosofia não era considerada tão problemática. A arte da divinação era malvista por ser interpretada como tentativa de conhecer os planos de Deus. Entretanto, magia, astrologia e divinação ganharam popularidade na Idade Média, e os livros sobre esses temas eram, muitas vezes, disfarçados de textos filosóficos ou religiosos. Um testemunho da vasta familiaridade da astrologia, o livro *Os Contos de Cantuária*, de Geoffrey Chaucer (c. 1342-1400), é repleto de referências à astrologia, característica comum em outras obras literárias da época.

Os séculos XV e XVI foram a era dourada para a astrologia na Europa. Nesse período, o médico e estudioso alemão Henrique Cornélio Agrippa de Nettesheim (1486-1535) produziu sua famosa obra, *Três Livros de Filosofia Oculta*. Nos estudos e viagens pela Europa em 1510, Agrippa enviou uma carta ao abade Johannes Trithemius (1462-1516), na qual pedia conselhos e explicava ser um "explorador das forças misteriosas da natureza".[12] O abade o encorajou a continuar com os estudos do oculto, e, em companhia de amigos que pensavam como ele, Agrippa formou uma sociedade secreta. Mais tarde, quando trabalhava como professor de filosofia e teologia na Universidade de Dôle na Borgonha, França, suas aulas geraram suspeita de heresia. Agrippa defendeu-se com o escudo da "teologia" para seu trabalho. Tornou-se pensador e escritor influente de sua época.

Ao enfocar a magia natural, Agrippa tentou conciliá-la com as teorias cristãs. Sua meta era entender o funcionamento da natureza. Esse objetivo caminhava de mãos dadas com a crença de que a compreensão do material e do espiritual podia ser encontrada nos corpos celestes, porque as estrelas e os planetas eram considerados perfeitos.

---

11 Nicholas Campion. *A History of Western Astrology Volume II: The Medieval and Modern Worlds*. Nova York: Continuum US, 2009. p. 69.
12 Marc van der Poel. *Cornelius Agrippa: The Humanist Theologian and His Declamations*. Nova York: Brill, 1997. p. 16.

Apesar de condenar publicamente a astrologia e a magia, a Igreja flertava com esses temas. Não eram apenas os monges de menor posição que se escondiam em mosteiros remotos, mas também abades e papas participavam de um submundo clerical que explorava o reino da magia. Ocasionalmente, indivíduos por eles condenados eram empregados pela Igreja e pela realeza, como foi o caso de Agrippa, que se tornou conselheiro do Imperador Carlos V (1500-1558), do Sacro-Império Romano.

O mentor de Agrippa, Johannes Trithemius, foi abade em Sponheim e, posteriormente, no mosteiro Schotenkloster, em Würzburg, na Alemanha. Em 1508, Trithemius publicou *De Septum Secundis* (*As Sete Inteligências Secundárias*), em que explicava que cada planeta tinha a própria personalidade, caráter e consciência.[13] Embora abades aventureiros como Trithemius precisassem mudar de localidade de tempos em tempos para evitar o escrutínio de suas práticas paralelas, não se submetiam à disciplina nem à punição impostas pelos irmãos mais rígidos e dogmáticos.

Por algum tempo, a ciência e a astrologia coexistiram, e até alguns dos fundadores da astronomia moderna, como Nicolau Copérnico (1473-1543) e Johannes Kepler (1571-1630), se envolviam com astrologia. Universidades criavam cátedras de astrologia, e em algumas faculdades o tema era incluído no currículo para estudantes de medicina. A medicina astrológica continuava ganhando popularidade e se tornou quase *de rigueur* para médicos, clérigos e leigos. Foram escritos livros a respeito das normas da medicina astrológica que incluíam informações sobre signos zodiacais, o poder dos planetas, a posição da Lua e as estrelas fixas. O próprio célebre herbalista inglês Nicholas Culpeper (1616-1654) escreveu vários livros de astrologia e a integrou em sua prática de herbalismo.

No fim, a Revolução Científica desencadeou uma divergência entre astronomia e astrologia, afastando a segunda do campo da ciência. Entretanto, a influência e a popularidade da astrologia nunca esmoreceram. Nos capítulos a seguir, veremos como trabalhar com a energia e o simbolismo dos planetas e das constelações zodiacais para magia e ritual.

---

13   Campion. *A History of Western Astrology,*. p. 118.

CAPÍTULO 2
OS PLANETAS

ANTIGOS CONTEMPLADORES DAS ESTRELAS OBSERVAVAM que algumas delas pareciam vagar em vez de seguir um caminho fixo. Os gregos as chamavam de *planetes*, "estrelas errantes", do verbo *planasthai*, que significa "vagar" ou "perambular".[14] Certos de que os planetas eram seres divinos que se moviam por vontade própria, os gregos lhes atribuíam grande crédito, além da habilidade de influenciar não só a vida humana, mas também conferir poder às estrelas que não vagavam: as constelações.

Ptolomeu e Agrippa, porém, tinham filosofias diferentes quanto à relação entre as estrelas e os planetas. Segundo a astróloga, geóloga e autora britânica Vivian Robson (1890-1942), Ptolomeu observou que, em vez de ser regida por um planeta, uma estrela poderia ter natureza ou influência semelhante a ele.[15] Agrippa, por sua vez, teorizava que as estrelas eram fonte de poder aos planetas, não o contrário.

Já mencionado aqui no julgamento pela Inquisição, Pietro d'Abano às vezes recebe o crédito de ter escrito um livro intitulado *Heptameron* (*Elementos Mágicos*), que incluía encantamentos e ritos com o intuito de conjurar anjos para cada dia da semana. De acordo com o livro, cada planeta era

---

[14] Sam Mickey. *Whole Earth Thinking and Planetary Coexistence: Ecological Wisdom at the Intersection of Religion, Ecology, and Philosophy*. Nova York: Routledge, 2016. p. 97.

[15] Vivian Robson. *The Fixed Stars & Constellations in Astrology*. Abingdon, MD: The Astrology Center of America, 2005. p. 98.

ligado a um anjo, a uma inteligência e a um espírito que poderiam ser conjurados por meio de rituais complexos. Hoje, é mais comum usar os planetas conforme as energias a eles associadas, em vez de anjos e espíritos.

Assim como as fases da Lua, os planetas também podem ser utilizados na execução de encantamentos e rituais. Essa relação dos planetas com os dias da semana remonta ao babilônios/caldeus. Contudo, na Antiguidade, apenas cinco planetas eram conhecidos: Júpiter, Marte, Mercúrio, Saturno e Vênus. Frequentemente chamados de *luminárias*, o Sol e a Lua eram incluídos no sistema planetário por serem considerados esferas que giravam em torno da Terra.

O modo mais fácil de utilizar energia planetária para cronometrar eventos é se basear nos dias da semana ligados a eles. Assim como a invocação de uma runa ou de um elemento, o símbolo de um planeta pode ser desenhado em objetos para encantamentos ou entalhado em uma vela para meditação das qualidades associadas do planeta. A energia planetária pode ser utilizada para aperfeiçoar o trabalho dos sonhos, a divinação e o trabalho psíquico, bem como os eventos do dia a dia.

A Tabela 1.1 apresenta destaques para os temas planetários. Consulte as informações individuais de cada planeta para verificar os detalhes. Embora os três planetas "novos" (Netuno, Plutão e Urano) não tenham dias da semana no trabalho planetário tradicional e na astrologia, há dias apropriados para eles. O argumento contra o uso desses planetas é que se encontram muito distantes para exercer qualquer influência; as estrelas, porém, estão muito mais longe, mas acredita-se que tenham poder. Siga o coração e trabalhe com a energia desses planetas se sentir que são apropriados a você.

TABELA 1.1 TEMAS PLANETÁRIOS		
Dia	Planeta	Aspectos
Segunda-feira	Lua	Criatividade, emoções, divinação, trabalho com sonhos, inspiração, intuição, amor, trabalho psíquico, espiritualidade, transformação
Terça-feira	Marte	Ação, coragem, defesa, determinação, energia, força de vontade, habilidades, iniciativa, motivação, paixão, proteção, tenacidade,
	Plutão	Vida após a morte, avanço espiritual, memórias, trabalho com sonhos, renovação, transformação
Quarta-feira	Mercúrio	Adaptabilidade, comunicação, expressão, ideias, intelecto, mensagens, profecias, riqueza, sabedoria, sucesso, viagem
Quinta-feira	Júpiter	Abundância, ambição, autoridade, confiança, crescimento, justiça, liderança, oportunidades, prosperidade, realização, sorte
	Netuno	Criatividade, espíritos, habilidades psíquicas, intuição, percepção, trabalho com sonhos, paixão, profecia, talentos
Sexta-feira	Vênus	Afeição, amor, compaixão, consideração, cooperação, estética, harmonia, paixão, relacionamentos, sensualidade, sexualidade

TABELA 1.1 TEMAS PLANETÁRIOS		
Dia	Planeta	Aspectos
Sábado	Saturno	Ciclos, comprometimento, conhecimento, disciplina, estabilidade, expulsão, fronteiras, justiça, obstáculos, responsabilidade
	Urano	Criatividade, independência, inovação, inventividade, motivação, mudança
Domingo	Sol	Bem-estar, crescimento, cura, força, liderança, manifestação, motivação, poder, prosperidade, proteção, renovação, sabedoria

HORAS PLANETÁRIAS

Cronometrar eventos pela hora planetária é mais complexo que pelo dia da semana. Assim como nosso dia-padrão, um dia planetário tem 24 horas, mas esta é a única semelhança. Diferente de um dia-padrão, que vai de meia-noite a meia-noite, um dia planetário estende-se de um nascer do sol ao próximo. Divide-se em 12 horas até o pôr do sol e 12 do anoitecer até o alvorecer. Para esse sistema funcionar, a duração das horas durante o dia e a noite varia. E é claro que os horários do nascer e do pôr do sol mudam no decorrer do ano.

Antes de você entrar em pânico, saiba que os horários do pôr do sol são fáceis de encontrar *on-line*, até com tabelas para o ano todo.[16] Há, ainda, calculadoras *on-line*, assim como *softwares* e aplicativos que fornecem essas tabelas, o que facilita muito o uso das horas planetárias. Independentemente de o leitor fazer ou não os cálculos por conta própria, precisará dos horários do nascer e do pôr do sol para determinado dia e do pôr do sol do dia seguinte.

Como exemplo, usaremos os horários do nascer e do pôr do sol de domingo, às 5h25 e 19h51, e do pôr do sol seguinte, às 5h22. A duração do período diurno (entre 5h25 e 19h51) é de 14 horas e 27 minutos. Do período noturno (entre 19h52 e 5h22) é de 9 horas e 31 minutos.

O passo seguinte é converter as horas em minutos. Em nosso exemplo, o período diurno tem 867 minutos, e o noturno, 571. Como o dia planetário é dividido pela metade, com 12 horas cada, divida os minutos diurnos e noturnos por 12 para obter a duração de uma hora para cada metade do dia. No exemplo, a hora diurna tem 72 minutos, e a noturna, 47.

O passo final é calcular o início de cada hora. Dando continuidade ao exemplo, a primeira hora começa ao nascer do sol, 5h25, e dura 72 minutos, o que significa que a segunda hora começa às 6h37,

---

16 Você pode verificar os horários do pôr do sol em aplicativos diversos, como Clima Tempo, AccuWeather, Cptec Inpe. Para o público norte-americano, o *site* do Observatório Naval contém essa informação. Disponível em: http://aa.usno.navy.mil/data/docs/RS_OneYear.php. Acesso em: 18 maio 2018.

e assim por diante. No pôr do sol, a hora muda para 47 minutos. Agora você pode ver por que uma calculadora *on-line* ou um aplicativo são ferramentas maravilhosas.

O planeta associado à primeira hora do dia é o mesmo que o planeta do dia. Por exemplo, o dia e a primeira hora do domingo são associados ao Sol. A partir daí, as horas planetárias seguem a ordem estabelecida pelos babilônios/caldeus, as quais eram distribuídas de acordo com o modo como percebiam o movimento – do mais lento para o mais rápido. A ordem é Saturno, Júpiter, Marte, Sol, Vênus, Mercúrio, Lua. Em nosso exemplo, a primeira hora do domingo é o Sol; a segunda, Vênus, e assim por diante. Depois da quarta hora – a da Lua –, a ordem recomeça com Saturno. A Tabela 1.2 traz uma lista das horas planetárias.

TABELA 1.2 HORAS PLANETÁRIAS							
Hora	Domingo	Segunda	Terça	Quarta	Quinta	Sexta	Sábado
Horas diurnas							
1	Sol	Lua	Marte	Mercúrio	Júpiter	Vênus	Saturno
2	Vênus	Saturno	Sol	Lua	Marte	Mercúrio	Júpiter
3	Mercúrio	Júpiter	Vênus	Saturno	Sol	Lua	Marte
4	Lua	Marte	Mercúrio	Júpiter	Vênus	Saturno	Sol
5	Saturno	Sol	Lua	Marte	Mercúrio	Júpiter	Vênus
6	Júpiter	Vênus	Saturno	Sol	Lua	Marte	Mercúrio
7	Marte	Mercúrio	Júpiter	Vênus	Saturno	Sol	Lua
8	Sol	Lua	Marte	Mercúrio	Júpiter	Vênus	Saturno
9	Vênus	Saturno	Sol	Lua	Marte	Mercúrio	Júpiter
10	Mercúrio	Júpiter	Vênus	Saturno	Sol	Lua	Marte
11	Lua	Marte	Mercúrio	Júpiter	Vênus	Saturno	Sol
12	Saturno	Sol	Lua	Marte	Mercúrio	Júpiter	Vênus

TABELA 1.2 HORAS PLANETÁRIAS							
Hora	Domingo	Segunda	Terça	Quarta	Quinta	Sexta	Sábado
Horas noturnas							
1	Júpiter	Vênus	Saturno	Sol	Lua	Marte	Mercúrio
2	Marte	Mercúrio	Júpiter	Vênus	Saturno	Sol	Lua
3	Sol	Lua	Marte	Mercúrio	Júpiter	Vênus	Saturno
4	Vênus	Saturno	Sol	Lua	Marte	Mercúrio	Júpiter
5	Mercúrio	Júpiter	Vênus	Saturno	Sol	Lua	Marte
6	Lua	Marte	Mercúrio	Júpiter	Vênus	Saturno	Sol
7	Saturno	Sol	Lua	Marte	Mercúrio	Júpiter	Vênus

TABELA 1.2 HORAS PLANETÁRIAS							
Hora	Domingo	Segunda	Terça	Quarta	Quinta	Sexta	Sábado
8	Júpiter	Vênus	Saturno	Sol	Lua	Marte	Mercúrio
9	Marte	Mercúrio	Júpiter	Vênus	Saturno	Sol	Lua
10	Sol	Lua	Marte	Mercúrio	Júpiter	Vênus	Saturno
11	Vênus	Saturno	Sol	Lua	Marte	Mercúrio	Júpiter
12	Mercúrio	Júpiter	Vênus	Saturno	Sol	Lua	Marte

TRABALHANDO COM OS PLANETAS

Trabalhar com a energia e o simbolismo dos planetas é como invocar o poder dos elementos ou das runas. Quer você use ou não as horas e os dias planetários, os símbolos deles podem ser utilizados a qualquer momento para aprimorar a energia dos encantamentos, fazer talismãs, melhorar os rituais, e qualquer propósito mundano que lhe pareça apropriado. O uso de símbolos em meditação e/ou visualização também auxilia a cultivar o caráter associado a um planeta.

Embora hoje a fonte dos símbolos seja ocasionalmente atribuída ao estudioso e autor Caio Júlio Higino (c. 64 a.C-17 d.C.), de um texto intitulado *Poeticon Astronomicon*, outras pessoas os atribuem à obra de um autor posterior, porque, na realidade, os símbolos não se encontram nas primeiras cópias do livro de Higino, mas aparecem na edição de 1539, impressa pelo editor alemão Johannes Soter (c. 1519-1543). Nas definições a seguir, o leitor verá que, embora muitos símbolos modernos derivem de manuscritos medievais, têm raízes em tradições egípcias, gregas e romanas. Além dos símbolos modernos, duas variantes se incluem nas ilustrações; porém, há muitas outras que podem ser pesquisadas. Há, ainda, informação sobre plantas e cristais relacionados aos símbolos, assim como sugestões para o uso da energia de cada planeta.

Júpiter

Maior planeta do sistema solar, Júpiter tem o nome do deus romano supremo. Também conhecido como Jove, era um poderoso deus do céu e do trovão. Fundamentalmente, o planeta se relaciona à autoridade, ao aprendizado, ao crescimento, à realização e à sorte. As forças principais atuantes na vida diária são ambição, liderança, honra, confiança e justiça. A energia desse planeta pode inculcar sentido de justiça e da necessidade de seguir princípios que sustentem o desejo de governar. Ajuda a ser confiável, autoconfiante e assertivo, de modo apropriado.

A energia de Júpiter pode ser empregada para atrair abundância e prosperidade. Entalhe o símbolo desse planeta em uma vela destinada a encantamentos e poderá estimular oportunidades e alcançar sucesso. Para fins de trabalho e negócios, desenhe-o em um pedaço de papel e guarde-o onde você lida com finanças. Isso o ajudará a construir riqueza. Pinte-o em um pedaço de ametista como lembrete para tratar as pessoas com generosidade e dignidade. Esse símbolo ajuda a cultivar a disciplina e a gentileza para o uso de poder e autoridade com sabedoria. Desenhe-o em um pedaço de papel e depois o enrole em um cristal de diopsídio para rituais de cura. Use o símbolo em uma joia, se possível feita de estanho, quando estiver em busca de justiça.

Figura 1: Símbolo moderno/1539 de Júpiter (esquerda), com variantes dos séculos XIV (centro) e XVI (direita).

Embora sua origem remonte ao fim da era medieval, o símbolo moderno de Júpiter talvez se baseie no antigo símbolo grego do planeta: a letra Z (de Zeus), com uma linha horizontal no meio. De acordo com outras teorias, o símbolo é um glifo representando uma águia, o pássaro de Júpiter. Também se parece com o símbolo alquímico do estanho, metal associado a Júpiter. Entretanto, o símbolo do século XIV é um dos símbolos alquímicos do chumbo. Já o do século XVI representa um orbe e um cetro, símbolos de poder.

Algumas plantas associadas a Júpiter são anis, betônica, borragem, cedro, potentilha, cravo, ulmária, mirra, carvalho e sálvia. Entre os cristais, incluem-se ametista, ametrina, diopsídio, esmeralda, lepidolita, sugilita, turquesa e zircão vermelho. Júpiter é associado ao metal estanho e aos elementos ar e fogo. Na astrologia, é o planeta regente de Sagitário e Peixes.

Marte

Mais conhecido como o deus romano da guerra, Marte também se relacionava à agricultura, só perdendo em importância para Júpiter. Fundamentalmente, esse planeta tem a ver com energia, ação, iniciativa, motivação e sexualidade masculina. As principais forças atuantes na vida diária são coragem (tanto física quanto moral), tenacidade e cautela. A energia de Marte ajuda a construir iniciativa, inspira os outros à ação e realiza tudo até a completude.

A energia desse planeta é útil quando há necessidade de ação para defesa ou impedimento de agressão. Pinte o símbolo de Marte em um pedaço de jaspe-sanguíneo e leve-o consigo para ter coragem e assertividade apropriadas. A energia de Marte ajuda a refinar as habilidades e o crescimento pessoal. É um auxílio para fortalecer a determinação e a força de vontade, em particular na hora de resolver conflitos, incluindo batalhas pessoais e obstáculos autoimpostos. Entalhe o símbolo em uma vela vermelha para encantamentos ligados à paixão e ao desejo, mas cuidado com aquilo que deseja. O uso da energia desse planeta para retaliação aumenta a raiva e a discórdia.

Figura 2: Símbolo moderno/1539 de Marte (esquerda), com variantes dos séculos XVII (centro) e XVIII (direita).

Representando o escudo e a lança do deus da guerra, o símbolo moderno e medieval deriva do período greco-romano (c. 330 a.C.-395 d.C.). Variantes posteriores basearam-se no mesmo tema. O símbolo moderno de Marte é também o símbolo masculino.

Algumas plantas associadas a Marte são anis, assafétida, manjericão, espinheiro-negro, coentro, gengibre, espinheiro-alvar, junípero e arruda. Entre os cristais, jaspe-sanguíneo, citrino, hematita, jaspe vermelho, pirita, sárdio e zarcão vermelho. Marte é associado aos metais ferro e aço e ao elemento fogo. Na astrologia, é o planeta regente de Áries e Escorpião.

Mercúrio

Conhecido como mensageiro dos deuses, Mercúrio era o deus romano da comunicação, do comércio e da sabedoria. Fundamentalmente, é o planeta relacionado ao intelecto, à mente racional, às ideias e ao poder da autoexpressão. As principais forças atuantes na vida diária são as habilidades mentais, a autoexpressão e o tato. A energia de Mercúrio sustenta a perspicácia e as boas capacidades de comunicação. Incentiva a ação e as ideias e apoia a aptidão para fazer negócios e ensinar.

Invoque a ajuda de Mercúrio sempre que tiver de aperfeiçoar a comunicação, desde o desenvolvimento de uma fala clara até a abertura de canais de energia com outra pessoa. Inscreva o símbolo desse planeta em uma vela cinza ou de tom azul-escuro para encantamentos que propiciem sucesso financeiro ou riqueza em geral. Desenhe o símbolo no ar, à sua frente, antes de uma sessão divinatória, para contar com apoio na hora de decifrar mensagens e profecias. Use-o no altar quando estiver em busca de inspiração e sabedoria. Para viagens tranquilas, utilize uma joia com o símbolo. Pinte-o em um pedaço de ágata-musgo para cura. Mercúrio também é prático para reativar a memória, incrementar a criatividade e cultivar a adaptabilidade.

Figura 3: Símbolo moderno/1539 de Mercúrio (esquerda), com o de John Dee (centro) e de outra variedade do século XVI (direita).

O símbolo moderno e medieval deriva do período greco-romano e representa a cabeça e o chapéu alado de Mercúrio sobre o caduceu (cajado). Alquimistas medievais usavam esse símbolo para representar o metal mercúrio. No símbolo de Dee, as linhas cruzadas indicavam a cruz da materialidade, conceito utilizado por alquimistas na Idade Média para a união dos elementos.

Algumas plantas associadas a Mercúrio são freixo, aneto, sabugueiro, avelã, mandrágora, manjerona, visco, alecrim e sálvia. Entre os cristais, incluem-se ágata, âmbar, olho de gato, citrino, fluorita, peridoto e topázio. Mercúrio é associado aos metais alumínio e mercúrio e aos elementos ar e água. Na astrologia, é o planeta regente de Gêmeos e Virgem.

Lua

A deusa romana Luna representava a Lua, mas Diana, deusa da caça, também era uma poderosa divindade lunar. Fundamentalmente, a Lua se relaciona à intuição, à espiritualidade, às emoções, às atividades domésticas e aos rituais femininos. As principais forças atuantes na vida diária são memórias, sonhos, imaginação e criatividade. A energia da Lua aguça a imaginação e ajuda a encontrar a musa que reside no fundo da alma. A energia lunar abre os canais para você se sintonizar com as necessidades dos outros.

A Lua é aliada poderosa para qualquer tipo de magia. Inscreva o símbolo lunar em uma vela branca para atrair energia quando quiser aprimorar a intuição, a criatividade ou a sensibilidade. Use-o em uma vela azul para fortalecer o contato com espíritos. Incorpore o símbolo com itens utilizados para trabalho com sonhos, divinação e trabalho psíquico, para aperfeiçoar suas habilidades. Para encantamentos de proteção, desenhe o símbolo da Lua em um pequeno pedaço de papel, salpique-o com folhas de alecrim e depois queime-o no caldeirão. Para afastar a negatividade, pinte o símbolo em um pedaço de quartzo fumê e coloque-o onde for necessário ou guarde-o consigo para vencer obstáculos. Ponha o símbolo e um pedaço de pedra da lua em seu altar quando estiver em busca de amor ou transformação.

A energia da Lua também é poderosa no momento de coordenar magia com suas fases. A Lua nova é um período tranquilo, tempo para divinação e análise pessoal. A Lua crescente é um período de crescimento, acúmulo de conhecimento e inspiração. A magia que tem início nessa fase culmina na Lua cheia. A fase crescente é propícia à criatividade por causa da alta energia e da clareza de visão que traz. Também é vantajosa para a atividade de ensinar. Já a energia da Lua cheia é intensa. É um período para enviar intenções por causa da energia de alto poder capaz de concretizá-las. A fase minguante é o momento de introspecção e reflexão. É um tempo para colher o que foi semeado na fase crescente, além de bom período para os encantamentos de expulsão e para eliminar o indesejado. Também promove o descanso profundo.

Figura 4: Símbolo moderno/1539 da Lua (esquerda), com variantes dos séculos XIV (centro) e XVII (direita).

Os símbolos modernos e muitos símbolos medievais da Lua derivam da tradição grega. O símbolo do século XIV tem origem na tradição alquímica medieval, com linhas longas representando raios de luz. É semelhante ao antigo símbolo alquímico grego da selenita. O do século XVI representa as fases crescente e minguante.

Algumas plantas associadas à Lua são aloe (babosa), bergamota, bétula, amora, jasmim, bálsamo de limão (melissa), lunária, alecrim e salgueiro. Os cristais são angelita, calcita clara, diamante, pedra da lua, quartzo, selenita, quartzo fumê e turquesa. O metal associado à Lua é a prata, e o elemento é água. Na astrologia, a Lua é o planeta regente de Câncer.

Netuno

Mais conhecido como o deus do mar, Netuno, divindade romana, também regia a água dos rios. Fundamentalmente, relaciona-se à criatividade, à intuição, à ilusão e à profecia. As principais forças atuantes no dia a dia são vitalidade, paixão e expressão criativa. A energia de Netuno sustenta o desenvolvimento dos talentos, expressando-os no mundo por meio das mais variadas artes: visual, música, dança, escrita e poesia.

A energia desse planeta é particularmente poderosa para expandir a percepção e desenvolver habilidades psíquicas, como a clarividência. Se quiser ajuda para lidar com o subconsciente, pinte o símbolo de Netuno em um pedaço de labradorita para trabalhar com divinação ou xamanismo. Entalhe o símbolo em uma vela verde-clara ou índigo quando for lidar com outros campos. Pinte-o em um cristal de ametista para auxílio no contato com espíritos ou se desejar trabalhar com seus guias espirituais. No trabalho com sonhos, desenhe ou costure o símbolo de Netuno em um saquinho de organza pequeno, ponha um pedaço de turquesa dentro, pendure-o na cabeceira da cama ou coloque-o sobre a mesa de cabeceira.

Figura 5: Símbolo moderno/início do século XX de Netuno (esquerda), com variante do fim do século XIX (centro) e uma alternativa do início do século XX (direita).

Todos os símbolos criados para Netuno representam o tridente do deus do mar. As plantas associadas a ele são freixo, grama das dunas, junco, alga marinha e lírio-aquático. Entre os cristais, ametista, angelita, água-marinha, celestita, labradorita, lápis-lazúli, lepidolita e turquesa. Netuno é associado ao elemento água. Quando usado na astrologia, Netuno rege Peixes; Júpiter é o planeta tradicional.

Plutão

Esse planeta tem o nome do deus romano do submundo. Fundamentalmente, relaciona-se à transformação, à regeneração e ao renascimento. As principais forças atuantes no dia a dia são mudanças, transformação pessoal e avanço espiritual. Embora Plutão tenha caído para o *status* de planeta-anão, sua energia não é pequena. Chega a ser intensa, e tentar contê-la pode ser um desafio; porém, se usada com sabedoria, torna-se um catalisador para mudança.

Por ser associado à morte, ao submundo e à vida no além, Plutão tem energia eficaz em Samhain para celebrar os ancestrais e os entes queridos que já se foram. Como parte do ritual do Sabá, desenhe o símbolo de Plutão em um pedaço de papel e coloque-o no altar, com um raminho da planta chamada agridoce e um pedaço de azeviche. Para auxiliar no trabalho com sonhos, pinte o símbolo em um pedaço de granada para pôr sob o travesseiro. Se desejar acessar lembranças adormecidas e as manifestações íntimas do ego, pinte o símbolo em um pedaço de quartzo turmalinado e segure-o durante a meditação. Entalhar o símbolo em uma vela preta indica o escuro apaziguador da incubação e ajuda aqueles que procuram mudança ou renovação em qualquer aspecto da vida.

Figura 6: Símbolo moderno/início do século XX de Plutão (esquerda), com variantes de meados (centro) e do fim do século XX (direita).

O símbolo moderno foi adaptado do autor, compositor e astrólogo franco-americano Dane Rudhyar (1895-1985), que o descreveu como representante da transcendência da mente, passando da matéria para o espírito. O astrólogo canadense-americano Paul Clancy (1897-1956) popularizou-o por meio da revista *American Astrology*. O símbolo de meados do século XX baseia-se em um símbolo alquímico do sal, que também era usado para representar luz e escuridão. Já o do fim daquele século, alude ao tema de Plutão/Hades como deus do submundo.

Estas são algumas plantas associadas a Plutão: manjericão, beladona, agridoce, cipreste, urtiga e junco. Entre os cristais, ametista, granada, azeviche, labradorita, obsidiana, espinela, turmalina e quartzo turmalinado. Plutão é associado ao elemento água. Quando usado na astrologia, rege Escorpião; Marte é o planeta tradicional.

Saturno

Esse planeta tem o nome do deus romano da agricultura, da colheita e do tempo. Fundamentalmente, relaciona-se aos ciclos, às fronteiras e às limitações e à responsabilidade. As principais forças atuantes da vida cotidiana são seriedade no trabalho, importância da disciplina e limites do tempo. A energia desse planeta apoia particularmente aqueles que são sensíveis, estudiosos e observadores. Também proporciona estabilidade.

Para um pico de energia, entalhe o símbolo de Saturno em uma vela de tom azul-escuro ou cinza e use-a durante o encantamento de comprometimento. Para expulsão, desenhe-o em um pedaço de papel, enrole-o em algumas agulhas de pinheiro e depois queime tudo no caldeirão. Se você busca por justiça, use o símbolo de Saturno como joia ou guarde consigo um desenho dele em reuniões com advogados ou no comparecimento a tribunais. Se desejar auxílio para vencer obstáculos, segure o símbolo entre as mãos enquanto visualiza aquilo que impede seu progresso e, em seguida, deixe a imagem mental desaparecer lentamente. O uso da energia de Saturno para retaliação amplia os problemas e cria obstáculos.

Figura 7: Símbolo moderno/século XVI de Saturno (esquerda), com variantes do século XV (centro) e meados do século XX (direita).

Os símbolos modernos e medievais tiveram origem em símbolos da tradição greco-romana, que representavam uma ceifadeira ou foice, descrevendo Saturno como deus da semeadura e do tempo. O símbolo de meados do século XX é uma interpretação moderna criada pelo matemático e astrônomo austríaco Otto Neugebauer (1899-1990).

Algumas plantas associadas a esse planeta são faia, beladona, confrei, meimendro, acônito, pinheiro, sorva, selo-de-salomão e figueira-brava (estramônio). Entre os cristais, incluem-se lágrima de apache, azurita, cornalina, jaspe marrom, obsidiana, sardônica, serpentina e turmalina negra. Saturno é associado ao metal chumbo e aos elementos terra e água. Na astrologia, é o planeta regente de Aquário e Capricórnio.

Sol

Na mitologia romana, o deus Hélios representa o Sol. Fundamentalmente, o Sol relaciona-se ao ego, ao poder, ao sucesso e à esperança. As principais forças atuantes na vida diária são calor, realização e alegria. A energia do Sol estimula o amor pela arte e apreciação da beleza. Ajuda a ser versátil e leal e auxilia a encontrar um caminho significativo.

O Sol é particularmente benéfico para enviar energia e pensamentos de cura a qualquer ser em necessidade. Entalhe o símbolo dele em uma vela amarela para círculos de cura e atrairá energia e bênçãos fortalecedoras. Pinte o símbolo em um pedaço de âmbar para usar como acessório no corpo ou carregar consigo como amuleto de proteção. Para autoconfiança em alguma função de líder, use como acessório ou carregue um pedaço de olho de tigre marcado com o símbolo do Sol. Em um encantamento para atrair prosperidade e sucesso, use o símbolo com calêndula seca ou pétalas de girassol. Medite sobre o símbolo se desejar despertar a sabedoria.

Figura 8: Símbolo moderno/século XVI do Sol (esquerda), com variantes dos séculos XIV (centro) e XV (direita).

O símbolo moderno do Sol foi introduzido durante a Renascença italiana e baseado em uma tradição cristã esotérica, na qual representava a semente do potencial do espírito. O símbolo do século XIV era uma representação alquímica do Sol. Alguns astrólogos do século XV usavam uma forma de diamante dividida em seções.

Entre as plantas associadas ao Sol, incluem-se crisântemo, margarida, tojo, heliotrópio, calêndula, carvalho, açafrão, erva-de-são-joão, girassol e avelã-de-bruxa. E os cristais, âmbar, berilo dourado, calcita laranja, crisoberilo, citrino, diamante, pedra do sol, olho de tigre e topázio amarelo. O Sol é associado ao ouro e ao elemento fogo. Na astrologia, é o planeta que rege Leão.

Urano

O nome deriva do primordial deus grego do céu, Ouranos. Fundamentalmente, esse planeta se relaciona à independência, à inovação, à mudança e à habilidade de abrir novos caminhos. As principais forças em ação na vida diária são originalidade, criatividade e negação do tradicionalismo. A energia de Urano ajuda a lidar com mudança e a prosperar durante transições, mesmo as mais difíceis. Urano aperfeiçoa a habilidade de encontrar diferentes abordagens de situações problemáticas.

Ao ajudar alguém a sair de um buraco, a energia de Urano é perfeita para iniciar mudanças grandes ou sutis. Desenhe o símbolo desse planeta em um pedaço de aventurina e carregue-o consigo até as coisas começarem a acontecer. Use o símbolo em encantamentos para alimentar ambição e alcançar metas. Antes de uma sessão de divinação, entalhe o símbolo em uma vela azul-escura e concentre-se no chakra do terceiro olho para refinar as habilidades intuitivas. E, se desejar melhorar os relacionamentos em família, pinte o símbolo em vários pedaços de quartzo e espalhe-os pela casa. Medite sobre o símbolo para cultivar sensação de liberdade e futuro esperançoso.

Figura 9: Símbolo moderno/início do século XX de Urano (esquerda), com variantes do fim do século XIX (centro) e início do século XX (direita).

Descoberto em 1781 pelo astrônomo britânico William Herschel (1738-1822), Urano tem muitos símbolos que incorporam uma letra H estilizada. O astrólogo holandês Adolph Ernestus Thierens (1875-1941) elaborou um símbolo esotérico de Urano como despertador da alma.

As plantas associadas a Urano são freixo e sorva. Entre os cristais, incluem-se amazonita, aventurina, diamante Herkimer, labradorita e quartzo. Urano é associado ao elemento ar. Quando utilizado na astrologia, rege Aquário; Saturno é o planeta tradicional.

Vênus

Esse planeta tem o nome da deusa romana do amor e da beleza. Fundamentalmente, relaciona-se ao amor, à harmonia, ao refinamento, à estética e à sensualidade. As principais forças atuantes na vida cotidiana são afeição, paixão (em todas as formas), cooperação, consideração e apreciação das artes. A energia de Vênus encoraja disposição calorosa e amistosa. Também ajuda a pessoa a estar em sintonia com o corpo físico.

Associada à deusa do amor, a energia de Vênus faz dele o planeta perfeito para sua invocação, se você estiver em busca de amor. Use tinta branca para desenhar o símbolo de Vênus em um pedaço de quartzo rosa para encantamentos de atração e romance. Colocado no quarto, pode ajudar a acender a paixão e a energia sexual. Se desejar alimentar compaixão e afeto, mergulhe o dedo em água de rosas e depois desenhe o símbolo de Vênus acima do coração. Quando faltar harmonia e união no ambiente de trabalho, desenhe o símbolo em um pequeno pedaço de papel e coloque-o debaixo de um cristal de celestita na mesa. Além disso, guarde o símbolo no local de trabalho onde você se envolve com atividades criativas.

Figura 10: Símbolo moderno/1539 de Vênus (esquerda), com variantes dos séculos XVI (centro) e XVII (direita).

De tradição medieval, o símbolo moderno deriva do antigo sistema astrológico grego e representa o espelho de mão de Afrodite, refletindo sabedoria e autoconhecimento. É, ainda, o símbolo da mulher. O símbolo do século XVI elaborado pelo matemático e astrônomo italiano Francesco Giutini (1523-1590) é semelhante aos outros do mesmo período que parecem indicar movimento de elevação.

Algumas plantas associadas a Vênus são maçã, bergamota, amora, tussilagem, lilás, alquemila, rosa, morango e salgueiro. Entre os cristais, olho de gato, celestita, rosa do deserto, diamante, esmeralda, jade, lápis-lazúli, quartzo rosa e turquesa. Vênus é associado ao metal cobre e ao elemento terra. É o planeta regente de Libra e Touro.

CAPÍTULO 3

AS CONSTELAÇÕES ZODIACAIS

A ASTRONOMIA MODERNA RECONHECE OITENTA e oito constelações, algumas das quais baseadas nas antigas quarenta e oito figuras gregas estelares descritas por Ptolomeu. As outras quarenta têm como base atlas estelares europeus entre os séculos XV e XVII. Como vimos, apenas algumas constelações fazem parte do zodíaco porque se enquadram na eclíptica.

DOZE OU TREZE PARA A MAGIA?

Já que enfocamos os aspectos mágicos do zodíaco, é importante observarmos que existem treze constelações na eclíptica. Localizada entre Escorpião e Sagitário está a constelação de Ophiuchus. A maioria dos astrólogos usa as doze constelações e suas datas associadas, conforme estabelecidas mais de dois mil anos atrás. Assim, Áries é o primeiro signo do zodíaco na astrologia, dando início ao equinócio da primavera (no hemisfério norte); todavia, Peixes é a constelação na eclíptica "atrás" do Sol durante o equinócio.

A mudança das constelações no equinócio se deve a um fenômeno chamado *precessão dos equinócios*, ou simplesmente *precessão*. Descoberta pelo matemático e astrônomo grego Hiparco (c. 190-127 a.C.), essa mudança contínua das estrelas é causada pela inclinação e pelo tremor do eixo da Terra. O tremor é provocado pelo puxão gravitacional do Sol e da Lua, que altera a orientação dela no espaço.

Na astrologia, o zodíaco é composto de segmentos de tempo que duram cerca de trinta dias. Entretanto, o tempo real que o Sol leva para atravessar cada constelação – ou passar diante delas – varia, porque a eclíptica frequentemente atravessa parte pequena dessas constelações. Por exemplo, Virgem tem o tempo maior de quarenta e cinco dias, e Escorpião, o menor, de sete dias.

Apesar dessas diferenças, magia e astrologia não são incompatíveis. Se você tem envolvimento com astrologia e se sente mais à vontade com as datas tradicionais, utilize-as para sua magia. (Tabela 1.3.)

TABELA 1.3 DATAS DAS CONSTELAÇÕES NA ECLÍPTICA			
Constelação	Datas reais para o zodíaco	Dias na eclíptica	Datas tradicionais usadas na astrologia
Peixes	12 de março-18 de abril	38	19 de fevereiro-20 de março
Áries	19 de abril-13 de maio	25	21 de março-19 de abril
Touro	14 de maio-19 de junho	37	20 de abril-20 de maio
Gêmeos	20 de junho-20 de julho	31	21 de maio-21 de junho
Câncer	21 de julho-9 de agosto	20	22 de junho-22 de julho
Leão	10 de agosto-15 de setembro	37	23 de julho-22 de agosto
Virgem	16 de setembro-30 de outubro	45	23 de agosto-22 de setembro
Libra	31 de outubro-22 de novembro	23	23 de setembro-23 de outubro
Escorpião	23 de novembro-29 de novembro	7	24 de outubro-21 de novembro
Ophiuchus	30 de novembro-17 de dezembro	18	
Sagitário	18 de dezembro-18 de janeiro	32	22 de novembro-21 de dezembro
Capricórnio	19 de janeiro-15 de fevereiro	28	22 de dezembro-19 de janeiro
Aquário	16 de fevereiro-11 de março	24	20 de janeiro-18 de fevereiro

TRABALHANDO COM AS CONSTELAÇÕES

Embora as constelações zodiacais tenham períodos nos quais sua influência é particularmente forte, a energia que delas emana pode ser utilizada a qualquer momento, se necessário. Assim como no caso dos planetas, meditar sobre um símbolo zodiacal ajuda a cultivar o caráter relacionado a essa constelação. Seja qual for seu signo, o uso de uma joia zodiacal pode lhe ser útil como talismã. Atrair a energia de uma constelação para uma joia, um cristal ou algo elaborado para um encantamento pode incrementar a energia de sua intenção e força de vontade.

O poder das constelações também pode ser utilizado para aperfeiçoar a viagem ou jornada astral. Nosso corpo é composto de camadas: a física, a etérea e a astral. O corpo astral, às vezes chamado de *corpo estelar*, geralmente é descrito como algo cintilante, semelhante uma miríade de estrelas minúsculas. Não se sabe ao certo se a aura é parte do corpo astral, do etérico ou de ambos. De qualquer forma, o corpo astral é nosso veículo de consciência, e a viagem astral é definida, em geral, como qualquer estado em que a consciência esteja imersa em algum lugar diferente do corpo físico.

Seja qual for a constelação com a qual você estiver trabalhando, pinte o símbolo dela em um cristal ou outro objeto. Quando se sentir pronto para viajar, segure-o entre as mãos. Eleve a energia no corpo físico e, em seguida, visualize-a ondulando pelos corpos etérico e astral. Visualize as estrelas cintilando no campo astral enquanto você recebe energia da constelação.

A energia das constelações aprimora o contato com guias astrais que você pode encontrar nessas viagens. Além disso, fortalece o trabalho com animais e guias espirituais. O trabalho com sonhos também se beneficia dessa energia estelar. Diferente de outras práticas para as quais elevamos energia, no trabalho com sonhos queremos evitar energia demasiadamente ativa que nos impeça de atingir um sono profundo. Desenhe o símbolo de uma constelação em um pedaço pequeno de papel e ponha-o debaixo do travesseiro. Além do símbolo, inclua uma ou duas palavras-chave de sua intenção com essa forma de trabalho. Na noite seguinte, crie um espaço sagrado e, depois, queime o papel, de preferência ao ar livre, sob as estrelas, ou em qualquer local seguro.

As definições das constelações a seguir são apresentadas em ordem alfabética, com o intuito de facilitar o uso para quem não é astrólogo. (Além disso, devo ter sido bibliotecária em alguma vida passada, pois gosto de apresentar informações dessa maneira.) Estão incluídos detalhes históricos e ilustrações dos símbolos modernos, bem como algumas variantes.

As sugestões dadas para o uso mágico ou mundano das constelações não são o único modo de utilizar as energias. Deixe-se guiar pela criatividade e intuição e descubra usos que sirvam para suas práticas pessoais.

Aquário

Com nome que significa "carregador de água", Aquário, em geral, é representado como um homem carregando ou despejando água de um jarro grande.[17] Em tempos remotos, tinha relação com água abundante, porque o Sol se erguia nessa constelação nas estações de chuva.

---

17 Equipe editorial. *Webster's Third New International Dictionary*, v. 1. p. 108.

Aquário inicia um período de inspiração, um bom momento para agitar as coisas. Aproveite esta oportunidade para encarar os problemas e buscar solução e mudança. Também é um período de se libertar ou seguir a criatividade. Defina novas metas, mas não se esqueça da cooperação e do poder da comunidade espiritual. Os encantamentos de cura e de amizade costumam ser fortalecidos nesse período. As forças principais atuantes no dia a dia são amizade, lealdade, inovação e realização. A energia de Aquário pode incutir paz e entendimento, aperfeiçoar a expressão criativa e ajudar na busca pela liberdade. É útil para alguém tentando sair do buraco proverbial.

Se quiser expandir os talentos criativos, as habilidades psíquicas ou as práticas mágicas, invoque a energia aquariana para se preparar mental e energeticamente, pintando o símbolo dessa constelação em um pedaço de ametista. Segure o cristal entre as mãos por alguns instantes antes de continuar a atividade. Como várias de suas estrelas principais têm relação com a sorte, Aquário dá energia adicional aos encantamentos para sorte. Entalhe o símbolo em uma vela amarela, além de uma palavra-chave relacionada ao motivo de sua busca por sorte. Desenhe o símbolo em um pedaço de papel para levar consigo sempre que quiser cultivar amizades ou promover cooperação na hora de trabalhar com um grupo. Use o símbolo com uma pérola quando estiver em busca de sabedoria.

Figura 11: Símbolo moderno/fim do século XV de Aquário (esquerda) e variantes do início do século XV (centro) e início do século XX (direita).

Os símbolos modernos e comuns de Aquário derivam de antigas formas egípcias. Os egípcios associavam essa constelação ao Rio Nilo, aquele que trazia água doadora de vida. Muitos símbolos do século XV até o XVII indicam movimento. O símbolo do início do século XX deriva de uma reprodução romana do século II representando um canal ou um duto.

Alguns cristais associados a Aquário são âmbar, ametista, água-marinha, aventurina, fluorita, hematita, jade, ônix, opala, pérola, quartzo claro e turquesa. Aquário tem relação com o elemento ar. Na astrologia, é regido pelos planetas Saturno (tradicional) e Urano.

Áries

Com nome que significa "carneiro" em latim, essa constelação representa o carneiro mitológico com velocino de ouro.[18] Assim como o animal terrestre, a constelação é associada aos deuses Ares, Beleno, Hermes, Pã, Marduk e Marte.

Áries anuncia um período de alta energia vital para pôr as coisas em andamento. É tempo de vitalidade, independência e abertura de novos caminhos. Magias relacionadas ao crescimento financeiro ou às metas de liderança são particularmente eficazes nesse período. Também é momento de trabalhar a assertividade e desenvolver forças pessoais. As principais forças atuantes no dia a dia são energia, determinação, força de vontade e desenvolvimento pessoal. A energia de Áries pode aumentar a ambição para iniciar projetos e gerar motivação para completá-los.

Áries, o carneiro, é associado ao Deus Chifrudo e serve como símbolo de fertilidade e abundância. Se desejar incrementar os encantamentos de abundância e fertilidade, desenhe o símbolo de Áries em uma foto ou ilustração de um punhado de cerejas. Essa constelação também oferece alto grau de energia protetora. Para convidar Áries à sua casa, pinte o símbolo dele em um pedaço de jaspe vermelho e coloque-o perto da porta da frente ou em qualquer local que precise de energia defensiva. Para aumentar a autoconfiança, sobretudo nos negócios, use-o como acessório no corpo ou leve consigo um pedaço de jaspe-sanguíneo com o símbolo. Se é ajuda para vencer obstáculos que você quer, desenhe-o múltiplas vezes em um pedaço de papel em forma de espiral, representando o chifre de um carneiro. Segure-o entre as mãos enquanto visualiza o obstáculo se dissolvendo e depois queime o papel no caldeirão.

Figura 12: Símbolo moderno/século XVI de Áries (esquerda), com variantes do século XV (centro) e fim do século XIX (direita).

Com raízes no período greco-romano, os símbolos de Áries indicam os chifres de um carneiro e representavam os deuses mais poderosos.

---

18 18. *Ibid.*, p. 117.

Alguns cristais associados a Áries são ágata marrom e ágata de fogo, jaspe-sanguíneo, jaspe vermelho, lápis-lazúli, quartzo claro, rubi e sardônica. Essa constelação é associada ao elemento fogo. Na astrologia, seu planeta regente é Marte.

Câncer

Para os antigos gregos e romanos, essa constelação representava o caranguejo que Hera enviou para distrair Hércules de suas tarefas. Embora seu nome signifique "caranguejo" em latim, astrônomos medievais representavam a constelação como um lagostim.[19] Ocasionalmente, Câncer era chamado de signo escuro, porque suas estrelas são muito tênues.

Câncer traz um período de energia estimulante que foca na família e no lar. Também incentiva e apoia os dons psíquicos enquanto oferece proteção. Esse é um período de fertilidade que abrange procriação e criatividade. Nele, você tem a chance de usar a sensibilidade para desenvolver e refinar a intuição. As principais forças atuantes na vida diária são família, lar, emoções, lealdade e introspecção. Ao ampliar a sensibilidade e a consideração, a energia de Câncer apoia e facilita a conexão com outras pessoas. Também ajuda a vencer a timidez.

Como o caranguejo habita as praias e se sente à vontade entre dois mundos, a energia de Câncer é um auxílio para viagem astral e trabalho xamânico. Use o símbolo como acessório no corpo ou leve-o consigo ao participar dessas atividades. Os movimentos laterais do caranguejo representam a habilidade de contornar rotinas diárias e entrar no subconsciente. Entalhe o símbolo em uma vela azul-clara para meditação antes do trabalho com sonhos. Para aprimorar as habilidades psíquicas ou estimular a imaginação, dissolva uma pitada de sal marinho em água, mergulhe o dedo e desenhe o símbolo de Câncer sobre o chakra do terceiro olho. Em um pedaço de quartzo rosa, pinte o símbolo para usar em um encantamento de romance ou como amuleto de amor. Pinte-o em um pedaço de pedra da lua e coloque-o sobre o altar durante os rituais Esbat para ampliar a energia.

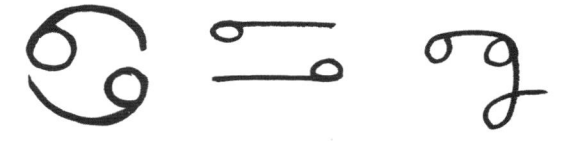

Figura 13: Símbolo moderno/início do século XX de Câncer (esquerda), com variantes dos séculos XV (centro) e XVII (direita).

---

19 *Ibid.*, p. 325.

Com raízes no período greco-romano, o símbolo moderno representa o corpo arredondado e as pinças de um caranguejo. Em tempos medievais, os símbolos tinham estilo mais esquemático e focavam nos dois braços e nas pinças. Alguns símbolos do século XVII também indicavam movimento.

Alguns cristais associados a Câncer são ágata, berilo, pedra da lua, opala, pérola, quartzo rosa e selenita. Essa constelação é associada ao elemento água. Na astrologia, seu planeta regente é a Lua.

Capricórnio

Embora Capricórnio, o Bode do Mar, seja uma constelação tênue, sua observação remonta aos tempos dos babilônios, que a ela se referiam como peixe bode. Esse conceito surgiu com os sumérios, que representavam Enki – seu deus primordial da sabedoria, das águas e da fertilidade – dessa forma. O nome Capricórnio significa, em latim, "com chifres de bode".[20] Os gregos associavam a constelação com sua divindade das florestas, Pã, que tinha pernas e chifres de bode.

Capricórnio preside um período favorável para trabalhar com o lado material da vida, com progresso, definição de metas e sucesso. A magia focada na carreira durante esse período pode trazer mudanças positivas. As principais forças atuantes no cotidiano são ambição, disciplina, organização, habilidades e responsabilidade. A energia de Capricórnio ajuda a lidar com questões práticas e a manter a estabilidade.

Capricórnio tem relação com o Deus Chifrudo da abundância. Use o símbolo dessa constelação sobre um altar ritual para representar o Deus ou em encantamentos propícios para prosperidade. Pinte-o em um pedaço de calcita e use-o em encantamentos para fortalecer a força de vontade e manifestar sucesso. Se desejar remover ou afastar a negatividade, desenhe o símbolo de Capricórnio em um pedaço de papel pequeno, queime-o com algumas agulhas de pinheiro ou uma pitada de tomilho e esfregue em áreas nas quais a energia for necessária. Entalhe o símbolo em uma vela branca e use-a para focar a mente ou aterrar a energia depois do ritual. Para auxílio na interpretação de mensagens ou presságios, pinte o símbolo em um pedaço de granada e segure-a enquanto medita sobre possíveis significados. Pinte-o em uma joia de obsidiana para usar, à medida que pratica habilidades psíquicas.

Figura 14: Símbolo moderno/século XVI de Capricórnio (esquerda), com variantes dos séculos XV (centro) e XVII (direita).

---

20   Ibid., p. 333.

O símbolo invoca a dualidade de um peixe bode e representa a combinação da barba de um bode e o rabo de um peixe. No decorrer dos séculos, foram surgindo muitas variantes imaginativas e fluídicas, com leve eco dos antigos símbolos egípcios.

Entre os cristais associados a Capricórnio, incluem-se azurita, calcita, granada, malaquita, obsidiana, quartzo claro e fumê e turmalina negra. Capricórnio tem relação com o elemento terra. Na astrologia, é regido por Saturno.

Gêmeos

Gemini em latim, essa constelação representa Rômulo e Remo, os irmãos a quem se atribui a fundação da cidade de Roma.[21] Os gregos a associavam a Castor e Pólux, filhos de Leda, rainha de Esparta.

Gêmeos anuncia um período focado em mudanças, adaptabilidade, comunicação e criatividade. A energia dessa constelação ajuda a pessoa a ficar alerta e a usar o conhecimento disponível para solucionar problemas ou enxergar a verdade de uma situação. As principais forças atuantes no dia a dia são equilíbrio, flexibilidade, relacionamentos e todas as formas de comunicação. A energia de Gêmeos auxilia na resolução de problemas ou de situações difíceis e constrói habilidades de negociação para obtenção do melhor resultado.

Assim como o número dois, os irmãos gêmeos representam qualquer coisa de natureza binária e servem como símbolo dinâmico de opostos. Embora o numeral possa indicar divisão, também representa a força da unidade. Por causa disso, a energia de Gêmeos é capaz de dobrar o poder dos encantamentos. Entalhe o símbolo de Gêmeos em duas velas e, ao acendê-las, diga:

Com as velas ardendo e o caldeirão borbulhando,
que Gêmeos esse encantamento vá duplicando.

Dê seguimento ao trabalho e, quando terminar, repita o verso e apague as velas. Se desejar ajuda para se adaptar às transições na vida, pinte o símbolo em um pedaço de topázio, use-o como joia ou leve-o consigo. Utilize o símbolo com cornalina para aprimorar a capacidade de comunicação. Medite sobre ele quando precisar de auxílio para discernir a verdade em uma situação.

---

21 *Ibid.*, p. 944.

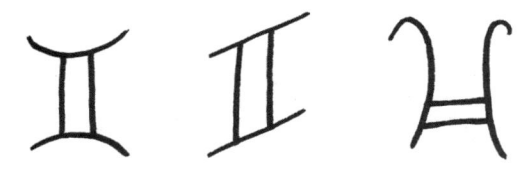

Figura 15: Símbolo moderno de Gêmeos (esquerda),
com variantes do século XV (centro) e fim do século XIX (direita).

Como a maioria dos símbolos, os de Gêmeos variaram com o tempo; porém, todos refletem o conceito de duplicação e dualidade. As raízes desses símbolos remontam ao período greco-romano.

Entre os cristais associados a essa constelação, incluem-se água-marinha, cornalina, olho de gato, crisocola, citrino, magnetita, quartzo claro, serpentina e topázio. Gêmeos tem relação com o elemento ar. Na astrologia, é regido pelo planeta Mercúrio.

Leão

Uma das primeiras constelações reconhecidas, Leão era proeminente no solstício de verão (no hemisfério norte) e tinha vínculo – assim como os leões em geral – com o Sol. Essa constelação representava o leão mitológico de Nemeia, morto por Hércules, que queria adquirir o poder da criatura usando sua pele. Seu nome em latim é *leo*.[22]

O leão é um animal que simboliza força, poder, liderança e autoridade. A constelação inicia um período para incentivar essas qualidades, mas tudo deve ser feito com integridade e cuidado a fim de evitar o abuso de orgulho e ambição. Um leão verdadeiro é um guardião que serve também como guia. As forças principais atuantes na vida diária são confiança, crescimento, afeição, lealdade e proteção. A energia de Leão proporciona um pico de vitalidade que pode ser extremamente eficaz quando direcionado à mudança positiva e ao benefício de terceiros.

Canalize o vigor da energia de Leão para o jardim, desenhando o símbolo dele em várias pedras e colocando-as entre as plantas. Para incrementar encantamentos, utilize sumo de limão para desenhar o símbolo em um pedaço pequeno de papel. Quando secar, ficará invisível. Segure o papel entre as mãos e visualize o que deseja alcançar. Pouco antes de liberar sua energia pessoal, aproxime o papel de uma vela para esquentá-lo, mas sem queimar. Quando o símbolo ficar visível de novo, deixe o papel pegar fogo e, depois, jogue-o no caldeirão. Se quiser desenvolver coragem e confiança nas

---

22 *Ibid.*, p. 1.294. v. 2.

habilidades de líder, use como joia uma danburita amarela com o símbolo de Leão ou leve-a consigo. Utilize o símbolo com uma pedra do sol para incentivar o crescimento pessoal.

Figura 16: Símbolo moderno/século XIV de Leão (esquerda), com variantes dos séculos XIII (centro) e XVII (direita).

Representando a juba e/ou a cauda do leão, esses símbolos derivam do período greco-romano.

Alguns cristais associados a Leão: âmbar, berilo amarelo, cornalina, citrino, danburita amarela, peridoto, pedra do sol, olho de tigre e topázio. Essa constelação é associada ao elemento fogo. Na astrologia, seu regente é o Sol.

Libra

Originalmente considerada parte de Virgem pelos antigos gregos, a combinação destas duas constelações era associada a Têmis, deusa da justiça. Para os romanos, Libra representava as balanças da justiça. Na realidade, o nome significa "balança" em latim.[23]

Libra começa um período para a busca do equilíbrio e a promoção da justiça. É o momento de iniciar paz nos relacionamentos. Cooperação e unidade também são as marcas de Libra. Esse é um período para encantamentos que envolvam amor e romance. As principais forças atuantes na vida são equilíbrio, harmonia, justiça e comunidade. A energia de Libra ajuda um indivíduo a enxergar a si próprio e a perceber que mesmo as menores ações podem causar impacto em outras pessoas. Libra também sustenta a civilidade e os bons modos sociais.

Assim como os povos antigos associavam Libra às deusas da justiça, a energia dessa constelação pode ser invocada para apoio em questões jurídicas ou apenas para auxílio na hora de corrigir um erro. Desenhe o símbolo de Libra em uma foto ou ilustração de uma calêndula para queimar no caldeirão, enquanto visualiza resultado positivo para sua situação. Ou pinte o símbolo em um pedaço de jade para levar consigo quando se reunir com advogados ou comparecer a um tribunal. Se desejar mais harmonia no lar, pinte o símbolo em vários pedaços de ágata de duas cores e coloque-os em

---

23   *Ibid.*, p. 1.304.

áreas da casa onde a família passa algum tempo reunida. Inscreva o símbolo em uma vela cor-de-rosa ou cor de lavanda para usar em encantamentos de amor ou apenas olhar enquanto abre sua energia em busca de romance.

Figura 17: Símbolo moderno/século XIV de Libra (esquerda),
com variantes do século XVI (centro) e início do século XX (direita).

Representando o peso e os pratos de uma balança, o símbolo moderno/século XIV e os símbolos do século XVI têm raízes no período greco-romano. Já o do início do século XX deriva da tradição egípcia do século I a.C.

Alguns cristais associados a Libra são ágata, berilo, rosa do deserto, diamante, jade, lápis-lazúli, pedra da lua, opala, peridoto, quartzo rosa e fumê. Libra é uma constelação associada ao elemento ar. Na astrologia, seu planeta regente é Vênus.

Ophiuchus

Com nome grego que significa "manipulador de cobras", Ophiuchus entrelaça-se com a constelação dual da Serpente.[24] Na mitologia, esse conjunto de constelações representava Asclépio, o deus da cura, geralmente retratado segurando um bordão com duas serpentes enroladas.

De acordo com a interpretação moderna, as principais forças atuantes com Ophiuchus são cura, força, unidade e busca pela verdade. Essa constelação pode ser útil para ativar a energia da Kundalini. Representada por cobras entrelaçando-se ao longo da coluna vertebral, essa energia assemelha-se ao bordão de Asclépio e ao símbolo da medicina moderna.

Antes de serem vistas como o mal encarnado, as cobras eram consideradas agentes de cura. A cobra era uma das criaturas mais poderosas associadas à Grande Deusa; a outra era o pássaro. Por isso, gosto de pensar em Ophiuchus como representante da deusa cobra minoica de Creta, que era poderosa e fortalecedora. A energia dessa constelação sustenta os ciclos e as mudanças que ocorrem na vida. Pinte o símbolo de Ophiuchus em um pedaço de quartzo branco e carregue-o consigo em momentos de transição. Quando desejar a verdade e a sabedoria, pinte-o em um pedaço de olho de

---

24 *Ibid*., p. 1.584.

tigre e segure-o durante a meditação. Para trabalhos de cura, inscreva o símbolo em uma vela verde e use-a em meditação, sessões de reiki ou outros tipos de trabalho energético.

Figura 18: Ophiuchus tem um símbolo.

Embora Ophiuchus fosse conhecido na Antiguidade, o único símbolo é moderno porque a constelação não era utilizada na astrologia como parte do zodíaco. O símbolo sugerido pelo astrólogo britânico Walter Berg (1947-) representa Ophiuchus segurando uma cobra; a linha da esquerda representa a cauda da serpente; a da direita é a cabeça.

Alguns cristais associados a Ophiuchus são jaspe-sanguíneo, lápis-lazúli, olho de tigre e quartzo branco. Quando usado na astrologia, às vezes é citado como Quíron, planetoide menor na parte externa do sistema solar.

Peixes

Babilônios, gregos e romanos consideravam essa constelação um par de peixes unidos por um cordão. Ela é associada ao mito romano de Vênus e Cupido, que se amarraram um ao outro com uma corda e adquiriram a forma de peixe para escapar do monstro Tifão. O nome latino é *Pisces*, e o plural, *piscis*.[25]

Associado à água, Peixes anuncia um período propício para os trabalhos psíquicos e com sonhos, além do aprimoramento das habilidades divinatórias. É um tempo de sensibilidade, compaixão e criatividade. Use esse período para se envolver com obras de caridade ou focar energia para ajudar o próximo. As principais forças atuantes no dia a dia são intuição, gentileza, comunidade e clareza. Em vez da dualidade, a energia de Peixes enfatiza a força da unidade e do compartilhamento. Incentiva a adaptabilidade para o trabalho conjunto em direção a metas coletivas.

Associada a segredos, a energia de Peixes ajuda a manter a confiança apropriada e detectar mentiras. Pinte o símbolo de Peixes em um pedaço de turmalina negra e guarde-o consigo quando estiver na presença de uma pessoa que você considera mentirosa. Para aumentar a criatividade e aguçar a imaginação, deixe o símbolo em lugar visível na hora de iniciar o trabalho criativo. No mundo antigo,

---

[25] *Ibid.*, p. 1.723.

o peixe era símbolo de fecundidade e do princípio feminino. Para os gregos, é um dos símbolos de Afrodite. Se desejar invocar o poder de Afrodite ou de outras deusas, inscreva o símbolo de Peixes em uma vela azul-clara para trabalhos de encantamento e rituais Esbat.

Figura 19: Símbolo moderno/século XV de Peixes (esquerda), com variantes dos séculos XVI (centro) e XVII (direita).

Embora alguns símbolos de Peixes sejam mais sofisticados que outros, todos representam os dois peixes amarrados e têm origem no período greco-romano.

Alguns cristais associados a essa constelação são alexandrita, água-marinha, jaspe-sanguíneo, ágata azul rendada, fluorita, jade e turmalina negra. Peixes é associado ao elemento água. Na astrologia, seus planetas regentes são Júpiter (tradicional) e Netuno.

Sagitário

Com raízes no mito sumeriano, essa constelação foi adotada pelos babilônios. De acordo com inscrições cuneiformes, era chamada de *Aquele Que É Forte*. O astrônomo e matemático grego Eratóstene (c. 276-194) associou-a a Croto, filho de Pã. O nome Sagitário vem do latim e significa "arqueiro".[26]

Essa constelação inicia um período para pensarmos nas coisas maiores da vida e na habilidade de nos livrarmos do medo e seguirmos o ritmo de nossa própria música. A energia de Sagitário ajuda a solucionar questões pertinentes ao ego, à sexualidade e à espiritualidade. Este é um bom momento para seguir a intuição, envolver-se no trabalho com sonhos e fazer viagens que ampliem os horizontes pessoais. As principais forças atuantes no dia a dia são esperanças e sonhos, foco, disciplina e resiliência. A energia de Sagitário encoraja a visão de metas que parecem fora de alcance, o pensar alto. Também ajuda a se reerguer, repensar e recomeçar, quando necessário.

Se desejar aprimorar o trabalho com sonhos, desenhe o símbolo de Sagitário em um pequeno pedaço quadrado de tecido e coloque-o debaixo do travesseiro. De manhã, comprima o tecido contra

---

26 Ibid., vol. 3, 1999.

o chakra do terceiro olho para acentuar a capacidade de interpretar mensagens potenciais. Ao lidar com questões relativas à sexualidade, pinte o símbolo em um pedaço de jaspe vermelho e deixe-o ao lado da cama até a situação ser resolvida. Use uma joia com o símbolo para sustentar a busca por educação mais apurada, o aprimoramento de habilidades ou qualquer forma de aperfeiçoamento pessoal. Inscreva o símbolo em uma vela azul-escura ou roxa para elevar a consciência por meio da meditação espiritual. Se desejar dar mais força aos encantamentos ou rituais, desenhe o símbolo em quatro pedaços de papel e coloque-os nas direções cardeais do altar. Visualize energia emanando de cada símbolo e formando um cone de poder liberado em sua direção.

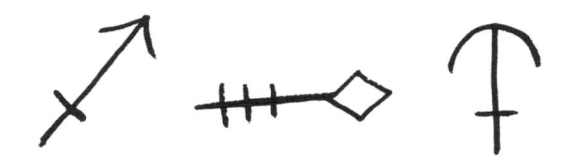

Figura 20: Símbolo moderno/século XV de Sagitário (esquerda), com variantes dos séculos XIV (centro) e XVII (direita).

Com raízes no período greco-romano e no século I d.C. no Egito, os símbolos de Sagitário são variantes de um arco e/ou uma flecha.

Entre os cristais associados a essa constelação, incluem-se ametista, azurita, iolita, jaspe vermelho, labradorita, obsidiana, sodalita e turquesa. Sagitário é associado ao elemento fogo. Na astrologia, é regido por Júpiter.

Escorpião

Considerada um escorpião pela maioria dos antigos contempladores de estrelas, essa constelação era símbolo de proteção para egípcios e babilônios. Segundo a mitologia egípcia, Ísis escapou do assassino Seth sob a proteção de sete escorpiões. O nome da constelação em latim é *Scorpio*.[27]

Com Escorpião tem início um período de emoção profunda, frequentemente associada ao sexo, à escuridão, à morte e ao poder. Proporciona-nos acesso e oportunidade para lidarmos com esses aspectos de nós mesmos que costumamos esconder. A energia de Escorpião pode servir de incubadora para a criatividade, a espiritualidade, a transformação e habilidades psíquicas. As principais forças

---

[27] *Ibid.*, p. 2.307.

atuantes na vida diária são controle, determinação, paixões e criatividade. A energia intensa de Escorpião, geralmente mal compreendida e mal utilizada, pode ser canalizada para a cura e o sucesso.

Por ser associado à morte, ao submundo e ao renascimento, Escorpião é um símbolo poderoso para ser usado em Samhain. Pinte o símbolo em um pedaço de cornalina e inscreva-o em uma vela branca para o altar, representando o poder dos ciclos transformativos. Caso sinta necessidade de proteção, carregue consigo ou use um pingente de Escorpião para repelir a negatividade. Para auxílio no desenvolvimento das habilidades psíquicas, desenhe o símbolo com um delineador acima do chakra do terceiro olho e medite sobre isso antes de iniciar a sessão de prática. À medida que ficar mais confiante com suas habilidades, apenas visualize o símbolo na testa. Intensifique a paixão e a sensualidade no quarto desenhando o símbolo com tinta cor-de-rosa em um pedaço de papel e colocando-o debaixo do colchão.

Figura 21: Símbolo moderno/século XV de Escorpião (esquerda), com variantes dos séculos XVI (centro) e XVII (direita).

No formato de um escorpião com o ferrão, o símbolo moderno vem das tradições manuscritas medievais, derivadas do período greco-romano. Com o passar dos séculos, outras pessoas apresentaram uma versão mais pictográfica do símbolo.

Entre os cristais associados a Escorpião, destacam-se pedra de sangue, cornalina, labradorita, quartzo rutilado, topázio e turmalina negra. Escorpião se relaciona ao elemento água. Na astrologia, é regido por Marte (tradicional) e Plutão.

Touro

O nome dessa constelação em latim é *Taurus*.[28] Na Mesopotâmia, era chamada de *Touro de Luz* e associada ao deus Marduk. Em outras mitologias, tinha ligação com os mais poderosos deuses, como Amon, Júpiter, Marte, Mitras, Osíris, Poseidon, Shiva e Zeus.

Touro inicia um período em que os encantamentos de amor e dinheiro são particularmente eficazes, porque tudo o que começa nesse tempo tende a ser duradouro. O trabalho criativo é aper-

---

28 *Ibid.*, p. 2.344.

feiçoado pela vitalidade da energia dessa constelação. As principais forças atuantes no dia a dia são força, determinação e prosperidade. Com resolução e estabilidade, essa energia fornece a base sobre a qual podem ser construídos o conforto e os planos de longo prazo.

Associada ao lar, à segurança e ao conforto, a força da energia de Touro é uma boa escolha para proteção. Pinte o símbolo de Touro em quatro pedras e coloque-as nas direções cardeais de sua propriedade. Para proteção pessoal, use o símbolo com uma joia de lápis-lazúli.

Se necessitar de ajuda para acentuar a intuição, inscreva o símbolo em uma vela verde e use-a para se concentrar enquanto medita. Use o símbolo também em uma vela verde para enriquecer as sessões de divinação. Em situações que exijam paciência, passe alguns minutos traçando o símbolo com o dedo em uma das palmas das mãos. Para atrair abundância e construir riqueza, pinte-o em um pedaço de malaquita e guarde-o com documentos financeiros. E para aumentar a energia do ritual desenhe-o em um fragmento de papel ou em qualquer objeto no altar. Depois, segure o papel ou o objeto para aterrar o excesso de energia.

Figura 22: Símbolo moderno/século XV de Touro (esquerda), com duas variantes do mesmo século.

A maioria dos símbolos de Touro representa a cabeça e os chifres de um touro. Da tradição manuscrita medieval, o símbolo moderno tem raízes no período greco-romano.

Alguns cristais associados a Touro são ágata, crisocola, jade, lápis-lazúli, malaquita, pirita, quartzo rosa, turmalina azul e turquesa. Essa constelação é associada ao elemento terra. Na astrologia, seu planeta regente é Vênus.

Virgem

O nome dessa constelação em latim é *Virgo*, e houve um tempo em que a palavra virgem se referia a uma garota ou mulher jovem, não necessariamente à virgindade física.[29] Para os romanos, a constelação representava Ceres; para os gregos, Deméter e, às vezes, Perséfone.

---
29 Bonnie MacLachlan e Judith Fletcher (orgs.). *Virginity Revisited: Configurations of the Unpossessed Body*. Toronto, Canadá: The University of Toronto Press Inc., 2007. p. 40.

Virgem inicia um período para usarmos a cabeça e colocarmos a mente analítica em funcionamento, sobretudo nos negócios. A energia de Virgem ajuda a fazer planejamento de longo prazo e a criar os blocos de construção para o sucesso. As principais forças atuantes no dia a dia são originalidade, empenho e completude. Um pico da energia de Virgem é particularmente útil se você tiver de lidar com detalhes, organizar-se ou cuidar de horários de atividades em família.

A energia de Virgem pode incrementar um ritual Lughnasadh e prestar homenagem às deusas da colheita Deméter e Ceres. Inscreva o símbolo dessa constelação em uma vela amarela, junto ao nome das deusas. Associada a ciclos, a energia de Virgem é funcional para encerrar uma situação e/ou abrir espaço para o novo. Como parte de um encantamento para atrair abundância à sua vida, inscreva o símbolo em um pequeno pedaço de papel, salpique-o com uma pitada de folhas secas de aneto e depois queime no caldeirão. Se desejar convidar o amor para sua vida, ponha um pingente de Virgem em uma joia de jaspe rosa ou pinte o símbolo no cristal e leve-o consigo. Pinte o símbolo em um pedaço de água-marinha para meditar quando estiver em busca de purificação emocional.

Figura 23: Símbolo moderno/século XV de Virgem (esquerda), com outras variantes do mesmo século.

Os símbolos modernos e outros que lembram a letra M da tradição manuscrita medieval podem ser as iniciais estilizadas de Maria Virgo, ou seja, a "Virgem Maria", ou derivar das letras da palavra grega *parthenos*, que significa "virgem".[30] A variante do século XV que lembra a letra Y vem do período greco-romano. Representa o grão carregado nos braços de Ceres/Deméter.

Alguns cristais associados a Virgem: ametista, água-marinha, diamante, jade, jaspe rosa, opala, sugilita, turquesa e zircão vermelho. Essa constelação é associada ao elemento terra. Na astrologia, seu planeta regente é Mercúrio.

---

30   Cecilia Payne-Gaposchkin e Katherine Haramundanis. *Introduction to Astronomy*. Nova York: Prentice Hall, 1970. p. 13.

PARTE 2
OS ELEMENTOS

Os quatro elementos são tão comuns em rituais pagãos e wiccanos que a importância e o poder deles costumam ser ignorados ou subestimados. Embora possamos apenas juntá-los às direções cardeais, os elementos são muito mais que recursos com os quais fazemos correspondências. Poderíamos dizer que são bem mais que elementares.

Os elementos já foram considerados conceitos abstratos, forças de energia e estados da matéria. Esta parte examina as antigas filosofias e teorias por trás dos elementos, incluindo a sugestão de Aristóteles (384-322 a.C.) de um quinto elemento. Veremos também como são um componente fundamental da astrologia, da alquimia, da medicina e de outras práticas. Além dos elementos na magia e nos rituais modernos, exploraremos seu uso para o desenvolvimento pessoal e daremos uma olhada nos seres elementais.

CAPÍTULO 4

A FILOSOFIA DOS ELEMENTOS

EMBORA SEJAM FREQUENTEMENTE CONSIDERADOS ABSTRAÇÕES, os elementos derivam de conceitos relacionados à natureza e representam tipos de energia. Encontram-se no centro da criação e transmitem as energias arquetípicas primárias existentes em todas as coisas. Segundo o psicólogo, professor e autor britânico David Fontana (1934-2010), muitos povos antigos os consideravam "forças energéticas que sustentavam o mundo".[31] Também representavam os três estados da matéria (terra, sólido; água, líquido; ar; gasoso) e o agente de transformação desta (fogo).

De tempos remotos até a Renascença, acreditava-se que os elementos se relacionavam à condição humana, à saúde e aos traços de personalidade. Como os antigos filósofos e cientistas consideravam os seres humanos o Universo em miniatura, pensava-se que o corpo físico contina, no âmago, a essência de todos os elementos cósmicos.

Os quatro elementos eram vistos como blocos de construção e princípios organizatórios do mundo. Nesse sentido, podiam ser descritos como a manifestação da consciência na natureza e a vibração da natureza e do espírito. Com raízes tanto na esfera física quanto na consciente, funcionariam nos mundos interior e exterior da pessoa como guias e mestres para a percepção e a consciência.

---
31   David Fontana. *The Secret Language of Symbols: A Visual Key to Symbols and Their Meanings*. São Francisco: Chronicle Books, 2003. p. 180.

Os elementos são um componente fundamental da astrologia, da alquimia, da medicina e da magia. Além disso, os naipes do tarô baseiam-se nos elementos e transmitem seus poderes relacionados. O famoso tarô Rider-Waite e muitos baralhos posteriores atribuíam os elementos fogo às varinhas; água às taças, ar às espadas, e terra aos pentáculos. Na mitologia, uma mistura simbólica dos quatro elementos apareceu em forma de dragão. Dizia-se que o dragão se sentia à vontade nos três elementos permanentes de terra, água e ar (chão, mar, céu) e, claro, era muito conhecido pela habilidade de cuspir fogo.

Mesmo no século XXI, quando enxergamos através da lente dos quatro elementos, temos uma estrutura com a qual olhamos e compreendemos o mundo à nossa volta e dentro de nós. Os elementos ainda nos fornecem as pedras angulares de nosso mundo. Quanto mais os utilizamos, maior é nossa compreensão de cada atributo relacionado a cada um deles em nível intuitivo, a ponto de se tornarem muito pessoais, até parte de nós. Por esse meio, podemos alcançar um autoconhecimento mais profundo que nos ajuda a entender nossa natureza e consciência fundamentais. Os elementos podem trazer mais significado aos rituais, mais poder às práticas mágicas e aprimorar nossa vida diária.

A RAIZ DA EXISTÊNCIA

Uma das mais antigas teorias sobre os elementos é atribuída ao filósofo e médico grego Empédocles (495-430 a.C.), no que chamava de *rizomata*, "raízes".[32] Ele considerava os elementos as quatro substâncias primordiais que tinham o poder de combinar e separar todas as coisas existentes. Não só permitiam a existência de tudo, mas também eram responsáveis pela mudança e evolução contínuas da matéria. Empédocles observou que tudo no Universo existia por causa de alguma combinação dos quatro elementos. Também percebeu que nada consistia pura e completamente de apenas um elemento.

Embora às vezes Empédocles fosse visto como exagerado, porque afirmava ter poderes mágicos com a capacidade de mudar o clima e ressuscitar os mortos, sua obra era altamente respeitada, influenciando estudos médicos e a ciência da medicina no decorrer dos séculos. Na realidade, sua enorme contribuição para a química foi a teoria de que um conjunto finito de elementos poderia formar uma quantidade ilimitada de compostos.

Considerado o Pai da Medicina, o médico grego Hipócrates (460-377 a.C.) avançou a teoria dos quatro humores, associados aos elementos. Os humores eram a base de um sistema detalhado do

---

32 Nigel Wilson (org.). *Encyclopedia of Ancient Greece*. Nova York: Routledge, 2010. p. 358.

funcionamento do corpo humano. Além disso, ofereciam o meio de diagnosticar e tratar problemas físicos e emocionais. No corpo, traduziam-se em sangue, fleuma, bile (ou bile amarela) e bile preta. Seus elementos eram ar, água, fogo e terra, respectivamente. Hipócrates acreditava que a doença seria o resultado de um desequilíbrio entre os elementos e seus respectivos humores. Além da relação com os elementos, o médico grego descrevia cada humor como uma combinação de duas das quatro qualidades básicas, descritas como quente, fria, seca e úmida. Sua teoria dos humores e elementos persistiu como parte essencial da medicina europeia por mais de dois mil anos.[33]

Segundo o autor, historiador e artista britânico Fred Gettings (1937-2013), o conceito de Hipócrates provavelmente derivou de uma fonte oriental, pois a noção de equilibrar os elementos não era exclusiva da medicina ocidental.[34] Tanto a medicina ayurvédica quanto a chinesa tradicional sustentavam a crença de que era importante para a saúde física e psicológica manter os elementos equilibrados no corpo.

Embora os elementos chineses sejam diferentes daqueles do Ocidente, as teorias acerca deles já eram documentadas no ano 2000 a.C.[35] Além de mantê-los em equilíbrio, as combinações de energias elementais também eram importantes no Oriente. Na mitologia chinesa, quatro criaturas místicas e poderosas eram retratadas como fusão de dois elementos. A fênix era uma combinação de fogo e ar; o dragão verde, de ar e terra; a tartaruga, de terra e água; e o tigre branco, de água e fogo. Esses seres ainda fazem parte do feng shui, prática para trabalhar com a energia elemental e mantê-la equilibrada no ambiente.

Na Europa, Aristóteles combinou e desenvolveu as teorias de Empédocles e Hipócrates. Sugeriu que os quatro elementos, assim como os humores, eram uma união de duas das quatro qualidades de quente, fria, seca e úmida. Daí resultou que o ar era considerado uma combinação quente e úmida; a água, fria e úmida; o fogo, quente e seco; e a terra, fria e seca. Além disso, Aristóteles explorou a noção de que os quatro elementos eram oriundos de um elemento desconhecido, considerado mais refinado. Em decorrência desse pensamento, o quinto elemento adquiriu importância maior que os outros. O filósofo classificou os quatro primeiros elementos na região inferior da natureza e da terra. A região superior, o céu, era o campo do quinto elemento, que ele chamou de *aether*. Séculos depois, o médico e estudioso alemão Agrippa se referia ao *aether* como "o Espírito do Mundo".[36] Segundo Aristóteles, a Lua era o ponto divisório físico entre os quatro elementos básicos (abaixo) e o elemento

---

33 Fiona MacDonald. *The Plague and Medicine in the Middle Ages*. Milwaukee, WI: World Almanac Library, 2006. p. 18.
34 Fred Gettings. *The Book of the Hand: An Illustrated History of Palmistry*. Nova York: Hamlyn Publishing, 1971. p. 39.
35 Becker. *The Continuum Encyclopedia of Symbols*, p. 98.
36 Henrique Cornélio Agrippa de Nettesheim. *Três Livros de Filosofia Oculta*. São Paulo: Madras, 2008.

refinado do *aether* (acima). Os elementos ar, água, fogo e terra eram terrestres, lugar aceito e apropriado deles no Universo. O *aether*, isto é, éter, era o elemento existente na morada do divino, o que lhe conferia qualidade espiritual. Essa associação com o espírito é citada ainda hoje no paganismo moderno, onde o pentagrama representa os quatros elementos mais o espírito. Ademais, o centro do altar geralmente representa o espírito e as divindades, enquanto os quatro elementos, com suas direções cardeais, guardam as quinas do altar.

OS ELEMENTAIS E A ALQUIMIA

Os primeiros alquimistas adotavam a teoria de Aristóteles de que os quatro elementos tinham origem em fonte única. Eram considerados "matéria diferenciada", e sua fonte, "matéria primordial" ou "matéria indiferenciada".[37] Os alquimistas acreditavam que a matéria primordial poderia ser manipulada para adquirir as características da matéria terrestre. O agente ou catalisador para essa transmutação era chamado de *Pedra Filosofal*. De acordo com o professor Lesley Cornmack (1957-) da Universidade de Alberta, no Canadá, se a Pedra Filosofal era "um objeto real, produto de processo alquímico, ou um estado espiritual dependia da teoria seguida por cada alquimista".[38]

Utilizado na alquimia, na astrologia e na filosofia, o símbolo medieval representando os elementos era desenhado como um quadrado com um triângulo em cada canto. Ar e fogo eram representados pelos triângulos superiores; terra e água, pelos inferiores. O ideograma do século XVII para a arte da alquimia consistia em um círculo pequeno representando a água, dentro de um quadrado para a terra, dentro de um triângulo para o fogo, dentro de um círculo grande para o ar. O quadrado dividido em quatro às vezes também era usado como símbolo alquímico para representar os elementos.

Figura 24: O antigo símbolo medieval (esquerda),
o ideograma do século XVII (centro)
e o quadrado dividido em quatro (direita) representavam os elementos.

---

37 Andrew Ede e Lesley B. Cormack. *A History of Science in Society: From Philosophy to Utility*. 3. ed. Toronto, Canadá: University of Toronto Press, 2017. p. 52.
38 *Ibid.*

De acordo com o médico, farmacêutico e alquimista alemão Johann Christoph Sommerhoff (1644-1723), a origem gráfica dos triângulos elementais era o selo de Salomão, estrela de seis pontas mais conhecida como Estrela de Davi.[39] (Consulte a Parte 7 para mais informações sobre o rei Salomão.) O *Lexion Pharmaceutico chymicum* (*Dicionário de Elementos Químicos Farmacêuticos*) de Sommerhoff era uma enciclopédia de símbolos em que ele identificava os elementos principais da alquimia.

Os antigos gregos usavam triângulos e triângulos com barras para representar os elementos individuais. Os triângulos associados ao fogo e ao ar apontam para cima; à terra e à água, para baixo. Os triângulos do ar e da terra distinguem-se por uma barra horizontal adicional, que varia em termos de estilo. Essa maneira de reproduzir os elementos era adotada por muitos alquimistas medievais e permanece ainda hoje nas práticas de wicca e paganismo.

Figura 25: Os símbolos mais comuns da esquerda para a direita (fileira superior): fogo, ar, água e terra. Há variações para o símbolo do ar (segunda fileira) e da terra (terceira fileira).

Segundo o psiquiatra suíço Carl Jung, os elementos eram retratados como triângulos porque podiam se juntar a um círculo e, uma vez unidos, "representam todo o mundo físico".[40] Jung também usava o círculo dividido em quatro seções para representar o *self*. Combinados no círculo dividido, os elementos criam equilíbrio, unidade e totalidade. Em rituais pagãos e wiccanos, o espaço sagrado é

---

39 Fred Gettings. *Dictionary of Occult, Hermetic and Alchemical Sigils*. Boston: Routledge and Kegan Paul, Ltd., 1981. p. 106.
40 C. G. Jung. *Mysterium Coniunctions: An Inquiry into the Separation and Synthesis of Psychic Opposites in Alchemy*. Princeton, NJ: Princeton University Press, 1976. p. 460.

criado com um círculo dividido em quatro partes pelos elementos e suas respectivas direções cardeais. O círculo dividido é usado, ainda, como símbolo do elemento terra.

Figura 26: Em um círculo dividido em quatro seções, os quatro elementos representam unidade e totalidade.

Como são considerados os "pontos cardeais da existência material", a prática de associar os elementos às direções cardeais em um círculo nos proporciona um lugar para reconhecer e trabalhar com eles.[41] No círculo dividido, o centro torna-se um local sagrado robustecido pelas forças poderosas dos elementos. É o *axis mundi* – centro do mundo –, lugar de união onde o céu e a terra se juntam em nossa presença. Esse lugar é frequentemente considerado o ponto de encontro das sete direções: leste, oeste, norte, sul, acima, abaixo e para dentro. Assim, o círculo que lançamos para o ritual e a magia torna-se um caldeirão de energia que podemos acessar e direcionar.

Figura 27: Os elementos podem ser retratados como círculos; da esquerda para a direita: terra, água, ar e fogo.

Um círculo simplificado dividido em quatro seções em forma de linhas cruzadas também é usado para representar a unidade dos elementos, bem como sua polaridade de complementaridade e pares opostos. Terra/água e fogo/ar são pares que se complementam. Terra/ar e fogo/água são opostos. Juntas, essas energias complementares e opostas criam profunda tensão e coesão que mantêm o Universo em equilíbrio. Os alquimistas medievais também usavam as linhas cruzadas como símbolo da união dos cinco elementos. A *quintessência* – quinto elemento – era o ponto em que os quatro elementos se encontravam, ou melhor, era considerado o ponto de onde irradiavam.

---

41 Juan Eduardo Cirlot. *A Dictionary of Symbols*. 2ª ed. Tradução de Jack Sage. Mineola, NY: Dover Publications, Inc., 1971. p. 95.

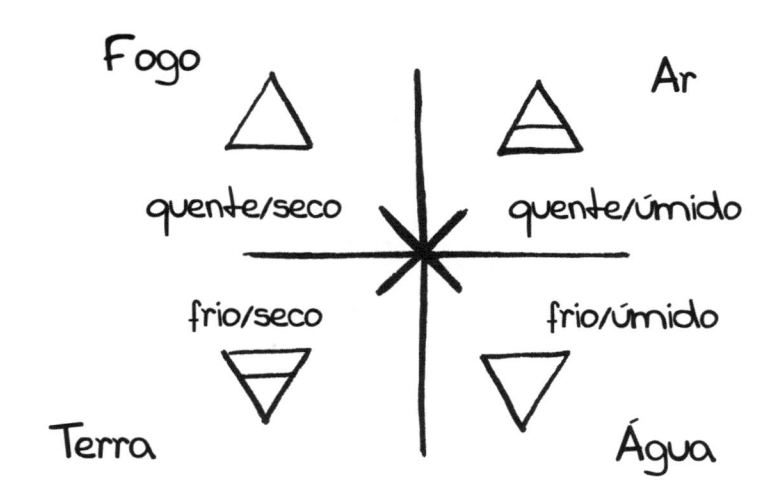

Figura 28: As energias complementares e opostas dos elementos são representadas com as respectivas qualidades.

CAPÍTULO 5

OS ELEMENTOS E O AUTOCONHECIMENTO

NO DECORRER DOS SÉCULOS, OS elementos ficaram associados aos aspectos fundamentais da personalidade. O filósofo grego Cláudio Galeno (130-200 d.C.), mais conhecido apenas como Galeno, estudou na famosa escola de medicina de Alexandria, no Egito, e posteriormente viajou para Roma, onde adquiriu proeminência como médico e autoridade médica influente. Em meio à sua extensa obra, destaca-se um texto intitulado *The Doctrine of the Four Temperaments of Personality* [*A Doutrina dos Quatro Temperamentos da Personalidade*], que teve como base as teorias de Empédocles e Hipócrates.

A premissa de Galeno era a de que os elementos e humores influenciavam o caráter e a inteligência de uma pessoa. Ele denominou os quatro humores de sanguíneo, colérico, melancólico e fleumático e definiu as personalidades como extrovertida (ar), irritável (fogo), triste (terra) e tímida ou calma (água), respectivamente.[42] A Teoria os Quatro Temperamentos foi um componente-padrão na prática médica até a Idade Média. Resquícios do tratado de Galeno persistem em nosso vocabulário atual cotidiano, quando dizemos que uma pessoa está de bom ou mau humor.

---

42   J. E. Roeckelein (comp.). *Elsevier's Dictionary of Psychological Theories*. San Diego, CA: Elsevier Inc., 2006. p. 235.

Associar os elementos a tipos de personalidade é uma prática que repercute pelos séculos. O fundador da psicologia analítica, Carl Jung, identificou quatro tipos básicos de personalidade, relacionando-os aos elementos: intuitiva (fogo), sensível (terra), pensante (ar) e sentimental (água). Esses arquétipos são conjuntos de traços ou certas características que correspondem aos atributos de um elemento. Embora as pessoas sejam uma amálgama de tipos de personalidade e seus elementos correspondentes, Jung observou que um costuma ser mais dominante que os outros. A compreensão de quais elementos operam em nós pode aprofundar nosso autoconhecimento.

A premissa dos arquétipos é que as coisas que fazemos ou nos atraem – por escolha ou de modo subconsciente – são resultado da forte influência de um elemento sobre nós. Quando buscamos o autoconhecimento, adquirimos melhor compreensão das forças que nos impulsionam e sustentam, o que, por sua vez, apoia e auxilia nossos caminhos espirituais e as atividades mágicas.

Como a interação contínua dos elementos gera mudança, estamos em constante evolução, à medida que aprendemos e crescemos na vida. Graças aos tipos de caráter de Jung, podemos descobrir os elementos que combinam melhor conosco, e isso nos ajuda a viver em sintonia com nossa verdadeira natureza e com o mundo natural. Além de nos facilitar o acesso ao poder do elemento com o qual temos mais afinidade, esse conhecimento também nos auxilia a reconhecer e a alimentar as qualidades dos outros elementos.

Reserve algum tempo privado para ler as definições a seguir de cada elemento. Tenha em mãos caneta e papel, ou um telefone celular, para fazer anotações. Alternativamente, escreva com um lápis ou sublinhe palavras relevantes na seção a seguir. Peço perdão a quem se ofende com a sugestão de escrever em um livro; entretanto, considero os livros ferramentas.

Não pense demais enquanto lê as definições. Apenas marque ou anote palavras e frases que combinam fortemente com sua descrição.

O ARQUÉTIPO DA TERRA

A terra é o elemento da forma e da manifestação. Indivíduos com fortes características da terra são, claro, terrestres, ou seja, práticos, confiáveis e apreciadores da tradição. São instrumentais no processo de passar algo de uma geração para a próxima, como uma herança, traços de personalidade ou conhecimento. Os filhos são bem instruídos, nem sempre em nível universitário, mas nas artes práticas que sustentam a comunidade. Indivíduos com os pés na terra tendem a se tornar arquitetos, artesãos, desenhistas, engenheiros, cuidadores e pessoas que trabalham com o solo. Gostam das coisas do jeito deles, mas são almas honestas que não trapaceiam nem manipulam para conseguir o que almejam.

Pessoas da terra apreciam rotina e costumam seguir uma abordagem metódica para resolver problemas. Embora pareçam mais cautelosas que a maioria, isso se deve à preocupação com as coisas básicas da vida e ao impulso de criar uma fundação segura e estável para si e para os outros. Com raízes firmes nas necessidades realistas, são indivíduos comprometidos com o lar e a família, pacientes, e seus legados resistem ao teste do tempo. O bom senso é importante. Essas pessoas são tenazes, bem equilibradas e emocionalmente estáveis, além de sólidas e sensuais, e aceitam a sabedoria do corpo. Valorizam o mundo natural e seus ciclos. Quem não entende as pessoas do arquétipo da terra pode considerá-las teimosas, chatas ou resistentes à mudança.

Em termos de magia, o indivíduo da terra é aquele que faz as coisas darem certo. Segura a energia do ritual até estar pronta para ser liberada. Com os pés firmes na terra, esses indivíduos são a rocha sobre a qual os outros podem se apoiar.

O ARQUÉTIPO DA ÁGUA

Indivíduos com fortes características da água geralmente são sensíveis, empáticos e solidários. Dão grande valor à amizade e respeitam a confiança que neles depositam, mas se incomodam com a traição de um segredo. Pessoas da água são protetoras e cuidam muito bem dos filhos. Apesar das emoções fortes, se esses indivíduos forem firmes, poderão se tornar muito criativos, por causa da perspectiva incomum do mundo. A profundidade de suas emoções, em contrapartida, flui até a superfície, o que lhes permite ser compassivos; entretanto, isso os deixa vulneráveis às flechas e às pedras que o mundo atira em sua direção. Machucam-se facilmente e tendem a se recolher à autoproteção, às vezes a ponto de se tornarem reclusos.

Indivíduos desse arquétipo são bons observadores, com uma combinação de intelecto, intuição e imaginação. Em geral, tornam-se terapeutas, conselheiros, clérigos, videntes, parteiras ou artistas (escritores, atores etc.). Com profunda apreciação da beleza, vivenciam-na em nível quase sensual. Podem, contudo, ficar apreensivos, principalmente se seu perfeccionismo sair do controle. Para quem não entende as pessoas da água, elas parecem temperamentais, reservadas, exageradamente sensíveis ou frágeis.

Na magia, um indivíduo da água é o canal que envia e recebe mensagens. Pode acessar os reinos invisíveis em busca de sabedoria e informação. Também é capaz de usar o poder do mundo natural.

O ARQUÉTIPO DO AR

A palavra *inspiração* tem dois significados, ambos associados ao elemento ar. Inalar tem sentido óbvio; e ter uma ideia, claro, relaciona-se à mente. Para a pessoa do ar, a mente é muito importante. As pessoas do ar são racionais, inteligentes, espirituosas e divertidas. Contando mais com a lógica que com a intuição, esses indivíduos tendem a pensar em vez de sentir o caminho em qualquer situação. A cabeça manda no coração. Por serem indivíduos cerebrais e adorarem falar, são muito sociáveis e gostam de se divertir. Geralmente exuberantes, apreciam o reconhecimento e têm bom senso de humor.

Mais que apenas o centro das atenções, a pessoa do ar adora um desafio intelectual. A curiosidade proporciona uma corrente infinita de interesses e, muitas vezes, de aventuras. Ela precisa de estímulo e espaço; do contrário, sua natureza inquieta sofre. É uma pessoa que evita, a qualquer custo, se sentir presa. Como os indivíduos desse arquétipo são bons comunicadores, automotivados e conseguem trabalhar sob pressão, costumam se tornar professores, estudiosos, inventores e personalidades da mídia. Quem não os entende pode vê-los como egocêntricos, emocionalmente desapegados e incoerentes. Por ironia, parecem voar com o vento e, por isso, às vezes são chamados de "cabeça oca".

Em termos de magia, uma pessoa do ar é ótima para planejar rituais e encantamentos. Guarda conhecimentos que ajudam a interpretar mensagens e informações.

O ARQUÉTIPO DO FOGO

As pessoas do fogo fazem as coisas acontecer. Estão sempre ativas. Têm grandes ambições e energia intensa para alcançar a meta desejada, quando, então, miram novas montanhas que almejam escalar, em parte porque adoram se mexer, mas também porque ficam facilmente entediadas. São altamente criativas com coisas que tenham propósitos práticos. Indivíduos desse arquétipo tendem a ser rebeldes: assertivos, ousados e um tanto independentes. Rápidos para aprender e muito focados, têm vontade forte e natureza dominante, são altamente expressivos e querem as coisas a seu modo.

Pessoas do fogo são conhecidas pela paixão e romantismo. Frequentemente impulsivas, costumam se apaixonar à primeira vista. Além disso, suas características dramáticas, maiores que a vida, as tornam atraentes para amizade e intimidade. Por causa da animação, do otimismo, da automotivação e da visão, esses indivíduos do fogo costumam se tornar líderes, vendedores, artistas e guerreiros. Para quem não os compreende, podem parecer irritáveis, obsessivos e impulsivos.

Em magia, as pessoas do fogo são os catalisadores, a fagulha que acende a energia para emitir intenção e vontade com grande poder.

Depois de ler e fazer anotações, talvez você perceba que um elemento descreve sua personalidade de modo mais exato que os outros. Isso pode confirmar aquilo que já sabe, ou, por outro lado, a informação poderá ser uma surpresa. De qualquer forma, reconheça e aceite seu elemento dominante, pois ele é capaz de revelar seu temperamento e suas forças fundamentais. Esse conhecimento traz poder para o crescimento pessoal, espiritual e mágico.

Quando trabalhamos com nossa energia, podemos utilizar eficientemente um elemento predominante ou fortalecer outro. Uma maneira de fazê-lo é usando os chakras das mãos, centros energéticos localizados no centro das palmas. Essa é uma área muito poderosa que podemos empregar para o trabalho direto com a energia elemental em nosso corpo.

Antes de começar, decida com qual elemento trabalhará. Corte dois pequenos triângulos, círculos ou quadrados de papel que caibam no centro da mão e, em seguida, desenhe um dos símbolos do elemento em cada pedaço de papel. Se preferir, desenhe o símbolo com um delineador diretamente no centro de cada palma.

Se usar pedaços de papel, separe-os por um momento enquanto ativa a energia dos chakras das palmas. Um método consiste em esfregar as palmas uma na outra para gerar calor, abrindo os chakras. Quando estiverem ativados e você sentir as mãos quentes, ponha os pedaços de papel nelas e sente-se com as palmas para cima, mãos apoiadas no colo.

Outro método, que é melhor se você desenhou os símbolos nas palmas, é se sentar com as mãos sobre o colo, palmas para cima. Feche os olhos e visualize espirais nas duas palmas. Assim que a imagem mental ficar clara, veja-as girar, até sentir um fluxo constante de energia espiralando através das palmas.

Qualquer que seja o método utilizado, feche os olhos e imagine a energia dos chakras cercando e abraçando o símbolo nas mãos. Concentre-se e visualize o elemento enquanto pensa nas qualidades a ele associadas que você quer amplificar ou gerar. Preste atenção a quaisquer sensações.

Deixe a visualização continuar por quanto tempo for necessário e, em seguida, espere até as imagens e sensações desaparecerem. Sente-se em silêncio por um ou dois minutos. Para desativar os chakras das mãos, visualize-os como flores. Já que tradicionalmente os chakras são descritos como lótus desabrochados, feche devagar os dedos contra as palmas e visualize as pétalas também se fechando. Enquanto os chakras param de girar, o corpo guarda a energia. Reserve alguns minutos para anotar seus pensamentos e observações, assim poderá consultá-los mais tarde. Como lampejos de um sonho, pensamentos iluminados podem desaparecer rapidamente.

CAPÍTULO 6

OS ELEMENTOS EM RITUAL E MAGIA

PARA PAGÃOS E WICCANOS, OS elementos são símbolos fundamentais que nos ajudam a entrar em sintonia com o mundo natural. Enquanto trabalhamos com um círculo dividido em quatros seções para ritual e magia, tornamo-nos aquele ponto irradiador no centro das divisões elementais, abrindo e sintonizando nossa mente e energia. A meditação a seguir pode ser um suporte para acessar a energia dos elementos se você estiver começando a trabalhar com eles ou mesmo se fizer isso há anos. Também é útil sempre que sentir necessidade de realinhar sua energia com os elementos.

Essa meditação pode ser muito prática na hora de nos prepararmos para ritual e magia, porque nos auxilia a entrar em harmonia com os quatro elementos, criando um caminho para o fluxo de nossa mente e energia. Antes de qualquer coisa, tire tudo do altar. Observe os gráficos neste capítulo, escolha um símbolo para cada elemento e desenhe-os em pedaços separados de papel. Coloque um dos símbolos em cada quarto do altar. Alinhe-os com as direções cardeais, de acordo com sua prática pessoal, ou espalhe-os aleatoriamente.

Focando em cada elemento, você pode decidir antes a ordem deles ou escolher espontaneamente enquanto procede com a meditação. Uma alternativa é seguir a ordem apresentada aqui. Passe o tempo necessário com cada elemento.

MEDITAÇÃO COM OS ELEMENTOS

Sente-se confortavelmente diante do altar e feche os olhos por alguns minutos, enquanto esvazia a mente. Quando sentir que está pronta, abra os olhos e concentre-se no símbolo no setor terra do altar. A terra representa o corpo, o físico. É o elemento da forma e da manifestação. Esse elemento é nossa fundação. A energia da terra é a simplicidade da vida diária. É a profunda beleza da existência. A terra representa estabilidade e sustentação. Em ritual e magia, representa a prática. Sinta a energia da terra.

Volte o olhar para o símbolo no setor água do altar. A água representa emoções e intuição. É ao mesmo tempo confortante e misteriosa; dá forma aos nossos mundos interiores e significado à nossa existência. A água nos envolve e nos completa. Purificante e pura, sacia a sede e ajuda tudo a crescer. Representa cura e mudança. Em ritual e magia, representa o canal por onde enviamos e recebemos. Sinta a energia da água.

Agora olhe para o símbolo no setor ar. Esse elemento representa a mente e a percepção. É inspiração e iluminação. O ar é repositório de conhecimento e guardião da memória. Envolve todas as formas de comunicação pelas quais podemos compartilhar a maravilha e o fascínio de nossa jornada nesta vida. O ar nos recepciona logo que entramos neste mundo e é nosso companheiro constante até o fim. Em ritual e magia, representa a sabedoria que dá forma e o conhecimento que motiva. Sinta a energia do ar.

Por fim, olhe para o símbolo no setor fogo do altar. O fogo representa sensação e energia. É a centelha da vida e o poder da fé. Traz iluminação para o autoexame. Fogo é uma faca de dois gumes que pode destruir, mas também é uma força brilhante capaz de purificar e gerar novos começos. Em ritual e magia, representa culminação e transformação. Sinta a energia do fogo.

Depois de trabalhar com os quatro elementos, passe algum tempo com quaisquer pensamentos ou sentimentos que tenham surgido. Se tiver um diário, anote-os. Quando sentir que a meditação está completa, centralize e assente sua energia enquanto desfruta da sabedoria e do equilíbrio dos elementos atuando em você.

Metaforicamente, os elementos oferecem uma amálgama de energia para ritual e magia. Começa com o ar, que sustenta a ideia e o projeto de um ritual ou encantamento. Fogo ou água podem abrir o caminho para purificar e sacralizar o local e o momento de atuação. A terra converte a ideia ou a intenção em realidade para fazer o ritual ou o encantamento. Enquanto a água abre um canal energético, o fogo fornece a fagulha que acende a energia para emitir intenção e vontade. A água é também o condutor pelo qual as informações chegam até nós, e o ar oferece explicação para tudo que recebemos. Por fim, a terra afasta e assenta o excesso de energia, proporcionando uma reentrada suave na realidade mundana.

OS SÍMBOLOS NA MAGIA

Como vimos na introdução, os símbolos oferecem simplicidade e poder. Tudo que desenhar, pintar ou inscrever com um símbolo elemental, dedique algum tempo para infundir com a energia desse elemento. Enquanto segura o objeto, olhe para o símbolo por um momento e, depois, feche os olhos. Usando todos os sentidos, visualize esse elemento e atraia a energia dele para seu corpo. Quando sentir que a energia está atingindo um pico, visualize-a percorrendo os braços e libere-a no objeto. Em seguida, espere alguns instantes até assentar e centralizar sua energia e, por fim, proceda com o trabalho.

Dois dos objetos mais comuns utilizados na representação dos elementos para ritual e encantamento são velas e cristais. Além disso, é bom coordenar a cor de uma vela ou um tipo de cristal com um elemento, pois isso aprimora a energia do trabalho. Se preferir não marcar um cristal, desenhe ou pinte o símbolo em um pedaço de papel e enrole-o em volta da pedra.

Elemento ar

O ar é o elemento da mente, da inteligência e do conhecimento. Estimula energia para o aprendizado e a iluminação e fortalece a memória. Esse elemento é um suporte quando você precisa se concentrar e focar sua força de vontade. Use o ar para ordenar os pensamentos e trazer clareza para uma comunicação melhor. Para uma comunicação eloquente, o ar é *útil* nos relacionamentos e nos negócios. Use-o para iniciar uma ação ou inspirar motivação na carreira ou no trabalho.

Esse elemento também é útil em encantamentos para atrair dinheiro ou encontrar justiça. O ar incita a imaginação; traz inspiração e criatividade às iniciativas. Ajuda a refinar a intuição. Associado às habilidades psíquicas, é particularmente favorável ao desenvolvimento da clarividência e ao fortalecimento das técnicas de divinação. Auxilia, ainda, no trabalho xamânico, na viagem astral e no contato com espíritos. Use-o como apoio para libertar a vida das amarras. Na realidade, o ar pode promover sensação de liberdade para um novo começo. O elemento ar facilita a harmonia e a cura. O poder do ar ajuda, inclusive, na magia para o clima.

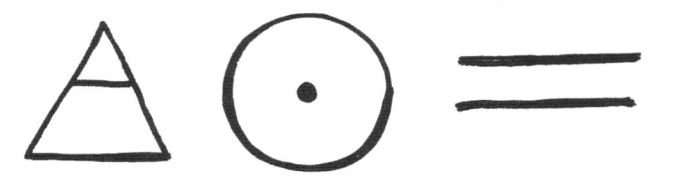

Figura 29: Símbolos comuns de triângulo e círculo representando o ar, além de um símbolo elaborado pelo astrólogo norte-americano Nicholas deVore (1882-1960).

Para o elemento ar, use velas destas cores: azul-clara, cinza, lavanda, cor-de-rosa, vermelha, prata, branca, ou amarela brilhante. Alguns cristais eficazes para o trabalho com o ar são ágata azul rendada, ametrina, angelita, aragonita, aventurina, celestita, crisoberilo, rosa do deserto, moldavita, opala, quartzo claro, sodalita, esfena, estaurolita, topázio azul e turmalina azul.

Elemento terra

A terra é o elemento da forma e da manifestação. Como fundação, proporciona estabilidade e força e nos mantém firmes no mundo físico. É apoio da família e do lar, trazendo acolhimento e paz. Use-a em encantamentos para atrair abundância e aumentar a prosperidade ou espalhar energia protetora em casa ou durante uma viagem. A terra é *ótima* para afastar e quebrar feitiços, além de subjugar qualquer forma de energia negativa. A energia sustentadora desse elemento ajuda no crescimento pessoal, bem como no cultivo em jardins. Também nos auxilia a contatar espíritos da natureza.

Associada ao conforto, a terra ajuda a diminuir a ansiedade e a manter a vida equilibrada. Serve, ainda, para cura e bem-estar. Use-a em encantamentos para sucesso nos negócios ou no trabalho e para justiça em questões legais. Invoque sua energia gentil quando precisar de paciência ou aceitar uma situação que você não pode mudar. Associado ao sentido do tato, esse elemento pode enfatizar a sensualidade e ajudar nas questões sexuais. Use a terra para encantamentos de fertilidade e suporte durante a gravidez e o parto. Um elemento de ciclos, a terra também ajuda a lidar com a morte de um ente querido.

Figura 30: Símbolos comuns de triângulo e círculo representando a terra e o quadrado usados pelos alquimistas do século XVII.

Para esse elemento, utilize velas destas cores: preta, marrom, verde ou branca. Alguns cristais eficazes para o trabalho com a terra são ágata-musgo, fluorita, hematita, jade, jaspe, azeviche, labradorita, magnetita, malaquita, quartzo rutilado e fumê, sal, estaurolita, turmalina preta ou marrom e turquesa.

Elemento fogo

O fogo é o elemento de purificação e transformação. Abre caminho para nos livrarmos do que não precisamos mais na vida e nos auxilia a ir em frente, recomeçando. Esse elemento aguça a imaginação com energia criativa e alimenta a intuição. Invoque a energia do fogo para fortalecer a capacidade de divinação e desenvolver habilidades psíquicas. O fogo é *útil* para consagrar o espaço ritualístico e ativar energia. Proporciona motivação para lidar com as tarefas diárias e determinação para chegar às estrelas. Utilize esse elemento em encantamentos de proteção e para defesa na hora de procurar justiça.

Invoque o fogo para lhe trazer clareza em situações que exigem comunicação concisa e verdade. Associado à destruição, o fogo também é vital para cura. Estimula a ambição, mas nos alerta para empregá-lo com honra, de modo que usemos nossos talentos e influências com sabedoria e graça. Recorra a esse elemento para construir autoconfiança e coragem em funções de liderança. O calor do elemento gera paixão tanto para o propósito ou meta pessoal quanto no sentido sexual.

Figura 31: Símbolos comuns de triângulo e círculo representando o fogo, além da variante do triângulo com um ponto usada pelos alquimistas do século XVII.

Para esse elemento, use velas das seguintes cores: ouro, laranja, cor-de-rosa, vermelha, branca ou amarela. Alguns dos cristais eficazes para o trabalho com fogo são ágata de fogo e vermelha, âmbar, berilo dourado, jaspe-sanguíneo, calcita laranja e vermelha, cornalina, citrino, jaspe vermelho, obsidiana, opala de fogo, peridoto, pirita, quartzo, rubi, espinela, pedra do sol, topázio, turmalina vermelha e zircão vermelho.

Elemento água

A água é o elemento das emoções e da intuição. Associada à sensibilidade, aprimora as habilidades psíquicas e é particularmente favorável à clarividência. Por essa razão, traz novas dimensões às práticas de divinação. Ela acessa o subconsciente e auxilia no trabalho dos sonhos; também ajuda a pessoa a se lembrar dos sonhos e a ter um sono tranquilo. Tem poder especial no trabalho xamânico e na magia lunar. Pode ser usada para reverter encantamentos.

Invoque a energia da água para iniciar mudanças. Esse elemento é um suporte para se adaptar às transições que escapam de controle. As propriedades de purificação da água incentivam a introspecção séria e a renovação espiritual. Por ser associada à compaixão e à empatia, serve para fortalecer amizades e reconciliar as que sofreram abalo. Oferece cura e crescimento, dá força em tempos de tristeza e restaura um equilíbrio saudável ao corpo, à mente e ao espírito. A água também ajuda a guardar segredos.

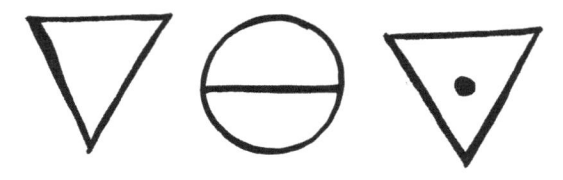

Figura 32: Símbolos comuns de triângulo e *círculo representando a água,
além da variante do triângulo com um ponto* usada pelos alquimistas do século XVII.

Para o trabalho com esse elemento, use velas de cor aqua, preta, azul, cinza, verde-mar, índigo, lilás, roxa, prata, turquesa, violeta ou branca. E alguns cristais eficazes são ágata azul rendada, angelita, água-marinha, azurita, crisocola, fluorita, granada, jade, jaspe oceano, azeviche, lápis-lazúli, larimar, pedra da lua, opala, pérola, quartzo, safira, selenita, topázio azul, turmalina azul e melancia e turquesa.

SERES ELEMENTAIS

Um estudo dos elementos não estaria completo sem a menção aos seres elementais. Embora Empédocles afirmasse que nada era constituído de um único elemento, espalhava-se pela Idade Média a crença na existência dessas criaturas. Apesar da noção popular de que os elementais eram demônios, os alquimistas os consideravam espíritos semimateriais dos elementos. O médico e alquimista suíço

Teofrasto Bombasto de Hohenheim (1493-1541), autodenominado Paracelso, padronizou os nomes e avançou o conceito dos elementais. (Leia mais sobre Paracelso na Parte 7.)

Compilando folclores desde a Antiguidade, Paracelso apresentou uma descrição *desses seres misteriosos* no tratado *Um Livro Sobre Ninfas, Silfos, Pigmeus e Salamandras e Outros Espíritos*. Embora tenha conotação diferente hoje, o termo pigmeu vem do grego, *pygmaois*, que significa "um tipo de duende".[43] Atualmente, os elementais são mais conhecidos como undines (da água), silfos (do ar), gnomos (da terra) e salamandras (do fogo).

Paracelso queria desvendar a função dos seres elementais na natureza. Considerava-os antropomórficos, mas acreditava que seguiam uma evolução paralela à dos seres humanos. Segundo ele, os elementais habitam um reino separado de nós, mas são capazes de entrar no nosso mundo. Muito já se escreveu acerca deles desde a Idade Média. De acordo com algumas teorias, os elementais são seres sencientes, não espíritos. Outras também os consideram seres compostos de apenas um elemento. Enfim, sejam o que forem, a presença dos elementais pode ser sentida e, às vezes, vista.

Por experiência própria, entendo por que os elementais são considerados entidades marotas ou duendes malévolos. Um dos eventos mais memoráveis que vivi com eles foi na Irlanda. Depois de uma noite de tempestade, meus amigos e eu desfrutávamos um dia quente e ensolarado, tentando realizar um ritual em um antigo forte em uma colina. Respeitando as forças do clima, Germaine começou a dizer: "Granizo, vento e chuva", um cumprimento de "boas-vindas" para reconhecer a chuva e o vento da noite anterior. Mal ela disse as palavras, começamos a ser bombardeados com granizo e chuva, além de um vento que quase nos soprou para fora da colina. Tão inesperado como começou, o céu se abriu e ficou azul de novo, sem o menor traço da tempestade. Coincidência? Achamos que não.

Apesar da experiência, não creio que os elementais fossem vingativos ou malévolos. Sendo basicamente compostos de um único elemento (ou vivendo dele, ou sei lá o quê), creio que não têm equilíbrio e perspectiva, e apenas nos deram o que entenderam que buscávamos. Por essa razão, acho perigoso solicitar a ajuda desses seres em magia e ritual. Quando detecto a presença de um elemental, reconheço-o e desejo-lhe o bem. A decisão de trabalhar com os seres elementais é pessoal.

---

43 Marko Pogačnik. *Nature Spirits & Elemental Beings: Working with the Intelligence in Nature*. Forres, Escócia: Findhorn Press, 2009. p. 59.

PARTE 3
AS QUINZE ESTRELAS FIXAS

As estrelas são mais comumente relacionadas ao zodíaco e nem tanto a práticas mágicas, o que é uma pena, porque constituem fonte poderosa de energia e sabedoria. Alquimistas e magos na Idade Média tinham interesse especial por quinze estrelas fixas, também conhecidas como *Behenianas*. Embora sejam esporadicamente incluídas na literatura pagã moderna, só me dei conta do poder delas quando trabalhava com meu livro *Star Magic*. Nesta parte, veremos como essas quinze estrelas fixas podem aprimorar o ritual, a magia e outras práticas.

CAPÍTULO 7

ESTRELAS ESPECIAIS

HÁ MILÊNIOS AS ESTRELAS TÊM sido fonte de deslumbramento, mistério e magia. Hoje, sabemos que o efeito visual de piscar nos mostra a diferença entre uma estrela e um planeta, mas na Antiguidade e em tempos medievais as pessoas ignoravam isso. Entretanto, notavam uma diferença de comportamento entre as luzes no céu.

Os egípcios chamavam de estrelas *as estrelas imperecíveis* e de planetas, *as estrelas que nunca descansavam*.[44] De modo semelhante, astrólogos gregos denominavam os planetas de *errantes*. Na Europa medieval, as estrelas e os planetas eram chamados de *estrelas fixas* e *estrelas errantes*, respectivamente.[45] As estrelas fixas nasciam e se punham como o Sol e a Lua, mas permaneciam nas mesmas configurações em relação às outras estrelas.

No século XVI, o médico e estudioso Henrique Cornélio Agrippa observou que astrólogos e alquimistas do Oriente Médio consideravam um grupo de quinze estrelas particularmente poderoso para a magia. Ao escrever sobre o tema, mencionou que suas informações se baseavam, em parte, na obra de Thebit, cujo nome completo era Al-Sabi Thabit ibn Qurra al-Harrani (836-901). Thebit nasceu onde hoje é a Turquia e se destacou como estudioso de astronomia e matemática em Bagdá.

---

44 Pat Remler. *Egyptian Mythology A to Z*. 3. ed. Nova York: Chelsea House, 2010. p. 22.
45 Maurice A. Finocchiaro. *The Routledge Guidebook to Galileo's Dialogue*. Nova York: Routledge, 2014. p. 24.

Traduziu para o árabe inúmeros manuscritos gregos, e durante a Idade Média parte de sua obra foi traduzida para o latim.

Além de Thebit, Agrippa afirmava ter usado informações de *O Livro de Hermes*, texto atribuído a um sábio obscuro que teria uma espécie de ligação mística com a divindade homônima. Segundo o estudioso e autor norte-americano Stephan Hoeller (1931-), o antigo deus grego Hermes era análogo a Thoth (ou Thot), deus egípcio da sabedoria, e juntos os dois se fundiram em um sábio arquetípico chamado *Hermes Trismegisto*, "Hermes três vezes maior".[46] Essa fusão de magia e de religiões gregas e egípcias serviu de fonte para o hermetismo e o gnosticismo. Sem mencionar as raízes pagãs, os antigos cristãos louvavam a Hermes como um grandioso sábio que veio antes de Moisés, mas, assim como ele, recebeu conhecimento diretamente de Deus. Até a Idade Média, Hermes era enaltecido como grande filósofo, mestre alquimista e mago adepto. Não é de surpreender o fato de Agrippa mencionar esse sábio erudito como uma das fontes de sua obra.

Apesar de a potência das quinze estrelas especiais ter certa relação com suas posições no céu em determinados momentos do ano, não se conhece a origem exata dessa crença. É provável que a grande estima por essas estrelas se tenha originado no Oriente Médio, não só porque Agrippa usou a obra de Thebit, mas também porque se referia às estrelas no plural como *Behenii*. O tradutor inglês da obra de Agrippa, James Freake (c. anos 1600), observou que Agrippa usava o termo *beheniana* "como sinônimo de árabe".[47] De acordo com algumas fontes, a palavra derivava do árabe, com o significado de "raiz", e era utilizada em referência a certas estrelas como raiz ou fonte de poder. O termo latim medieval, *behen*, deriva do árabe, *bahman*, nome utilizado em partes do Oriente Médio para a raiz da planta indiana ginseng (*Withania somnifera*).[48] Na época medieval, essa raiz era usada em magia como proteção contra o mal e, na medicina, como remédio para diversas doenças. A palavra *bahman* também significava "inteligente" e "inteligência suprema".[49]

Era comum o uso das *Behenii* durante a Idade Média e a Renascença, tanto em magia quanto em astrologia. Aos poucos, passaram a ser malvistas, porque algumas tinham associações negativas e destrutivas. Entretanto, segundo a astróloga, professora e autora australiana Bernadette Brady (1950), essas estrelas foram redescobertas e são usadas hoje como fonte de conhecimento para acrescentar

---

46 Stephan A. Hoeller. "On the Trail of the Winged God: Hermes and Hermeticism Throughout the Ages". *Gnosis: A Journal of Western Inner Traditions*. Commack, NY: Gnosis, 1996. pp. 20-28. v. 40.
47 Agrippa. *Três Livros de Filosofia Oculta*.
48 Daniel F. Austin. *Florida Ethnobotany*. Boca Raton, FL: CRC Press, 2004. p. 529.
49 F. Steingass. *Persian-English Dictionary: Including Arabic Words and Phrases to be Met with in Persian Literature*. Nova York: Routledge, 1998. p. 212.

mais detalhes e profundidade às leituras astrológicas. Ela também comenta que os aspectos negativos atribuídos a algumas estrelas apenas indicam aspectos aos quais uma pessoa deve ficar atenta.

Para atrair o poder dessas estrelas, Agrippa e os textos herméticos sugeriam o uso de plantas e gemas comumente empregadas em ritual e magia. Do mesmo modo, os sigilos – símbolos – para essas estrelas serviam de talismãs para atrair e manter energia celestial. Agrippa dava detalhes de como fazer um anel com o cristal de uma estrela e depois ativá-lo com um punhado de ervas. Explicava ainda que, em vez de um anel, o sigilo de uma estrela podia ser inscrito em um cristal ou desenhado em um pedaço de papel-manteiga.

Embora os sigilos que aparecem na obra de Agrippa fossem comuns na Idade Média, foram encontradas variantes em outros textos. Um deles é o manuscrito do século XIII, *De quindecim stellis* (*As Quinze Estrelas*), atribuído a Hermes Trismegisto e parte da coleção Ashmole, na Biblioteca Bodleiana, na Universidade de Oxford, na Inglaterra. Este foi um dos inúmeros manuscritos doados àquela universidade por Elias Ashmole (1617-1692), fundador do Museu Ashmolean. Ele era antiquário, com profundo interesse por astronomia, astrologia e magia, e escreveu textos alquímicos sob o pseudônimo de James Hasolle – um anagrama usando a letra *J* no lugar de *I*, como era comum na época. Os sigilos das estrelas também aparecem em um manuscrito do século XIV, na coleção Harley do Museu Britânico. A coleção recebe o nome do estadista inglês Robert Harley (1661-1724), duque de Oxford, que acumulou material para sua biblioteca pessoal. A coleção Harley contém, ainda, obras atribuídas a Thebit. Variantes dos sigilos foram igualmente encontradas em outros manuscritos.

USANDO AS ESTRELAS NA MAGIA

O sigilo de uma estrela inscrito em um objeto ajuda a guardar a energia até que seja necessária. Assim como outros símbolos, os sigilos podem ser entalhados em velas para ritual ou pintados em gemas e outros itens para servir de talismãs. Podem ser incorporados a amuletos ou a qualquer objeto usado para encantamentos, ou escritos em papel e queimados como parte de um encantamento para liberar e direcionar a energia da estrela. Podem ser utilizados como qualquer imagem mental se quisermos focar intento e força de vontade. Ajudam em rituais e divinação e, claro, na astrologia e na viagem astral.

Quando iniciar o trabalho com uma estrela, desenhe o sigilo dela em um pedaço de papel, coloque-o sobre o altar e medite com ele. Contemple-o por alguns minutos e depois feche os olhos, mantendo a imagem na mente. Faça anotações dos sentimentos ou pensamentos que lhe ocorrerem, mas não se prenda a eles por muito tempo nem tente analisá-los. Repita isso algumas vezes antes de atrair a energia da estrela. Mais adiante neste capítulo, veremos detalhes de como atrair a energia.

Componentes comuns em ritual e magia, as velas dão a oportunidade de incorporar a magia das cores à energia das estrelas. Embora a cor de algumas das estrelas mais brilhantes possa ser vista a olho nu, a maioria parece branca ou branco-azulada. As cores mais comuns das estrelas são azul, branco-azulada, branca, branco-amarelada, amarela, laranja e vermelha.

Como uma estrela nem sempre é só "uma" estrela, mais de uma cor pode ser utilizada para reforço de energia. As estrelas podem ser binárias – duas estrelas girando em volta uma da outra – ou um grupo de estrelas, cada uma com cor diferente. Por exemplo, a estrela Algol é tripla, uma branco-azulada, uma laranja e a terceira branca. No caso de estrelas branco-azuladas ou branco-amareladas, use velas de cor azul-clara ou amarelo brilhante. A informação da cor está incluída na definição de cada estrela no próximo capítulo.

Mesmo que prefira não coordenar as cores, você ainda pode desenhar o sigilo de uma estrela em uma vela para usar no trabalho de magia ou ritual. Um sigilo também pode ser desenhado com caneta hidrográfica em um cristal ou outro objeto. Se desejar carregar um cristal sem marcá-lo, desenhe o sigilo em um pedaço de papel e enrole-o em volta da pedra. Se trabalhar com plantas, desenhe-o em um pedaço de papel e coloque-o embaixo de uma planta viva ou de folhas e/ou flores secas. Um material vegetal seco carregado com energia estelar pode ser utilizado para estofar um travesseiro pequeno e auxiliar no trabalho com sonhos ou posto em um sachê para qualquer outro propósito. Para medidas extras, desenhe ou costure o sigilo em um travesseiro ou sachê. Se não tiver disponível uma planta fresca ou seca, um óleo essencial tem a mesma função, pois contém a essência da planta. Caso não encontre uma planta associada à estrela de seu trabalho, você pode usar uma fotografia.

O uso de vela ou de outro objeto com um sigilo durante a divinação ou outra prática proporciona um meio de atrair a energia estelar para sua sessão. Se trabalhar à noite, dependendo da época do ano, experimente sair da casa e observar a estrela no céu, pois pode fortalecer sua experiência.

ATRAINDO O PODER DAS ESTRELAS

Assim como a atração da Lua em um ritual Esbat, a energia das estrelas é fácil de acessar. O melhor meio para isso é o uso dos chakras. Além dos sete chakras principais no corpo, há vários outros particularmente úteis quando trabalhamos com a energia do Cosmos. Três deles são chamados de *chakras estelares*, ou *celestiais*, e se localizam acima da cabeça. Um quarto, denominado *chakra estelar da terra*, fica a cerca de 900 centímetros abaixo do solo, ligando-nos à energia telúrica. Como pagãos, podemos não ter um nome para ele, mas, em geral, nos conscientizamos desse chakra quando trabalhamos com a energia do mundo natural ou na hora de assentar a energia após o ritual.

O primeiro dos chakras estelares chama-se *chakra causal*. Alinhado à coluna vertebral entre 7 e 10 centímetros acima da cabeça, funciona como portal que regula o fluxo de energia do nível cósmico para o pessoal, ajudando a impedir sobrecarga energética. O seguinte é o que chamamos de *chakra estelar da alma*. Localizado aproximadamente a 15 centímetros acima da cabeça, funciona como uma conexão além do corpo até as estrelas. Segundo algumas crenças, este é o ponto de entrada e saída para a alma. *O terceiro chakra chama-se portal estelar*. Fica a cerca de 30 centímetros acima da cabeça e permite conexão multidimensional com o Cosmos e a energia divina.

Quando atraímos a energia estelar, tornamo-nos um canal para ela. Internalizamos essa energia, damos-lhe forma com nossas intenções por meio da visualização e depois a emitimos com nossa força de vontade. Também é possível enviá-la a um objeto com o intuito de criar um talismã ou podemos energizar velas, ferramentas e outros equipamentos para rituais, encantamentos e outras práticas. A marcação de um objeto com o sigilo de uma estrela ajuda a guardar a energia.

Quando sentir que é hora de começar, escolha uma das estrelas e desenhe o sigilo dela em um pedaço de papel, em uma vela ou em outro objeto e coloque-o sobre o altar. Fique de pé, com as mãos confortavelmente estendidas ao longo do corpo. Fixe o olhar no sigilo por alguns minutos; depois, feche os olhos, enquanto visualiza mentalmente a imagem.

Conduza essa percepção até as solas dos pés. Sinta o poder do chakra estelar da terra permitindo-lhe se conectar com a Mãe Terra. Imagine-se com raízes que se estendem dos pés para baixo do solo, por meio do chakra estelar da terra, e até mais fundo. Sinta a estabilidade do planeta e sua conexão com ele. Imagine-se atraindo essa energia para cima por intermédio do corpo. Com isso, você acessa um fluxo contínuo de energia que, em vez de drenar a sua, aumenta-a. Além do mais, ajudará você a se assentar e a se centralizar.

Conduza agora a percepção através do corpo até a coroa da cabeça. Sinta a energia se estender entre os três chakras estelares. Perceba a leveza do ar acima da cabeça e a vastidão do céu. *Sinta-se sendo elevado por ela.* Saiba que, além de ser parte da terra, você é parte das estrelas. Conscientize-se da diferença entra essas duas energias: uma o mantém enraizado e estável; a outra o eleva até um propósito mais alto.

Direcione o sigilo da estrela para o olho mental e erga os braços lateralmente até a altura dos ombros. Assim como antes atraiu energia pelos pés, visualize atraí-la a partir da estrela. Sinta-a se movendo entre os chakras estelares até chegar ao chakra da coroa. Puxe a energia para baixo através de você e guarde-a no corpo. Enquanto faz isso, visualize o propósito para a vela, o cristal ou outro objeto que queira carregar energeticamente. Quando sentir que não consegue mais conter a energia, pegue o objeto e segure-o entre as mãos. Libere a energia visualizando-a descer pelos braços até o objeto.

Espere um instante e imagine o movimento da energia diminuindo, como o brilho das estrelas ao amanhecer. Deixe o vestígio energético escorrer até os pés e sinta-se conectado com a terra. Ao perceber que todo excesso de energia se assentou, abra os olhos devagar. Se não pretende usar imediatamente o objeto carregado, embrulhe-o com um pano e deixe-o sobre o altar até precisar dele.

CAPÍTULO 8

TRABALHANDO COM AS QUINZE ESTRELAS FIXAS

CADA UMA DAS DEFINIÇÕES A seguir inclui dados sobre nome, cor e detalhes de uma estrela, além de como localizá-la no céu. Embora a maioria das estrelas fixas seja visível nos hemisférios norte e sul, as direções aqui apresentadas servem para a perspectiva do norte. Além dos cristais tradicionais, há sugestões para pedras alternativas. Como algumas plantas tradicionais associadas *às* estrelas são venenosas, mencionamos substitutas.

A maior parte das ilustrações neste capítulo contém três sigilos: um comum no século XVI da obra de Agrippa, *Três Livros de Filosofia Oculta*, outro do manuscrito do século XIII, *As Quinze Estrelas*, atribuído a Hermes Trismegisto, e o terceiro que criei usando um método explicado na Parte 6 deste livro.

Embora cada definição ofereça sugestões para o uso dos sigilos, deixe-se guiar pela intuição e encontre modos significativos e pessoais de trabalhar com a energia de uma estrela. Se desejar, experimente fazer os próprios sigilos.

ALA CORVI

Localizada na constelação do Corvo, o nome *Ala Corvi*, que significa "asa do corvo", gera confusão, porque pode se referir a duas estrelas diferentes: Algorab ou Gienah. Nas diversas traduções da obra de Agrippa, ambas são citadas como Ala Corvi.

Gienah é uma estrela branco-azulada, a mais brilhante na constelação. O nome vem de uma expressão árabe que significa "a asa direita da gralha-negra".[50] *Corvus* é o gênero de corvo ou gralha.

Algorab é uma estrela dupla na outra asa do corvo. A estrela primária é branco-amarelada, e a outra tem rara cor púrpura. Seu nome vem da mesma expressão árabe de Gienah e significa "gralha-negra".[51]

O Corvo é uma constelação do hemisfério sul, visível no norte, no fim da primavera e início do verão. Seu padrão mais reconhecível é um trapezoide de quatro estrelas. A constelação aparece perto do horizonte, abaixo de Virgem. Para localizá-la, olhe na direção nordeste, até distinguir a "Big Dipper" (literalmente, "grande colher", que fica dentro da Ursa Maior). Siga a curva do cabo da colher até uma estrela brilhante, que é a estrela fixa Arturo. Continue pela mesma curva até a estrela brilhante seguinte, Espiga, em Virgem. Prossiga nessa linha imaginária para o sul, até o Corvo.

Na magia medieval, Ala Corvi era utilizada para afastar espíritos ímpios. Hoje, é invocada para proteção e defesa. Um cristal inscrito com o sigilo dela torna-se um amuleto poderoso. Essa estrela também é eficaz para dissipar todas as formas de negatividade. Atraia a energia de Ala Corvi para as folhas secas de bardana ou confrei e depois queime um pouco para limpar o local de ritual ou preparar uma área para o trabalho de magia. Desenhe o símbolo em um pequeno pedaço de papel e coloque-o em qualquer lugar na casa ou no trabalho para remover energia negativa.

Com as estrelas Algorab e Gineah retratadas nas asas do pássaro, a energia de Ala Corvi pode ajudar você a ganhar alturas. Se desejar invocar esse tipo de auxílio, inscreva o sigilo em uma vela e use-a enquanto se envolve com trabalho criativo ou práticas espirituais.

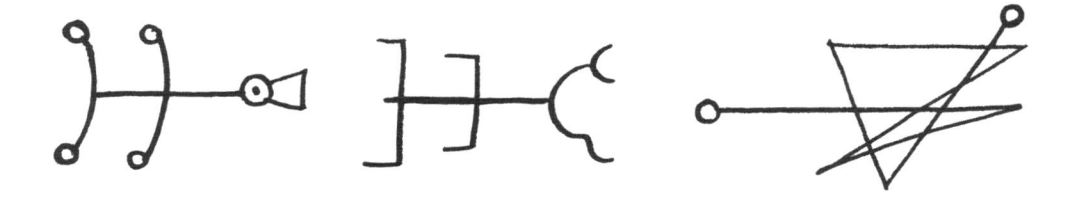

Figura 33: Os sigilos para Ala Corvi são dos *séculos* XVI (esquerda), XIII (centro) e da autora (direita).

50 Mark R. Chartrand. *Night Sky: A Guide to Field Identification*. Nova York: St. Martin's Press, 1990. p. 138.
51 Richard Hinckley Allen. *Star-Names and Their Meanings*. Nova York: G. E. Stechert, 1899. p. 182.

Embora o ônix seja a gema tradicional associada a Ala Corvi, o rubi ou a turquesa também podem ser usados. Algumas plantas associadas a essa estrela são bandana, meimendro, confrei (também chamada de confrei comum) e narciso silvestre (que pode ser uma referência ao narciso amarelo). A samambaia de Boston pode substituir o meimendro venenoso.

ALDEBARÃ

Na constelação de Touro, essa estrela é visível entre o fim do outono e o início da primavera, mas o melhor período para ser vista é o inverno. Olhe para o norte e procure três estrelas no cinturão de Órion. Imagine uma linha do ângulo dessas estrelas até o noroeste da próxima estrela brilhante, que é Aldebarã. Nas representações da constelação, ela representa o olho do touro.

O nome dessa estrela vermelho-alaranjada vem do árabe e significa "seguidora" ou "atendente", porque parece seguir as Plêiades pelo céu.[52] Aldebarã era uma das quatro estrelas da realeza persa e a chamavam de *Guardiã do Leste*.

Associada à resolução e à coragem, use um cristal no corpo como acessório ou leve consigo um pedaço de papel inscrito com o sigilo de Aldebarã quando precisar ser resoluto ou assumir posição firme. Relacionada à honra e à honestidade, essa estrela ajuda em situações de conflito, quando é necessário tomar a atitude certa para o bem de todos.

Se tiver de emitir uma opinião ou ideia, você pode contar com o apoio de Aldebarã na forma de comunicação clara e eloquente. Sendo associada à inteligência, coloque um objeto marcado com o sigilo dela em uma área de estudo para incentivo ao aprendizado. Uma alternativa é entalhar de leve o sigilo em uma estante de livros ou desenhá-lo em um papel e guardá-lo no meio dos livros escolares. Use o sigilo em encantamentos para atrair sucesso ou carregue-o como amuleto durante uma entrevista ou reunião importante. Como Aldebarã representa o olho do touro, use o sigilo para acentuar a clareza em divinação e a visão em trabalho psíquico.

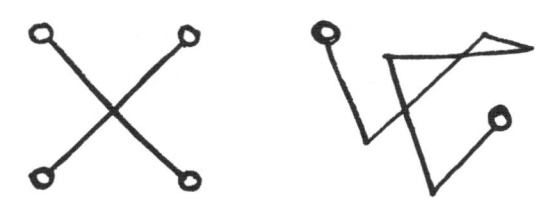

Figura 34: Os sigilos para Aldebarã são do século XIII (esquerda) e da autora (direita).

---

52 Fred Schaaf. *A Year of the Stars: A Month by Month Journey of Skywatching*. Amherst, NY: Prometheus Books, 2003. p. 197.

Tradicionalmente, essa estrela é associada ao rubi e ao carbúnculo. *Carbúnculo* era um termo usado desde tempos remotos até a era vitoriana para qualquer tipo de pedra vermelha translúcida. Acredita-se que, de modo geral, se referia particularmente à granada almandina e ao rubi. No lugar do rubi ou da granada, jaspe-sanguíneo e cornalina também funcionam. As plantas associadas a Aldebarã são cardo-mariano e madressilva; acredita-se que este seja um nome popular para aspérula-odorífera ou aspérula-doce.[53]

ALGOL

Essa estrela é parte da constelação de Perseu, o Herói, visível entre o fim de outono e o início da primavera. Para localizá-la, procure o cinturão de Órion ao norte e desenhe uma linha imaginária desse ponto até a primeira estrela brilhante, que é Capela. Formando uma figura que lembra um Y torto, de cabeça para baixo, Perseu fica a oeste de Capela. Uma das duas estrelas mais brilhantes na constelação, Algol é a do sul.

O nome tradicional dessa estrela veio do *árabe e significa "a cabeça do demônio"*.[54] Na mitologia grega, o herói Perseu matou a górgona Medusa, cujos cabelos eram serpentes. Nas representações dessa constelação, Algol é o olho da Medusa, pois a estrela parece piscar. Isso ocorre porque Algol é uma estrela binária eclipsante. Quando a companheira menos brilhante passa diante da outra, produz efeito de piscadas. Na realidade, Algol é uma estrela tripla, sendo a primária branco-azulada, a segunda, laranja, e a terceira, branca.

Na Europa do século XVI, Algol era conhecida pelos nomes latinos de *Caput Larvae*, "a cabeça do espectro", e *Caput Medusae*, "a cabeça da Medusa".[55] Na Antiguidade, era ligada a demônios, considerada uma das estrelas mais malignas no céu. Talvez essa crença viesse da associação que os hebreus faziam dela com a independente e resoluta Lilith, vista como abominação.

Essa estrela, outrora temida, hoje é associada à força e à paixão intensa. Use o sigilo dela em encantamentos ou rituais para amplificar força pessoal; lembre-se, porém, de controlar o poder e evite se transformar em "demônio" dominador. Para aumentar a paixão, desenhe ou costure o sigilo em um cachecol pequeno ou pedaço de pano e umedeça-o com um pouco de óleo essencial de rosa. Enrole-o em volta de uma joia de diamante ou turmalina vermelha para dar à pessoa amada. Claro que também podemos ser apaixonados por um projeto criativo ou qualquer outro tipo de atividade. Quando participar dessas atividades, use no corpo como acessório ou leve consigo o sigilo de Algol.

---

53 Agrippa. *Três Livros de Filosofia Oculta*.
54 Bernadette Brady. *Brady's Book of Fixed Stars*. York Beach, ME: Red Wheel/Weiser LLC, 1998. p. 188.
55 Allen. *Star-Names and Their Meanings*, p. 332.

Como essa estrela é associada às forças do mundo natural, pode ser invocada para trabalho com espíritos da natureza ou cultivo de um jardim saudável. Entalhe o sigilo em uma cerca ou pinte-o em algumas pedras espalhadas pelo jardim. Desenhe-o em pedras pequenas e coloque-as nos vasos de plantas dentro de casa. Se desejar quebrar feitiços, queime um pouco de artemísia com um pedaço pequeno de papel inscrito com o sigilo. Essa estrela é associada a Lilith; portanto, use o sigilo para homenageá-la.

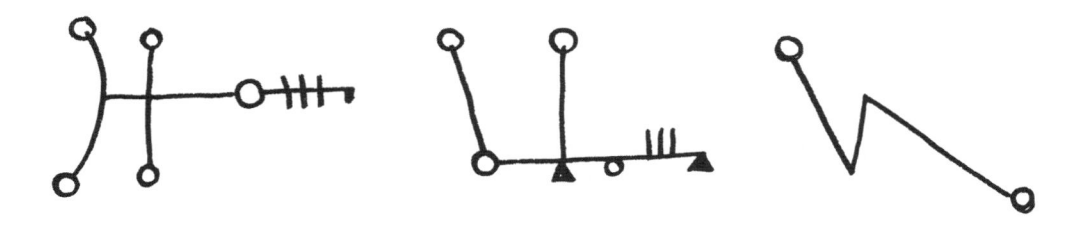

Figura 35: Os sigilos para Algol são dos séculos XVI (esquerda), XIII (centro) e da autora (direita).

Apesar de o diamante ser a gema tradicional para Algol, também podem ser usados jaspe-sanguíneo ou turmalina vermelha. Heléboro negro e artemísia são as plantas associadas a ela. Uma substituta pode ser uma rosa de cinco pétalas branca ou cor-de-rosa, por exemplo, a rosa glauca.

ALFECA

Classificada como a décima quarta estrela mais brilhante em todo firmamento, Alfeca é uma estrela dupla, com uma primária branca e a secundária amarela. O nome deriva de um termo árabe que significa "quebrar" ou "quebrado", referência à forma da constelação, Corona Borealis, que é um círculo partido.[56] Em latim, seu nome é *Gemma*, que significa "joia".[57] Durante a Idade Média, era chamada de *Gnosia Stella*, que quer dizer "estrela do conhecimento".[58] Segundo o tradutor James Freake, Agrippa usou os nomes *Elpheia* e *Elphyra* ao se referir a essa estrela.[59] A fonte desses nomes é desconhecida.

Para localizar Corona Borealis, olhe para o norte e procure a "Big Dipper" (na Ursa Maior). Desenhe uma linha imaginária ao leste e levemente ao sul da extremidade do cabo da colher, atravessando

---

56 David J. Darling. *The Universal Book of Astronomy: From the Andromeda Galaxy to the Zone of Avoidance*. Hoboken, NJ: John Wiley & Sons, Inc., 2004. p. 19.
57 Schaaf. *A Year of the Stars*, p. 117.
58 Allen. *Star-Names and Their Meanings*, p. 178.
59 Agrippa. *Três Livros de Filosofia Oculta*.

o topo da forma em pipa das estrelas. Procure um semicírculo fácil de perceber. Alfeca é a estrela mais brilhante no grupo, visível desde o fim da primavera até o verão.

Associada a habilidades artísticas, Alfeca pode ajudar a descobrir e a desenvolver talentos. Desenhe o sigilo dela em ferramentas ou elabore um projeto criativo de entalhar, esculpir ou pintar uma imagem desse sigilo. Se preferir, esconda o sigilo em meio ao seu trabalho. Atraia a energia da estrela para uma hera dentro de casa, pois isso incentiva e fomenta ideias criativas.

A influência de Alfeca pode ser invocada em encantamentos que elevem o *status* social, mas apenas se tal mudança for merecida. Embora seja associada a honrarias, não atraia a energia dessa estrela se seu interesse for apenas excesso de lisonjas, pois não dará certo. Em vez disso, use o sigilo como acessório ou carregue-o consigo para assinalar realizações sensatas em trabalhos que tenham impacto social significativo. Marque-o em uma joia de topázio ou berilo para usar como gema especial. Entalhe o sigilo em uma vela branca para o altar e, com isso, terá ajuda na busca pela sabedoria desejada. Também pode pintá-lo em uma fita vermelha e amarrá-la a um trifólio para encantamento de amor.

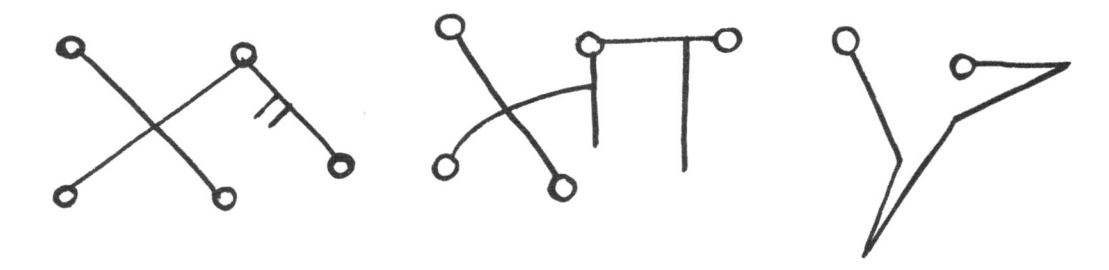

Figura 36: Os sigilos para Alfeca são dos séculos XVI (esquerda), XIII (centro) e da autora (direita).

Agrippa sugeria topázio como gema para atrair a energia de Alfeca, mas berilo também funciona. As plantas associadas a ela são alecrim, hera e trifólio, igualmente conhecido como *lotus cornicalutus*. O trevo vermelho pode, ainda, ser o trifólio ao qual Agrippa se referia.

ANTARES

Localizada na constelação de Escorpião, Antares é uma estrela vermelha cintilante vista com mais facilidade no horizonte sul, no início do verão, e a décima sexta mais brilhante de todo firmamento.

Os babilônios a chamavam de *Peito do Escorpião*, conhecida em latim como *Cor Scorpii*, ou "coração do escorpião".[60] O nome deriva do grego antigo e foi traduzido como "anti-Ares" e "o rival de Marte".[61] Acredita-se que o último nome se refira ao fato de Antares ter cor semelhante ao do planeta Marte. No Antigo Egito, Antares era sagrada para Ísis e representava a deusa-escorpião Selket. Era uma das quatro estrelas da realeza persa, chamada de *Guardiã do Oeste*.

Embora no passado Antares fosse associada ao mal e ao poder de destruição, hoje é vista como uma estrela útil para nos conscientizar de comportamentos autodestrutivos. Apesar de não substituir a ajuda profissional, o cristal inscrito com o sigilo de Antares, utilizado como acessório ou tomado nas mãos, promove energia incentivadora na hora de meditar sobre os problemas. Essa estrela auxilia a aplacar todas as formas de negatividade. Coloque o sigilo em áreas da casa ou em ambientes de trabalho onde sentir alguma energia negativa. Para impedir essa energia de entrar em casa, pinte o símbolo no verso de um tapetinho de boas-vindas e ponha-o na porta de entrada.

A energia de Antares pode ser utilizada como escudo para lidar com questões difíceis, assim como para defesa ou proteção. Ponha um pedaço de papel com o sigilo no fundo do caldeirão ou outro recipiente resistente ao calor e queime-o com uma pitada ou duas de açafrão. Delicadamente, espalhe a fumaça ao redor enquanto visualiza-a criando um escudo.

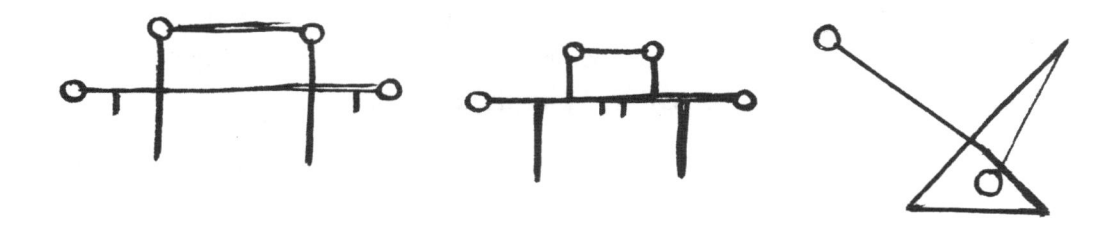

Figura 37: Os sigilos para Antares são dos séculos XVI (esquerda), XIII (centro) e da autora (direita).

Antares é associada às gemas sardônica e ametista. Jaspe e sárdio também podem ser usados para o trabalho com a energia dessa estrela. Agrippa sugeria as plantas aristolóquia (ou aristolóquia de raiz longa) e açafrão, este último igualmente conhecido como açafrão-de-outono.

---

60 William Tyler Olcott. *Star Lore: Myths, Legends, and Facts*. Mineola, NY: Dover Publications, Inc., 2004. p. 329.
61 Fred Schaaf. *The Brightest Stars: Discovering the Universe through the Sky's Most Brilliant Stars*. Hoboken, NJ: John Wiley & Sons, Inc., 2008. p. 217.

ARTURO

Essa estrela vermelho-alaranjada é uma das duas estrelas mais brilhantes no céu de primavera e a quarta mais brilhante de todas. Faz parte da constelação do Boieiro. Para encontrar a constelação, siga o cabo da "Big Dipper" até o sudeste e, de acordo com um velho ditado, "desça o arco para chegar a Arturo", localizada no fundo da forma em pipa das estrelas. A constelação é visível na primavera e no início do verão.

Embora Agrippa conhecesse Arturo como *Alchameth* ou *Alchamech*, essa estrela também era chamada de *Arctophilax*, "o contemplador de ursos", em referência à proximidade com a constelação da Ursa Maior.[62] Os árabes a denominavam de *Guardiã do Céu*, e os caldeus, de *Mensageira Guardiã*.[63]

Arturo é uma estrela guardiã e protetora, uma espécie de guarda-noturno. Se desejar usar seu poder protetor, atraia sua energia para um pedaço de jaspe. Diante de cada porta de casa, use a pedra para inscrever o sigilo no ar. Enquanto estiver fazendo isso, visualize-o criando um escudo de energia sobre a porta. Ou, se preferir, pinte o sigilo em quatro pedras e coloque-as nos cantos de sua propriedade.

Como essa estrela é associada à orientação, medite com o sigilo se desejar ajuda para resolver um problema. Costure ou use tinta de tecido para pôr o sigilo em um travesseiro, de modo que poderá interpretar e se lembrar dos sonhos. Seja você estudante ou mestre, coloque em seus livros um pedaço de papel com o sigilo e terá ajuda para compartilhar conhecimento ou explorar novos temas. Arturo também é guia eficaz para pessoas em posição de liderança.

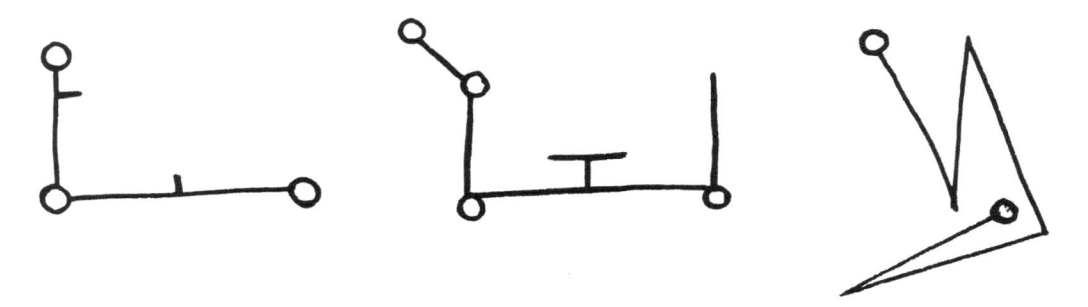

Figura 38: Os sigilos para Arturo são dos séculos XVI (esquerda), XIII (centro) e da autora (direita).

---

62 Robson. *The Fixed Stars & Constellations in Astrology*, p. 139.
63 Olcott. *Star Lore*, p. 77-78.

Embora a gema tradicional associada a essa estrela seja o jaspe, também funcionam citrino, magnetita e turmalina. Agrippa sugeria a planta tanchagem, igualmente conhecida como banana-da-terra, que não tem nenhuma relação com a fruta da bananeira.

CAPELA

Capela, a sexta estrela mais brilhante no céu, faz parte da constelação Auriga, o Cocheiro. É uma estrela binária – a primária é amarela; a secundária, vermelha –, e seu nome em latim significa "cabra".[64] Nas representações da constelação, essa estrela representa o coração de uma cabra que o cocheiro carrega nos ombros. Agrippa chamava Capela de *Estrela da Cabra*. Para os antigos romanos, esse animal celestial representava a cabra que amamentou o bebê Júpiter. Já para os babilônios, Capela era a estrela de Marduk, seu poderoso deus criador. Os árabes a chamavam de *Guardiã das Plêiades*.[65]

Embora a constelação de Auriga seja vis*ível do fim do* outono ao início da primavera, janeiro é o melhor mês para observá-la. Olhando para o norte, localize o cinturão de Órion e desenhe, a partir dele, uma linha imaginária em direção ao norte, até a próxima estrela mais brilhante, que é Capela. As estrelas em Auriga formam um pentágono irregular.

Capela apresenta dois aspectos diferentes. Por um lado, é associada *à* ambição e à posição pública. Para encantamentos favoráveis a tais situações, inscreva o sigilo nos quatro cantos de um pedaço de papel e depois escreva no meio da página exatamente o que procura. Queime o papel enquanto visualiza a meta sendo alcançada. Para atrair e aumentar riqueza, desenhe o sigilo em um pedaço de papel e enrole-o em volta da nota mais alta da moeda corrente de seu país que estiver na carteira. Deixe-a sobre o altar por três dias. Embora Capela ajude nesses ganhos, também alerta para não perder o controle deles.

Em contrapartida, Capela é uma estrela de compaixão. Se quiser apoio para ajudar as pessoas, desenhe o sigilo em um pedaço de papel, ponha-o sobre o altar e salpique folhas de hortelã-pimenta seca por cima. Deixe assim, no mesmo local, enquanto solicita o auxílio da estrela. Leve o sigilo consigo quando participar de trabalho comunitário ou outras atividades relacionadas.

---

64 Allen. *Star-Names and Their Meanings*, p. 86.
65 Olcott. *Star Lore*, p. 66.

Figura 39: Os sigilos para Capela são dos séculos XVI (esquerda), XIII (centro) e da autora (direita).

A pedra tradicional para o trabalho com Capela é safira, mas também funcionam âmbar, hematita e jade, sobretudo se usados juntos. As plantas associadas a essa estrela *são* marroio, igualmente conhecido como marroio-branco; hortelã, que pode ser hortelã-pimenta ou hortelã-verde; artemísia; e mandrágora, que é venenosa e, em geral, pode ser substituída por tabaco. Além de presente no cigarro, o tabaco costuma ser cultivado como planta de jardim. Os primos dessa planta, tabaco jasmim e tabaco florido, também são bons substitutos. A erva tomilho também tem relação com Capela.

DENEB ALGEDI

Deneb Algedi é a estrela mais brilhante na constelação de Capricórnio, o Bode do Mar. O melhor momento de visibilidade é o início do outono. As estrelas de Capricórnio formam uma grande ponta de flecha, que pode ser localizada em um ponto baixo do céu, ao sul, durante as primeiras horas da noite.

Chamada de *Cauda Capricorni*, "cauda do Capricórnio", por Agrippa, o nome tradicional vem do árabe e significa "a cauda do bode", que descreve sua localização em desenhos da constelação.[66] É um sistema de quatro estrelas, composto de duas brancas e duas branco-amareladas. O nome da estrela às vezes é escrito de outro modo: Deneb Algiedi.

No passado, essa estrela era associada a opostos: tristeza e felicidade, vida e morte. A interpretação atual a relaciona *à* plenitude da vida e *à* importância do equilíbrio. Inscreva o sigilo da estrela em um pedaço de papel e coloque-o com uma pérola e um pedaço de azeviche sobre o altar Mabon ou Ostara para simbolizar equilíbrio.

Sempre que sentir que as emoções ou o entusiasmo estiverem desequilibrados, sente-se em silêncio por alguns minutos, com o olhar fixo no sigilo. Para banir a tristeza, desenhe-o em um peque-

---

66 Chartrand. *Night Sky*, p. 126.

no pedaço de papel e queime com uma pitada de manjerona. Deneb Algedi também é associada à integridade e à justiça. Marque o sigilo da estrela em um pedaço de calcedônia e guarde-o com você quando fizer um trabalho para corrigir uma injustiça. Que seja um lembrete de que a vingança não é um caminho certo. Além disso, fique com o sigilo sempre que a autoestima precisar de incentivo energético.

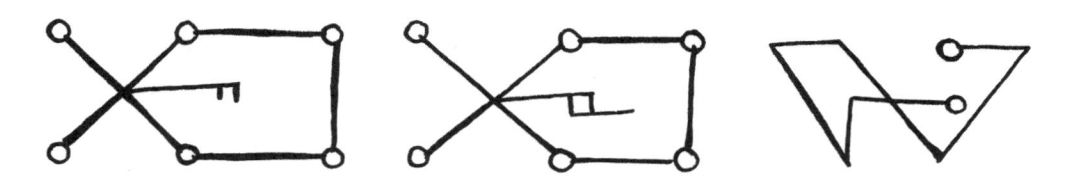

Figura 40: Os sigilos para Deneb Algedi são dos séculos XVI (esquerda), XIII e da autora (direita).

A calcedônia é a gema tradicional dessa estrela; porém, também funcionam azeviche, opala ou pérola. As plantas associadas são erva-dos-gatos, manjerona, mandrágora e artemísia. Como já vimos, a mandrágora é venenosa: consulte as sugestões de plantas substitutas para Capela.

AS PLÊIADES

Coletivamente, as Plêiades são consideradas uma das quinze estrelas fixas especiais. Trata-se de um aglomerado estelar em Touro, visível entre o fim do outono e o início da primavera. Seis das estrelas formam um semicírculo cercado por um halo suave. Para encontrar as Plêiades, procure o cinturão de Órion, ao norte. Desenhe uma linha imaginária a partir dessas estrelas em direção ao noroeste, pouco além de Aldebarã. A próxima estrela brilhante é Alcione, nas Plêiades. As estrelas são branco--azuladas.

No decorrer das eras e na maioria das culturas do mundo, as Plêiades têm sido observadas, comentadas e homenageadas. Inúmeros poetas já escreveram sobre o encanto e o mistério dessas estrelas e as descrevem como gotas de orvalho, diamantes, pérolas ou pombas. Segundo várias fontes, o nome talvez derive da palavra grega *peleiades*, que significa "revoada de pombas", ou *plein*, "velejar", em referência ao nascimento helíaco dessas estrelas, que anunciavam a temporada de navegação segura.[67] Na mitologia grega, as Plêiades eram chamadas de *Atlantides* – filhas de Atlas – e consideradas

---

67   Ian Ridpath. *Star Tales*. Cambridge, Inglaterra: Lutterworth Press, 1988. p. 121.

as companheiras virgens de *Ártemis*. Os egípcios as chamavam de *Atauria*, que significa "as estrelas de *Athyr*" (Hator).

As Plêiades são vistas como aquelas que trazem sabedoria e paz. Para promover energia de paz e tranquilidade em casa, desenhe o sigilo delas em múltiplos cristais e espalhe-os pela residência. O mesmo pode ser feito no local de trabalho. Para encantamentos de amor, inscreva o sigilo em várias velas azul-claras e coloque todas no altar ou onde você realiza o trabalho de magia. Se quiser homenagear *Ártemis* ou Hator, inclua uma vela branca com o sigilo – ou duas, uma para cada deusa – nos rituais Esbat.

As Plêiades também auxiliam na busca por conhecimento, que, em geral, vem de dentro de você. Prepare-se para a meditação desenhando o sigilo nas palmas das mãos com um delineador ou em dois pedaços de papel para ficar segurando. Acenda um pouco de franquincenso enquanto medita. Essas estrelas são úteis, ainda, para a comunicação com espíritos. Para melhorar o contato, entalhe o sigilo em um bulbo de funcho e ponha-o sobre o altar na hora de trabalhar com os espíritos.

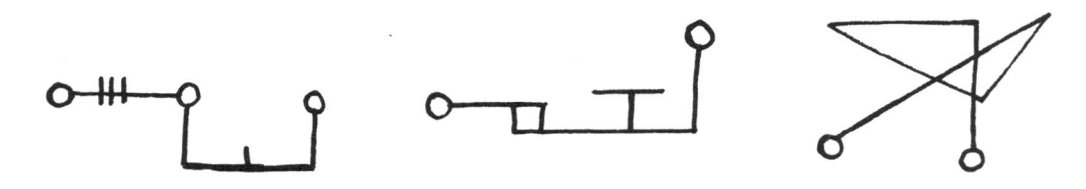

Figura 41: Os sigilos para as Plêiades são dos séculos XVI (esquerda), XIII (centro) e da autora (direita).

O quartzo claro é a pedra tradicional para o trabalho com as Plêiades, mas o quartzo fumê e o topázio azul também servem. As plantas associadas a essas estrelas são funcho e franquincenso, igualmente chamado de olíbano.

POLAR

Conhecida popularmente como *Estrela do Norte*, a Estrela Polar (*Polaris*) é visível o ano todo. Pertence à constelação da Ursa Menor, fácil de localizar por causa da forma muito conhecida dentro dela chamada *Little Dipper*, ou pequena colher. As quatro estrelas que compõem a concha da "Little Dipper" representam o corpo da Ursa, e as três do cabo, sua cauda. A Estrela Polar está na extremidade da cauda.

Trata-se de uma estrela branco-amarelada dupla, usada na navegação há milênios. É conhecida por diversos nomes, como *Estrela Magnética*, *Estrela Conducente*, *Stella Maris* ("estrela marinha") e *Portão do Céu*.[68] Agrippa chamava essa estrela de *Cauda Ursae* ("cauda da ursa").

Assim como na magia medieval, a Estrela Polar é eficaz para proteção, principalmente contra encantamentos direcionados a você. Junte um pouco de chicória fresca ou folhas de artemísia e desenhe com cuidado, com caneta hidrográfica, o símbolo em cada folha. Deixe as folhas secar por um ou dois dias, amasse-as em pedacinhos e queime-as enquanto visualiza um escudo protetor se formando à sua volta.

Sempre associada à orientação, essa estrela é um auxílio para você tomar um rumo na vida e saber chegar lá. Desenhe o sigilo em uma imagem de urso e segure-a enquanto medita sobre o propósito de sua vida. Guarde no carro ou na bagagem uma magnetita com o sigilo, para ter proteção e orientação quando viajar.

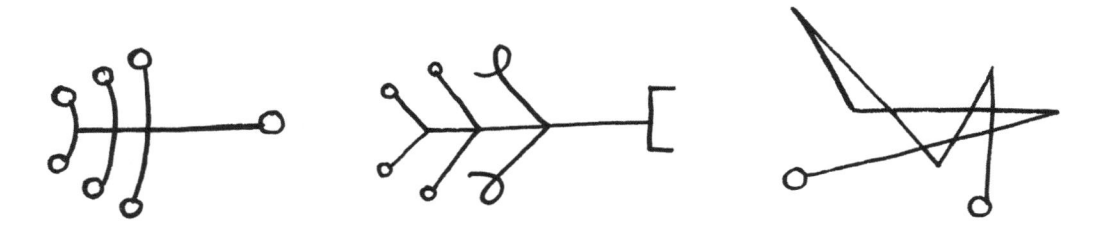

Figura 42: Os sigilos para a Estrela Polar são dos séculos XVI (esquerda), XIII (centro) e da autora (direita).

Agrippa associava a Estrela Polar à magnetita, que chamava de *magneto (ímã)*, por causa das propriedades magnéticas. As plantas que você pode usar com essa estrela são chicória, artemísia e vinca, esta última que pode ser uma referência à espécie maior ou menor.

PRÓCION

Sétima mais brilhante no céu, Prócion é uma estrela binária branca na constelação do Cão Menor. Visíveis de dezembro a março,* as estrelas do Cão Menor formam uma linha com padrão em zigue-zague no fim. Para encontrar essa constelação, olhe em direção ao sudeste e procure a estrela mais brilhante, Sirius, na constelação do Cão Maior. Desenhe uma linha imaginária um pouco a nordeste

---

68 Roy A. Gallant. *The Constellations: How They Came to Be*. Cincinnati, OH: Four Winds Press, 1979. p. 24.
* Lembramos ao leitor que as referências deste livro são essencialmente ao céu do hemisfério norte. (N. do T.).

de Sirius, até a próxima estrela brilhante, Prócion. De acordo com a mitologia grega, as constelações do Cão Menor e do Cão Maior representam os cães de caça de Órion.

O nome Prócion deriva do grego e significa "diante do cão" ou "precedendo o cão", referência à posição da estrela ao norte do Cão Maior.[69] Às vezes, era chamada de Antecanis, com o mesmo significado em latim.[70] Embora no passado Prócion tivesse certa relação com o perigo, hoje é um auxílio para evitá-lo. Use como amuleto qualquer um dos cristais associados a Prócion inscrito com o sigilo. Claro que é importante usar o bom senso para evitar os males. Prócion é associada, ainda, ao poder, à riqueza e à fama. A recomendação com essa estrela é cuidar muito bem da fortuna e do sucesso, pois podem acabar facilmente.

Prócion é mais eficaz quando se almeja longe, com passos cautelosos, mas em progresso constante em direção à meta. Se essa abordagem servir a você, faça uma toalha branca para o altar e costure ou desenhe o sigilo no centro dela. Use-a na hora de realizar qualquer magia relacionada às suas metas. Como o sigilo tem a ver com boa saúde, utilize-o em objetos para incrementar a energia em um círculo de cura. Além disso, desenhe-o em um cristal ou pedaço de papel e leve consigo quando trabalhar com animais: a energia do cãozinho será seu auxílio.

Figura 43: Os sigilos para Prócion são dos séculos XVI (esquerda), XIII (centro) e da autora (direita).

Embora a ágata seja a gema tradicional de Prócion, aventurina e jaspe são boas substitutas. Agrippa associava essa estrela à calêndula, vista pelos intérpretes como calêndula inglesa, e ao poejo. Calaminta pode ser usada para substituir o poejo, às vezes venenoso. Ranúnculo-aquático também passou a ser associado a Prócion.

---

69 Schaaf. *The Brightest Stars*, p. 165.
70 *Ibid.*

RÉGULO

Régulo faz parte de Leão, uma das constelações reconhecidas há mais tempo. Seis estrelas formam o ponto de interrogação virado para trás, que representa a cabeça e a juba do leão. Para encontrar Régulo, desenhe uma linha imaginária da Estrela Polar, no fim do cabo da "Little Dipper", até as duas estrelas na concha da "Big Dipper", do lado oposto. Estenda essa linha ao sudoeste, até a estrela na parte mais baixa do ponto de interrogação. Régulo é a mais brilhante na constelação. Com visibilidade melhor em março, Leão aparece entre a primavera e o início do verão.

Agrippa chamava essa estrela de *Cor Leonis*, isto é, "coração do leão".[71] Em latim, Régulo significa "pequeno rei" ou "pequeno príncipe".[72] Era uma das estrelas da realeza persa, chamada de *Guardiã do Norte*. No passado, navegadores utilizavam essa estrela para determinar a longitude. Régulo é uma estrela tripla: a primeira é azul; a segunda, laranja; a terceira, vermelha.

Como é possível esperar de uma estrela na constelação de Leão, Régulo é associada ao poder e à força. Como Prócion, também traz um alerta: quando esses atributos são obtidos, nunca devem ser usados para vingança; do contrário, tudo que se ganhou será perdido. Para incrementar o poder dos encantamentos, desenhe o sigilo várias vezes na forma de ponto de interrogação virado para trás em um pedaço grande de papel. Ponha velas e outros objetos utilizados em seu encantamento sobre o papel. Quando terminar, rasgue o papel em pedacinhos e queime-os de maneira segura.

Se precisar de ajuda para controlar a raiva ou aliviar a tristeza, abra com cuidado uma cápsula de goma mástique, ou *Arabic gum* (à venda em farmácias e lojas de produtos naturais), e use o líquido para desenhar o símbolo em um cristal. Segure o cristal e visualize a raiva ou a tristeza esvaecendo. Atenção: não confundir com *gum Arabic*, que é diferente e vem de uma árvore do gênero *Acacia*.

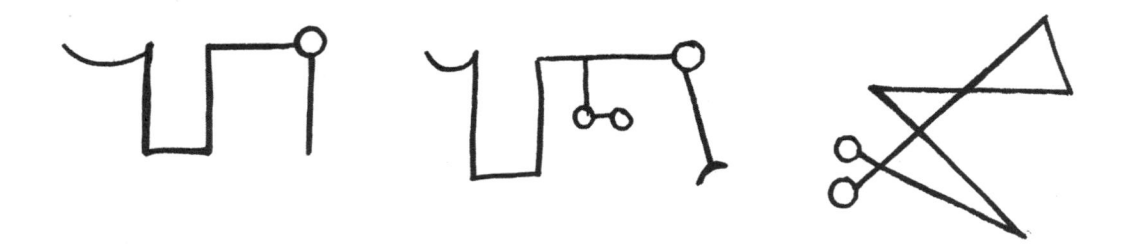

Figura 44: Os sigilos para Régulo são dos séculos XVI (esquerda), XIII (centro) e da autora (direita).

---

71   Robson. *The Fixed Stars & Constellations in Astrology*, p. 195.
72   Olcott. *Star Lore*, p. 236.

Dependendo da tradução da obra de Agrippa, as pedras para Régulo são granito e/ou granada. Não só o nome "granada" vem do latim, *malum granatum*, que significa "maçã semeada" ou "romã", como também compartilha da etimologia com granito no termo *granum*, isto é, "grão" ou "semente".[73] Jaspe-sanguíneo ou zircão também funcionam com a energia dessa estrela. As plantas para ela são artemísia; goma mástique (também conhecida como *Arabic gum*), resina da árvore mástique; e celidônia, provavelmente referência à celidônia-maior.

SIRIUS

Visível de dezembro a março, Sirius faz parte da constelação do Cão Maior. Por ser a mais brilhante de todas as estrelas, essa constelação é fácil de ser localizada quando olhamos para o sudeste. Os dois triângulos de estrelas abaixo de Sirius representam a cabeça e a parte traseira do cão.

Sirius é uma estrela binária branca; a menor da dupla tem o apelido de *Cãozinho*. O nome Sirius deriva do grego e significa "ferver" ou "queimar".[74] Em tempos remotos, essa estrela aparecia pouco antes do Sol, durante o período mais quente do ano, daí a origem da expressão "os dias de cão do verão". No Egito, o nascer de Sirius marcava a enchente anual do Nilo, ocasião relacionada ao retorno do deus Osíris do reino dos mortos. Os egípcios chamavam essa estrela de *Sopdet* e a consideravam a manifestação celestial da deusa Ísis.[75] Na medicina medieval, acreditava-se que Sirius afastava a peste, além de possibilitar a cura para hidropsia.

A mais brilhante de todas as estrelas é associada à paz conjugal, à fidelidade e à paixão. Em encantamentos para aprimorar esses aspectos de um relacionamento, esprema o sumo de várias frutinhas de junípero ou compre o óleo essencial e use-o para inscrever o símbolo em uma vela branca ou vermelha, com o objetivo de acender a paixão. Prepare do mesmo modo uma vela verde, se desejar um encantamento para atrair dinheiro e riqueza.

Se precisar de ajuda nas habilidades comunicativas, use uma joia de berilo ou topázio marcada com o sigilo da estrela. Como ela também é considerada guardiã, desenhe o sigilo em uma coleira de cachorro pequena e use-a como pulseira ou tornozeleira; pense na energia como um cão de guarda. Entalhe o sigilo em uma vela no altar, para uma homenagem a Ísis.

---

73 Walter W. Skeat. *The Concise Dictionary of English Etymology*. Ware, Inglaterra: Wordsworth Editions, Ltd., 1993. p. 186.
74 Ridpath. *Star Tales*, p. 40.
75 Jay B. Holberg. *Sirius: Brightest Diamond in the Night Sky*. Nova York: Springer, 2007. p. 4.

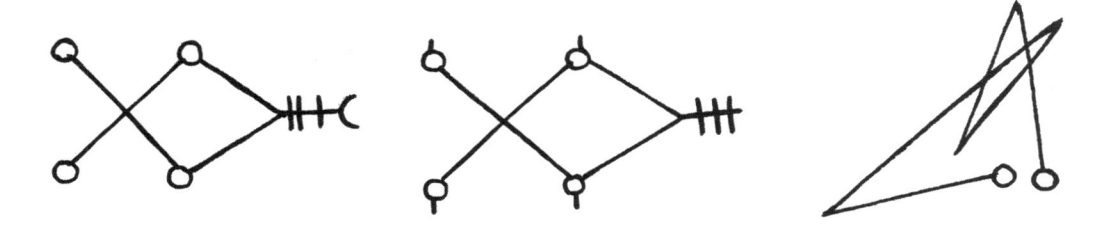

Figura 45: Os sigilos para Sirius são dos séculos XVI (esquerda),
XIII (centro) e da autora (direita).

Embora a gema tradicional para essa estrela seja o berilo, topázio também funciona. As plantas associadas a Sirius são artemísia; sabina, mais conhecida como junípero; e erva-dragão ou bistorta comum.

ESPIGA

Espiga é uma das duas estrelas muito brilhantes no céu de primavera. Pertence à constelação de Virgem, que forma uma vara em um ponto baixo no horizonte. Para encontrar Virgem, siga o cabo da "Big Dipper" e, de acordo com o ditado, "desça o arco para chegar a Arturo e corra até Espiga".

Trata-se de uma estrela binária branco-azulada, cujo nome em latim, *Spica*, significa "haste de grãos". Espiga representa um feixe de grãos na mão esquerda da Virgem.[76] Assim como a Estrela Polar, era usada na navegação, na Antiguidade. A referência geográfica de Ptolomeu para Espiga eram as Ilhas Afortunadas, hoje Canárias, o que pode explicar a referência de "A Afortunada" a essa estrela.[77] Representando um feixe de grãos, Espiga é a estrela da abundância. Use o sigilo dela em uma vela azul-clara para encantamentos que atraiam segurança e abundância. Desenhe-o em vasos de flores ou postes em cercas para aumentar a produção do jardim. Sobre o altar Ostara, o sigilo pode representar o frescor da primavera e da virgindade.

Associada ao conhecimento e à visão, essa estrela é particularmente eficaz para o desenvolvimento e refinamento das habilidades psíquicas. Marque o sigilo em uma joia de olho de tigre e use-a quando se envolver com essas atividades. Para suporte no trabalho com sonhos, deixe o cristal na mesinha de cabeceira. Queime um pedaço pequeno de papel com o sigilo e uma pitada de sálvia para um encantamento que atraia sucesso em questões jurídicas. Se tiver de comparecer a um tribunal,

---

[76] Erik Gregersen (org.). *The Milky Way and Beyond: Stars, Nebulae, and Other Galaxies*. Nova York: Britannica Educational Publishing, 2010. p. 211.
[77] James Evans. *The History and Practice of Ancient Astronomy*. Nova York: Oxford University Press, 1998. p. 102.

queime o papel e use-o para uma leve unção antes. Use o sigilo também em encantamentos para proteção ou sorte.

Figura 46: Os sigilos para Espiga são dos séculos XVI (esquerda) e da autora (direita).

A esmeralda é a gema tradicional associada à Espiga, mas o olho de tigre também funciona. Entre as plantas, sálvia, trifólio, vinca, mandrágora e artemísia. Como já vimos, a mandrágora é venenosa: consulte as sugestões de plantas substitutas para Capela.

VEGA

Essa estrela banco-azulada faz parte da constelação de Lira, também considerada uma harpa. Lira consiste em um pequeno paralelogramo de quatro estrelas tênues. Nas representações dessa constelação, Vega fica a noroeste, logo ao lado externo dessa forma, simbolizando o cabo daquele instrumento. Para localizá-la, procure a estrela mais brilhante no céu de verão. Às vezes chamada de *Wega*, é a décima quinta estrela mais brilhante de todas.

O nome Vega deriva da palavra árabe para "descendo" ou "saltando".[78] Enquanto os árabes viam Lira como uma águia a descer ou saltar sobre algo, na Índia era considerada um abutre em queda livre. Para os antigos egípcios, Vega era a Estrela Abutre associada à deusa Ma'at, frequentemente retratada como uma pena dessa ave.

Em tempos medievais, Vega era associada à magia e usada para proteção contra bruxaria. Desenhe o sigilo dela em um cristal de quartzo claro e pontiagudo para quebrar feitiços e aterrar a energia negativa. Se desejar se livrar de temores ou preocupações, desenhe-o em oito pedaços de papel e coloque-os no chão, em um círculo suficientemente grande para você se sentar no meio. Visualize a energia subindo a partir dos sigilos, criando uma cúpula protetora à sua volta, enquanto os medos se dissolvem.

---

78   Olcott. *Star Lore*, p. 260.

Caso sinta necessidade de aprimorar a percepção social, use como acessório no corpo ou leve consigo um pedaço de calcita marcado com o sigilo. Vega também é associada ao talento artístico. Deixe o sigilo no local de trabalho para incrementar a criatividade. Por ser essa estrela ligada à esperança, utilize um pingente com o sigilo, pois ajudará a encontrar a música em seu coração.

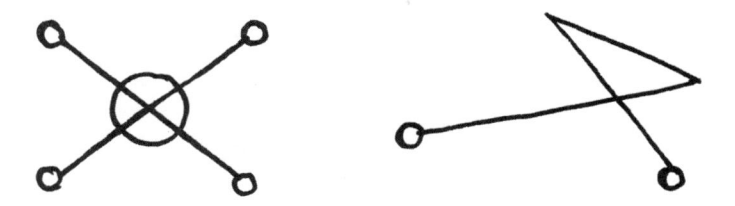

Figura 47: Os sigilos para Vega são do século XIII (esquerda) e da autora (direita).

Agrippa associava essa estrela à gema crisólito, o que poderia ser uma referência ao crisoberilo, ao peridoto ou ao topázio. Calcita ou quartzo claro também podem ser usados no trabalho com a energia de Vega. As plantas são chicória, segurelha-de-inverno e fumaria.

PARTE 4
O OGHAM

Quase tudo sobre o ogham celta é discutido há séculos: o nome, a origem e os caracteres. Também soletrado como *ogam* ou *ogum*, a mera pronúncia da palavra tem variantes de "OH-umm" para "OH-wan" ou "OH-yam". Escolha a sua preferida.[79]

Assim como as variadas pronúncias e a ortografia da palavra *ogham*, há muitas teorias a respeito da origem do nome em si. De acordo com a mitologia celta, o ogham foi criado por Ogma, dele recebendo o nome. Conhecido como Ogma, o Eloquente, era o deus da aprendizagem, da poesia e do discurso. Segundo pesquisadores, outra candidata à origem do nome é a palavra grega *ogmos*, que significa "sulco" ou "canal".[80] É uma referência às linhas retas dos vinte primeiros símbolos que parecem pequenos sulcos escavados em rocha ou madeira.

Nesta parte, exploraremos as teorias da origem e o desenvolvimento do ogham e examinaremos os tipos de inscrições encontradas em pedras. O leitor verá que, embora o ogham fosse escrito em pedra, não era um alfabeto estático, e, com o passar do tempo, alguns caracteres foram substituídos ou modificados. Após séculos de obscurecimento, a Renascença Celta trouxe o ogham de volta à luz, onde cativou a atenção do mundo e se tonou parte integrante de algumas práticas pagãs e wiccanas.

---

79 Equipe editorial do *Webster's Third New International Dictionary*, p. 1.569.
80 Ruth P. M. Lehmann. "Ogham: The Ancient Script of the Celts". Wayne M. Senner (org.). *The Origins of Writing*. Lincoln, NE: University of Nebraska Press, 1989. p. 160.

CAPÍTULO 9

TEORIAS DA ORIGEM, INSCRIÇÕES E LINGUAGENS

EMBORA A CONEXÃO COM O grego pareça antiga, a língua era conhecida dos celtas da Gália (atual França e outras partes da Europa Ocidental), que mantinham um comércio próspero com mercadores da região mediterrânea. Eles não só conheciam o idioma grego como também o usavam para registrar transações comerciais. Este contato cultural gerou outras teorias que atribuem o desenvolvimento do ogham a partir dos alfabetos grego e romano. Uma das razões para isso é que o ogham é uma escrita linguística com sinais que representam os sons de uma língua. Apesar do consenso de que os *forfeda* – quinto grupo de símbolos ogham – tenham sido acrescentados em período posterior para acomodar sons do latim e do grego, não há explicação para os quatro grupos originais de ogham terem vindo desses alfabetos.

Outras teorias quanto à origem associam o desenvolvimento do ogham às runas nórdicas, pois talvez tenham surgido mais ou menos na mesma época. Algumas especulações advêm do fato de as runas e o ogham não seguirem uma ordem alfabética convencional. Outro indício de uma possível ligação entre os dois seria a semelhança entre as runas de penas escandinavas, estilo utilizado em escrita rúnica posterior, e os oghams de ramos encontrados em *The Book of Ballymote*. Entretanto, segundo Hans Hock (1938-), professor emérito de linguística da Universidade de Illinois, o problema desse argumento é que as letras de exemplo são variantes criativas e não levam em consideração a linguística dos idiomas celta e germânico.

Figura 48: Variantes criativas produziram semelhanças entre as runas de pena escandinavas (esquerda) e os oghams de ramos (direita).

A principal fonte de informações sobre o ogham é *The Book of Ballymote*, compilado por volta de 1391 para a família McDonagh, do Castelo Ballymote, na Irlanda.[81] Esse "livro" é uma coletânea de documentos com escritos históricos, folclóricos, jurídicos, médicos e religiosos. Alguns outros livros que trazem informação sobre o ogham são *The Yellow Book of Lecan* (século XIV), *The Book of Lismore* (fim do século XIV ou início do XV) e *The Book of Leinster* (século XII).[82] Assim como *The Book of Ballymote*, esses são coletâneas de manuscritos de prosa, poesia e outros documentos. O *Auraicept na n-Éces* (*Cartilha do Estudioso* ou *Manual dos Eruditos*) também contém tratados de ogham semelhantes aos que constam em *The Book of Ballymote* e *The Yellow Book of Lecan*.

Embora seja interessante contarmos com fontes mais antigas, o problema é que alguns detalhes variam muito entre um livro e outro. Além disso, estudiosos creem que alguns documentos foram copiados de fontes muitos mais longevas. Sempre que um manuscrito era copiado, as informações corriam o risco de tradução equivocada, reinterpretação ou exageros. Errar é humano; manipular, também.

INSCRIÇÕES OGHAM

A despeito de uma pletora de teorias e informações embaralhadas, o que sabemos com certeza é que existem quase quatrocentas inscrições ogham em pedra. As pedras de ogham, na maioria, estão localizadas na Irlanda, em particular no sudoeste, com uma pequena quantidade na Escócia, no País

---

81 Steven L. Danver (org.). *Popular Controversies in World History: Investigating History's Intriguing Questions. Prehistory and Early Civilizations.* Santa Barbara, CA: ABC-CLIO, LLC, 2011. p. 56. v. 1.
82 Michael Slavin. *The Ancient Books of Ireland.* Montreal, Canadá: McGill-Queen's University Press, 2005. p. 45.

de Gales, na Ilha de Man e no sudoeste da Inglaterra. Apesar da falta de consenso quanto à idade da escrita ogham nessas pedras, muitos estudiosos acreditam que a origem remonta ao período entre os séculos IV e VI d.C., enquanto o cristianismo avançava.[83] A gravação da escrita ogham em pedras continuou por mais tempo na Ilha de Man, datando até os séculos XI e XII.[84] Na Grã-Bretanha, incluindo a Escócia, algumas pedras de ogham também contêm inscrições em latim.

A maioria das pedras de ogham encontra-se perto de fortificações circulares, montículos de terra, marcos sobre túmulos (os *cairns*, montes de pedra construídos como memoriais), pedras verticais isoladas, círculos de pedras e igrejas cristãs. Muitas inscrições contêm nomes e linhagens de famílias. Acredita-se que algumas pedras tenham sido indicadores de fronteiras de propriedades ou lápides em tumbas, pois algumas inscrições lembram as preces funerárias aos mortos. Embora não tenham sido encontrados vestígios de sepultamento sob as pedras de ogham, parece que algumas foram removidas ou utilizadas para outros fins, o que explicaria a ausência de restos mortais humanos. Outros tipos de inscrições incluem afiliações tribais, deidades epônimas de tribos e descrições pessoais como "nascido do corvo".[85] Charles Graves (1812-1899), estudioso de ogham e professor de matemática no Trinity College em Dublin, na Irlanda, observou que certas inscrições se referiam a pessoas que poderiam ser identificadas por meio de genealogias no *The Book of Leinster*. Inscrições ogham também foram encontradas em pequenos artefatos de marfim, osso, bronze e prata. Também alguns manuscritos dos séculos XVII e XVIII pareciam conter símbolos ogham como notas marginais, mas seriam muito difíceis como alfabeto, e nunca eram usados em textos longos.

Segundo R. A. Stewart Macalister (1870-1950), professor de arqueologia celta na University College em Dublin, o uso mágico de ogham pode ter sido uma função importante.[86] Embora algumas de suas teorias não sejam corroboradas por estudos recentes, muitos concordam que o ogham tinha algum tipo de uso em magia. Isto posto, enquanto ainda se debate seu uso como alfabeto gestual manual dos druidas, há aceitação comum de que o ogham servia como *aide-mémoire* dos bardos. Nesse sentido, é fácil compreender por que as associações para memorização também podem funcionar como correspondência mágica, que é o uso amplo do ogham atualmente. Ademais, algumas variantes sofisticadas do ogham, presentes em *The Book of Ballymote*, parecem sugerir fortemente propósito esotérico ou mágico.

---

83 Lehmann. "Ogham: The Ancient Script of the Celts", p. 165.
84 Danver. *Popular Controversies in World History*, p. 47.
85 *Ibid.*, p. 48.
86 R. A. Stewart Macalister. *The Secret Languages of Ireland*. Nova York: Cambridge University Press, 2014. p. 39.

AS LINGUAGENS DO OGHAM

As inscrições ogham em pedra oferecem o mais longevo registro escrito da língua irlandesa arcaica, também chamada de irlandês primitivo, idioma gaélico mais antigo que se conhece. Segundo Catherine Swift, professora de estudos irlandeses no Mary Immaculate College em Limerick, na Irlanda, os vinte primeiros caracteres do ogham incluíam os oitenta e poucos sons do irlandês arcaico.[87] Apesar de escritos em pedra, o ogham não era um alfabeto estático. Com o tempo, alguns dos caracteres foram substituídos ou modificados, principalmente para a escrita de palavras irlandesas não arcaicas.

Por exemplo, os vinte primeiros caracteres do ogham *não incluem a letra P*. De acordo com o autor e estudioso da cultura celta James MacKillop (1950-), uma flecha virada para baixo era usada nas inscrições ogham britânicas para representar o som do *P*.[88] Embora esse símbolo seja anterior aos *forfeda*, outros pesquisadores o consideram uma variante do caractere Ifin.

A falta da letra *P* se deve ao fato de que o antigo ogham era escrito por falantes do idioma goidélico. Há duas ramificações principais das línguas celtas chamadas *goidélica* ou *gaélica* (irlandês arcaico) e *bretônico* ou *galo-bretônico* (gaulês, britânico antigo). Uma onda de migração celta que varreu a Grã-Bretanha até a Irlanda falava a língua goidélica, ou Q-Celta. Q-Celta usava o som K, enquanto a onda posterior de celtas que se radicou na Grã-Bretanha falava bretônico, ou P-Celta, usando o som P. Essa é uma explicação simples; há, porém, diferenças muito mais complexas entre as duas ramificações das línguas celtas.

Além dessas diferenças, o professor John Kock da Universidade do País de Gales observou que a evolução da escrita ogham refletia uma reviravolta e uma transição linguística nas línguas celtas. Se levarmos em conta as traduções equivocadas e a manipulação, podemos nos surpreender que as informações disponíveis hoje sejam tão embaralhadas?

O ogham caiu no ostracismo até a Renascença Celta do século XIX (também chamada de Crepúsculo Celta) em literatura e arte. Com o objetivo de revivificar o folclore e as tradições irlandesas, o movimento despertou o interesse por esse alfabeto incomum. O entusiasmo por tudo o que era celta se estendeu até o século XX; e nos anos 1940 o professor Macalister publicou uma obra em dois volumes sobre inscrições ogham. Como já mencionado, estudos recentes não endossam o trabalho de Macalister; contudo, ele merece ser reconhecido pelos desenhos meticulosos das inscrições ogham. Algumas inscrições por ele registradas se perderam por causa do desgaste das pedras. Também lançado nos anos 1940, *The White Goddess*, de Robert Graves (1895-1985), serviu de base para grande

---

87 Catherine Swift. "The Story of Ogham". *History Today* 65, nº 10, out. 2015, p. 4.
88 James MacKillop. *A Dictionary of Celtic Mythology*. Nova York: Oxford University Press, 1998. p. 351.

quantidade de informações populares acerca do ogham. Entretanto, apesar de ser neto do estudioso de ogham Charles Graves, Robert tomou certas liberdades com a história da escrita e acrescentou fantasias, como o calendário ogham da linha do tempo, com treze meses.

A atração e o fascínio do ogham místico continuam até hoje. Esse alfabeto cativou a imaginação e a curiosidade de muitos de nós, que o incorporamos às nossas práticas mágicas. Embora algumas interpretações e o calendário da linha do tempo sejam invenções modernas, têm significância, por causa dos conceitos que passaram a simbolizar. Entretanto, é importante não usarmos uma interpretação moderna para encobrir a verdade.

A ESCRITA E O USO DO OGHAM

Como vimos, o ogham original consistia em vinte símbolos, com mais cinco acrescidos depois. Há diferença acentuada entre os vinte primeiros e os outros. Os primeiros são linhas retas simples, apropriadas para inscrever em madeira ou pedra, enquanto os últimos, mais complexos, não são fáceis de inscrever. Os vinte originais são chamados de feda, e os cinco adicionais, de forfeda, que significa "letras suplementares".[89] Os símbolos ogham são divididos em grupos de cinco. Os quatro grupos originais são denominados aicmi (plural de aicme, "família" ou "classe").[90] Cada aicme tem o nome de acordo com o primeiro caractere no grupo; por exemplo, aicme Beith, aicme Huath, e assim por diante.

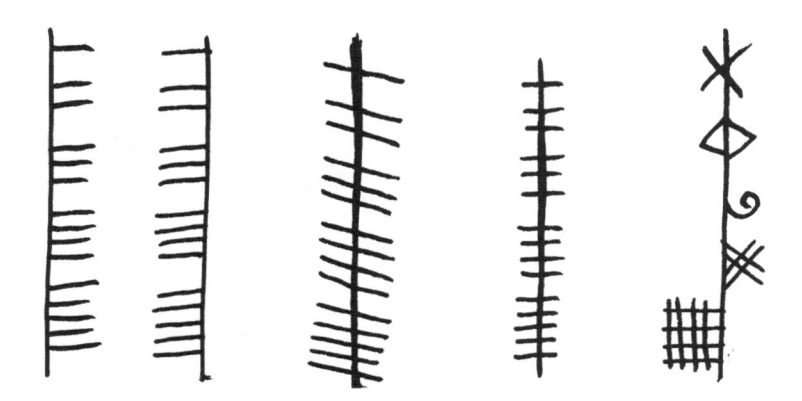

Figura 49: Da esquerda para a direita são os aicme Beith, aicme Huath, aicme Muin, aicme Ailm e os forfeda.

---

89   Peter T. Daniels e William Bright (orgs.). *The World's Writing Systems*. Nova York: Oxford University Press, 1996. p. 340.
90   Danver. *Popular Controversies in World History*, p. 56.

Como muitas facetas do ogham, a ordem das três primeiras letras é, às vezes, uma questão controvertida. Enquanto o primeiro aicme começa com as letras *BLF* (Beith, Luis, Fearn), a ordem *BLN* (Beith, Luis, Nion) é considerada original por parte de alguns estudiosos. Charles Graves, contudo, acreditava que tal ordem recebia o nome das duas primeiras letras com a palavra *nin* acrescida para funcionar como "etc.".[91]

Os símbolos ogham são escritos ao longo de uma linha-tronco chamada druim, que significa "borda" e se refere à borda de uma pedra ao longo da qual as inscrições costumavam ser feitas.[92] As vogais geralmente eram representadas como pontos ou simples depressões ao longo da linha-tronco, em vez de uma linha atravessando-a.

Uma característica singular do ogham é que pode ser escrito horizontal ou verticalmente. Quando horizontal, é lido da esquerda para a direita. Na vertical, de baixo para cima. Em épocas posteriores, quando o ogham era escrito em manuscritos, o ponto inicial da linha-tronco costumava se destacar com um V ou uma forma em arabesco. Gravada em pedra, a inscrição geralmente começa na parte inferior esquerda e segue para cima pela borda, descendo depois até a parte inferior direita. Quando todas as quatro bordas de uma pedra contêm símbolos ogham, pode ser difícil descobrir onde tem início a leitura. A passagem do tempo e os efeitos de desgaste pelas condições climáticas complicam ainda mais a tarefa.

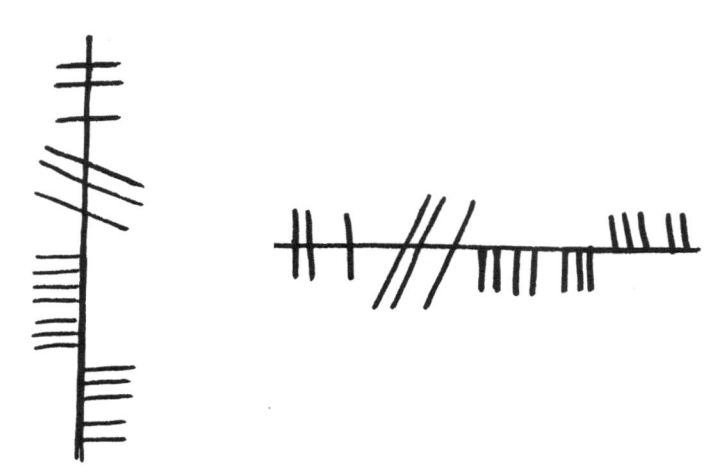

Figura 50: Várias letras aleatórias são usadas para mostrar como os diferentes tipos de caracteres ogham podem ser escritos horizontal ou verticalmente.

---

91 Charles Graves. "On the Ogham Character". *Archaeologia Cambrensis, The Journal of the Cambrian Archaeological Association*. Londres, Inglaterra: J. Russell Smith, 1856. p. 80. v. 2.
92 Danver. *Popular Controversies in World History*, p. 56.

CAPÍTULO 10

O OGHAM NA MAGIA

A DIVINAÇÃO É UMA FORMA popular do uso do ogham, mas há vários outros modos de incorporar esses símbolos em magia e ritual. Por exemplo, o ogham pode ser utilizado como cifração mágica para incrementar encantamentos. Em vez de fazer uma inscrição longa, use uma ou duas palavras-chave, como "amor" ou "oriente-me", entalhadas em uma vela. Ou inscreva palavras-chave em um pedaço de papel. Se a magia ou o ritual focar em uma divindade ou pessoa, escreva o nome dela em ogham. O ogham também é um veículo poderoso para enviar energia de cura. Claro que a inscrição de símbolos ogham em um ramo ou pedaço de madeira pode acrescentar ainda mais poder ao seu ritual ou trabalho mágico.

Como muitos outros símbolos, os caracteres ogham podem ser usados como talismãs para atrair energia específica a um objeto. Coordene os atributos desses caracteres e cristais; depois, pinte o símbolo na(s) pedra(s) escolhida(s). Eles podem ser utilizados para encantamentos ou rituais ou espalhados pela casa e o jardim para aumentar a energia e sustentar as intenções. Claro que uma joia de cristal marcada com oghams pode ser usada como amuleto. Por exemplo, o caractere ogham Onn pintado em um pedaço de ágata vermelha ou sardônica serve como amuleto protetor; o caractere Quert pintado em um quartzo rosa pode ser um amuleto de amor (Tabela 4.1.).

Nome	Símbolo	Letras/Sons
TABELA 4.1 CARACTERES OGHAM DE ACORDO COM LETRAS/SONS		
Ailm		A
Amhancholl/Mór		Ae
Beith		B
Coll		C
Ebad		Ch
Duir		D
Edad		E
Ebad		Ea
Fearn		F
Gort		G
Huath		H

TABELA 4.1 CARACTERES OGHAM DE ACORDO COM LETRAS/SONS		
Nome	Símbolo	Letras/Sons
Ioho		I
Ifin		Io
Luis		L
Muin		M
Nion		N
Ngetal		Ng
Onn		O
Oir		Oi
Peith		P
Phagos		Ph
Quert		q/kw

TABELA 4.1 CARACTERES OGHAM DE ACORDO COM LETRAS/SONS

Nome	Símbolo	Letras/Sons
Ruis		R
Saille		S
Straif		st e z
Tinne		T
Ur		U
Uilleann		Ui

Os símbolos ogham podem ser utilizados para incentivar ou fortalecer qualidades ou aspectos da vida que tenham relação com um caractere ogham. Um modo simples de fazer isso é desenhar um caractere ogham em um pequeno pedaço de papel, segurá-lo entre as mãos enquanto medita sobre o que deseja e, em seguida, carregar o papel consigo. Por exemplo, se a vida está em transição, você pode carregar o ogham Beith; ou, se tem um problema com maturidade, use o Ruis. Caso se sinta oprimido e necessite passar por cima do que está causando o problema, escolha o símbolo Ailm.

De uso frequente em divinação com ogham, alguns bastões (pequenas varas) ou cartões podem ser postos sobre um altar para enfatizar os atributos de um caractere ogham para magia, meditação e encantamentos. Se criar um conjunto próprio de bastões ou cartões, você terá a oportunidade de fazê-los totalmente pessoais. Os cartões podem ser desenhados no computador, impressos em papel-cartão e cortados em qualquer tamanho. Se tiver inclinações artísticas, desenhe-os à mão. Além do símbolo e do nome ogham, pense em incluir uma imagem das árvores, das plantas, dos pássaros e das cores a ele relacionados. Por causa das diversas maneiras como são desenhados os símbolos forfeda, se fizer os próprios cartões ou bastões, você poderá escolher aqueles que tenham significado pessoal maior.

BASTÕES OGHAM E DIVINAÇÃO

Você pode comprar bastões ogham, mas é muito simples fazer os seus. Assim como em outras ferramentas mágicas, o ato de confeccionar os bastões os deixa impregnados de sua energia, a qual os personaliza e os torna mais poderosos.

Como fazer bastões

Pegue vinte e cinco ramos ou galhos mais ou menos da mesma espessura, mas que não sejam finos demais, pois você vai desenhar ou inscrever os caracteres ogham no diâmetro da madeira, não no comprimento. Se desejar incluir os símbolos Phagos e/ou Peith, precisará de mais um ou dois ramos. Veja as definições no próximo capítulo para conhecer os detalhes desses símbolos. O comprimento dos ramos não importa porque podem ser cortados em tamanho uniforme.

Comece removendo quaisquer ramos e folhas laterais pequenos. Pode tirar ou deixar a casca. Se tirá-la, deixe a madeira no estado natural ou use um pouco de óleo de limão para destacar uma pátina grossa.

Após cortar os ramos até o tamanho certo, corte uma extremidade de cada bastão em um ângulo de 45 graus. Essa superfície inclinada servirá para entalhar ou pintar um caractere ogham; entretanto, se preferir, desenhe os caracteres ao longo do comprimento dos ramos. Os caracteres também podem ser gravados com fogo se você tiver uma ferramenta com ponta fina para queimar madeira. Quando não usar os bastões, guarde-os em uma bolsinha ou enrole-os com um pano macio e amarre com um fio de lã ou uma fita.

Em vez de ramos, pinos quadrados de madeira também servem. Procure na loja de materiais de construção esses artefatos, que podem ser cortados em pedaços curtos. Se usá-los, os caracteres ogham serão escritos ao longo da borda, como se fazia nas antigas pedras. Uma alternativa é fazer bloquinhos ogham cortando fatias horizontais de um galho de árvore ou um pino grande com mais ou menos 2,5 centímetros de diâmetro. Aliás, se você trabalha com crianças, os palitos dos picolés podem servir de bastões.

Como faria com outras ferramentas de ritual ou magia, consagre seus bastões ou cartões antes de usá-los. Passe-os pela fumaça de incenso ou de ervas queimadas, como sálvia, artemísia ou lavanda. Se desejar, amasse em pedacinhos uma folha seca de uma árvore e adicione-os às ervas. Enquanto consagra os bastões ou cartões, invoque as divindades celtas Ogma, Danu e/ou o Dagda para abençoar suas ferramentas.

DIVINAÇÃO OGHAM

Considerada um sistema de orientação, a divinação ogham ajuda a despertar a consciência para uma circunstância ou um problema.

O método de sorteio único de divinação é, ao mesmo tempo, simples e eficaz. Sente-se diante do altar ou em qualquer local confortável e acenda uma vela. Espere um tempo até relaxar e esvaziar a mente. Se tiver uma pergunta ou um problema para o qual precisa de orientação, pense no assunto por alguns minutos e então peça. Por outro lado, se desejar, você pode apenas perguntar: "O que preciso saber hoje?".

Sorteie aleatoriamente um dos bastões ou cartões e examine os atributos e as qualidades associados *à*quele caractere ogham. Atente-se à sua reação inicial, mas procure não analisá-la. Deixe o bastão ou cartão sobre o altar ou leve-o consigo durante um ou dois dias. Se preferir, escreva o símbolo ogham em um pedaço de papel e guarde-o com você.

Para uma forma mais complexa de divinação, use três bastões. Esse método reflete os três reinos de céu, terra e mar. Segundo o folclore irlandês, juramentos eram prestados pela força do céu acima, da terra abaixo e do mar que tudo cerca. Selecione um bastão ou cartão por vez e coloque-os à sua frente. O primeiro representa o céu e tem a ver com uma ideia ou um objetivo. Esse ogham esclarece uma meta ou pode apontar para um propósito ou uma situação que você ainda não havia percebido. O segundo ogham representa a terra. Elucida a atual situação ou estado de espírito quanto à meta, ao propósito ou à circunstância. O terceiro bastão representa o mar que cerca e personifica a energia de ação e mudança. Esse ogham revela um caminho ou caminhos potenciais para alcançar a meta ou indica o que você deve fazer para efetuar mudanças.

As informações obtidas com o método de três bastões podem demorar um pouco até serem compreendidas. Por isso, é bom você anotar seus pensamentos durante a sessão de divinação e, depois, meditar sobre eles por algum tempo. Não apresse o processo. Talvez você necessite de uns dois dias ou até de umas duas semanas para ter clareza da leitura.

CAPÍTULO 11

TRABALHANDO COM OS VINTE OGHAM ORIGINAIS

VIMOS QUE AS FONTES MEDIEVAIS de detalhes relacionados ao ogham não concordam entre si, o que resultou em séculos de confusão. Em razão disso, há uma gama de diferenças em nomes de caracteres ogham, suas árvores e plantas, letras e, às vezes, o modo de expressar seus símbolos. Embora não caiba neste livro a iniciativa de desembaraçar os detalhes, tentei apresentar, com perspectiva e clareza, o máximo de informação possível.

Como o uso mais popular do ogham tem relação com árvores e plantas, as definições a seguir baseiam-se no ogham das árvores. Por causa de meu interesse e estudo dos pássaros, incluí detalhes do ogham dessas aves para dar mais plenitude e flexibilidade às informações. As cores associadas a cada ogham também aparecem. Por meio de velas ou outros objetos, a cor pode ser usada em rituais e encantamentos. As velas são particularmente apropriadas porque é fácil inscrever em sua superfície os símbolos ogham.

Enquanto você lê e trabalha com essas informações, é importante se lembrar de que ninguém conhece o verdadeiro ogham usado pelos celtas; porém, em vez de encarar como pontos de contenda as discrepâncias em detalhes nas diversas fontes, entendo que elas nos possibilitam escolha e flexibilidade. Assim como as variantes de ogham em *The Book of Ballymote* refletem grande individualidade e criatividade, o mesmo acontece com nosso uso desse sistema. Siga a voz da intuição.

Sendo os quatro primeiros grupos de família distintos e considerados universalmente o ogham original, nós os analisaremos à parte dos forfeda. Para conveniência, os símbolos são apresentados em ordem alfabética.

AILM/AILLIM

Esse ogham é associado ao abeto e ao pinheiro e ao pássaro abibe-comum. Também tem relação com o azul-claro e o solstício de inverno. Ailm é o símbolo da realização e da perspectiva ampla na hora de definirmos metas. Ajuda-nos a aprender com o passado, sobretudo por causa dos erros, e a fazer avaliações necessárias antes de iniciarmos mudanças importantes. Se desejar clareza e visão, entalhe esse ogham em uma vela azul-clara e use-a quando meditar sobre projetos importantes ou determinada situação. Como é associado à energia e à vitalidade da vida, desenhe Ailm em um pinho ou cone de abeto e ponha-o sobre o altar quando quiser emitir energia de cura. Se preferir, coloque agulhas longas de abeto no altar, formando a figura desse símbolo.

O abibe-comum é um pássaro de proteção e orientação que sustenta e aprimora a divinação. Em um encantamento, desenhe o símbolo de Ailm em uma imagem desse pássaro para proteção ou leve-o consigo como talismã. Uma alternativa é colocar a imagem sobre suas ferramentas divinatórias, impregnando-as com o poder dessa ave.

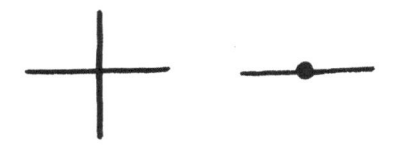

Figura 51: Ailm mostrado em suas duas formas: linear (esquerda) e ponto (direita).

Quando escolhido para divinação ou orientação, esse ogham aconselha a pessoa a definir metas ou refinar as já existentes. Ailm também indica a importância da busca por clareza antes de agir em uma situação ou um problema.

BEITH/BEITHE/BETH

Esse ogham é associado à bétula, ao faisão, ao branco e ao solstício de inverno. Assim como a bétula, é um ogham que simboliza o começo. Entalhe Beith em uma vela branca e use-o em encantamentos ou meditações quando sentir necessidade de recomeçar algum aspecto da vida. Desenhe-o em um pedaço de papel-manteiga para levar consigo em períodos de renovação, quando estiver efetuando mudanças na vida ou na hora de lidar com uma situação desafiadora. Invoque a relação desse ogham com a purificação, desenhando-o no cabo de uma vassoura e, depois, use-o para varrer simbolicamente a energia negativa e limpar o ambiente antes do ritual. Para remover qualquer coisa indesejável da vida, desenhe Beith em um pedaço de papel e queime-o enquanto visualiza a negatividade se dissipar.

Na qualidade de pássaro solar, o faisão representa calor, fertilidade e prosperidade. Marque uma estatueta de faisão com o símbolo de Beith e coloque-a sobre o altar Yule para atrair abundância e prosperidade no ano novo à frente. Desenhe Beith em uma imagem dessa ave para o uso em encantamentos de fertilidade ou se desejar incrementar a inspiração criativa.

Figura 52: Beith escrito horizontal (esquerda) e verticalmente (direita).

Se escolhido para divinação ou orientação, o símbolo desse ogham indica o início de algo novo na vida ou a necessidade de se mexer e começar alguma coisa. Beith encoraja você a efetuar mudanças que o ajudem a viver seu pleno potencial.

Com início em 24 de dezembro, pouco depois do solstício de inverno, o período de Beith se estende até 20 de janeiro. Esse ogham nos transporta através da passagem do ano e prepara o caminho para a renovação. Se desejar invocar a energia desse ogham, pinte-o em um pedaço de cornalina. Além de a cor avermelhada dessa pedra representar o retorno do Sol, com o ogham ela acende simbolicamente seu caminho.

COLL/CALL

Coll é um ogham associado à avelãzeira e à cor marrom. Embora não fosse incluído no ogham dos pássaros, a coruja acabou se associando a ele. Fortemente relacionado à sabedoria, Coll sustenta tanto o aprender quanto o ensinar. Incentiva a busca de conhecimento e oferece *insight* à pessoa para acessar informações mais que superficiais. Entalhe esse ogham em uma vela marrom para amplificar a energia do ritual ou manter vivos os instintos de criatividade. Desenhe o símbolo em três avelãs e ponha-as sobre o altar durante a meditação, para se conectar com a sabedoria interior. Desenhe-o em um pedaço de papel e leve-o consigo a uma reunião ou a um evento público, se desejar melhorar suas habilidades comunicativas. Use ametista, ágata vermelha ou olho de tigre como suporte para atrair o poder desse ogham.

Se for desenhado sobre a imagem de uma coruja, Coll ajuda a abrir a psique e a encontrar a ponte entre os mundos visível e invisível. Use também esse ogham com a coruja como auxílio no trabalho com sonhos e na decifração de presságios.

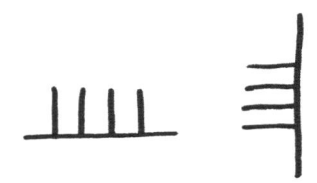

Figura 53: Coll escrito horizontal (esquerda) e verticalmente (direita).

Escolhido para divinação ou orientação, esse ogham orienta a pessoa a cultivar sabedoria mais profunda. Também pode indicar que talvez você possua talentos relacionados ao ensino, embora não tenha ciência disso. Passe algum tempo em meditação com Coll para ajudá-lo a encontrar esses talentos.

De 5 de agosto a 1º de setembro, Coll marca um período associado à criatividade, à inspiração e à divinação. A energia investida em projetos criativos e no desenvolvimento de habilidades duplica nesse período. É ainda um momento em que se tornam mais acessíveis os conhecimentos esotéricos e grande sabedoria.

DUIR/DAIR

Esse ogham é associado ao carvalho, ao pássaro carriça e ao preto e marrom-escuro. Semelhante ao carvalho, Duir é símbolo de força e resistência. Entalhe-o em uma vela preta ou marrom-escura para encantamentos que ajudem em questões jurídicas ou na busca por justiça. Pinte esse ogham em uma bolota de carvalho e leve-a consigo quando precisar de coragem. O símbolo também o ajudará a se sentir seguro e autoconfiante. Desenhe Duir em três folhas de carvalho ou sobre uma imagem delas para queimar, enquanto visualiza a conquista do sucesso em qualquer atividade. Pinte o símbolo em um pedaço de quartzo branco, crisoberilo ou dioptásio se desejar ajuda para descobrir a verdade. Duir é um bom símbolo para guardar no ambiente de trabalho.

Assim como o carvalho, a carriça era intimamente associada aos druidas, e dizem que eles a usavam para divinação. Aliás, a palavra galesa *dryw* significa *wren* (*carriça* em inglês), além de "druida".[93] Escreva a palavra *wren* em um pedaço de papel e desenhe o símbolo de Duir acima, abaixo e de cada lado da palavra. Segure esse papel com as duas mãos quando for interpretar um presságio ou uma mensagem recebida por meio de divinação. Faça isso também antes das sessões de divinação, pois ajuda a ativar e a abrir os canais de comunicação.

Figura 54: Duir escrito horizontal (esquerda) e verticalmente (direita).

Quando escolhido para divinação ou orientação, esse ogham encoraja a pessoa a ir em frente. Você verá ótimas oportunidades em seu caminho, ainda que pareçam pequenas a princípio, mas deverá persistir e acreditar em si mesmo.

De 10 de junho a 7 de julho, esse ogham sustenta um período de sabedoria, com ênfase na força interior. Com força, vem a confiança, o que faz desse período uma boa fase para lidar com questões de autoconfiança. Podemos ser fortes e sábios como o poderoso carvalho e proporcionar segurança aos que estão ao nosso lado. Use quartzo branco, crisoberilo ou dioptásio para atrair o poder desse ogham.

---

93 Adele Nozedar. *The Secret Language of Birds: A Treasury of Myths, Folklore and Inspirational True Stories*. Londres: Harper Element, 2006. p. 150.

EDAD/EADHA/EADHADH

Esse ogham é associado ao choupo e ao álamo-branco, ao cisne e ao vermelho. Também tem ligação com o equinócio de outono e Mabon (Lar da Colheita). Edad simboliza tenacidade, resistência e força interior. Entalhe-o em uma vela vermelha para encantamentos que ajudem a resolver os problemas ou dissipar dúvidas. Desenhe o símbolo em um pedaço de papel e leve-o consigo para encarar e dominar o medo. Entalhe-o em uma vela branca e use-a em meditação para cultivar visões espirituais. Esse ogham também auxilia e aprimora as habilidades comunicativas. Se quiser fortalecer seus dons intuitivos, segure um bastão ou outro objeto inscrito com Edad por alguns minutos, antes de uma sessão de divinação.

Usado com o cisne, Edad pode auxiliar uma pessoa a seguir a verdadeira vocação. Pinte o ogham em uma imagem ou estatueta dessa ave e, depois, visualize um grande cisne voando com você nas costas. Atente-se aos detalhes, pois podem lhe trazer dicas. Há muito associado ao trabalho xamânico, esse pássaro, com o Edad, pode ser seu guia por outros reinos e incrementar suas tentativas de obter visões.

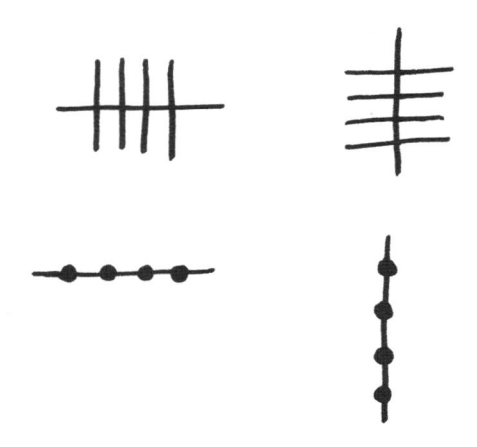

Figura 55: Edad em suas formas linear e de ponto, escrito horizontal (esquerda) e verticalmente (direita).

Se for escolhido para divinação ou orientação, esse ogham encoraja uma pessoa a persistir no caminho escolhido ou investir tempo na descoberta do caminho certo. Dele você recebe a recomendação de não desistir daquilo em que acredita firmemente.

FEARN/FERN

Esse ogham é associado ao amieiro, à gaivota e ao carmesim. Fearn é particularmente útil para assentar energia, por mais louca que seja a vida. Entalhe-o ou pinte-o em um pequeno pedaço de madeira ou em um cristal para uso como amuleto protetor. Guarde-o em uma pequena sacola decorativa e leve-a consigo ou deixe-a no carro. Esse amuleto também serve para incentivar sonhos proféticos, se for colocado sobre a mesinha de cabeceira. Se desejar clareza na divinação, segure o amuleto entre as palmas antes de cada sessão. Granada vermelha ou lápis-lazúli com obsidiana são muito eficazes no trabalho com a energia desse ogham. Fearn também ajuda a desenvolver práticas espirituais que tenham forte significado pessoal. Inscreva esse símbolo em uma vela para ter apoio no contato com guias espirituais.

Usado com a gaivota, Fearn ajuda na comunicação com divindades e espíritos. Desenhe o ogham em uma imagem ou estatueta de gaivota e segure-a com as duas mãos para obter clareza em mensagens e presságios, sobretudo os tanto obscuros a princípio. Use também esse pássaro e o símbolo em encantamentos para atrair abundância.

Figura 56: Fearn escrito horizontal (esquerda) e verticalmente (direita).

No uso em divinação ou orientação, esse ogham oferece *insight* para situações que incomodam há muito tempo. Fearn também ajuda a descobrir a força interior para tomar decisões que você sente serem particularmente corretas.

De 18 de março a 14 de abril, Fearn auxilia a assentar energia para questões mundanas enquanto refina a intuição e as habilidades para magia. É um período para desfrutar da individualidade e focar nos aspectos espirituais da vida. Um momento oportuno para buscar orientação espiritual.

GORT

Gort é associado à hera, ao cisne-branco (ou cisne-mudo) e ao azul ou azul-celeste. Esse ogham nos ensina a respeito de força e perseverança, morte e imortalidade. É o símbolo do conhecimento esotérico ou oculto. Desenhe-o em um pedaço de papel e leve-o consigo ou deixe-o no local de trabalho quando praticar novas técnicas. Para reforço na aprendizagem, guarde-o com você quando frequentar aulas ou palestras, ou sempre que desejar desenvolver talentos. Inscreva-o em uma vela azul e acenda-a para introspecção ou auxílio na hora de tomar decisões importantes. Por causa da ligação de Gort com a hera, que geralmente cresce em espiral, use pedaços do mineral serpentina marcados com esse ogham para criar uma forma espiral sobre o altar, que simbolizará sua jornada espiritual através da roda do ano.

Embora não sejam verdadeiras as histórias românticas do cisne-branco que não emite som até pouco antes da morte, esse é um pássaro poderoso em termos de magia. Deixe sobre o altar a imagem de um cisne-branco marcado com o símbolo de Gort para despertar beleza e poder. Também ajudará a cultivar a intuição. A combinação desse pássaro com o ogham é eficaz para incrementar os encantamentos de amor ou quebrar encantamentos.

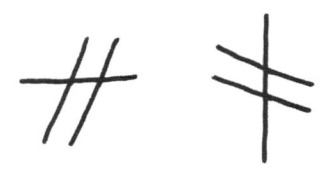

Figura 57: Gort escrito horizontal (esquerda) e verticalmente (direita).

Escolhido para divinação ou orientação, Gort nos diz que o crescimento pode ser um processo lento e, às vezes, indireto. Por isso mesmo, é importante manter o foco em seu propósito e aceitar um ritmo mais vagaroso, desde que haja progresso em direção à meta.

De 30 de setembro a 27 de outubro, Gort proporciona um período para entrar na escuridão interior e descobrir ali as joias ocultas. Use quartzo claro para trabalhar com a energia de Gort e encontrar as joias secretas do conhecimento. Nesse período, combine Gort com o cisne-branco para gerar mudança e manifestar o que você deseja.

HUATH/HÚATH/UATH

Huath é associado ao espinheiro-branco, ao corvo da noite ou gralha da noite e à cor roxa. Símbolo de cura e esperança, esse ogham é útil no tratamento de hematomas e de feridas da vida cotidiana. Para se conectar com o poder de Huath, ponha um pedaço de lápis-lazúli, ágata azul rendada ou fluorita debaixo de um espinheiro-branco ou segure a pedra enquanto visualiza essa árvore florida. Deixe um dos cristais ou o ogham sobre um pedaço de papel como oferenda à árvore, se pretende ganhar algo dela. Desenhe esse ogham sobre uma imagem de flores de espinheiro-branco para encantamentos que atraiam amor e paixão ou coloque-o debaixo da cama para despertar as chamas do prazer sexual. Também associado à defesa, Huath é eficaz para transpor obstáculos e dissipar qualquer forma de negatividade.

Os termos *corvo da noite* ou *gralha da noite* referem-se à garça-de-cabeça-preta, pássaro conhecido pelos guinchos parecidos com os da gralha e pelos hábitos noturnos. Suposto possuidor do poder do além, esse pássaro é um aliado para trabalho astral e xamânico, principalmente quando combinado com Huath. Desenhe o símbolo do ogham em uma imagem dessa ave, caso precise de auxílio no desenvolvimento de habilidades psíquicas ou incentivo para transformações.

Figura 58: Huath escrito horizontal (esquerda) e verticalmente (direita).

Usado para divinação ou orientação, Huath indica necessidade de paciência, porque muitos obstáculos são, na realidade, apenas empecilhos temporários. Em vez de se sentir de mãos atadas, saiba que esse ogham nos diz que as coisas boas chegam àqueles que esperam. Empregue seu tempo com sabedoria, cultivando as habilidades pessoais.

De 13 de maio a 9 de junho, esse ogham guarda a energia de encantamento que começou em Beltane e continua até 23 de junho (*Midsummer's Eve*). Pinte Huath em algumas pedras de jardim ou cristais e deixe-os como oferenda às fadas e outros espíritos da natureza. Se possível, ponha-os sob um espinheiro-branco, onde amplificarão suas intenções e ajudarão no contato com esses seres.

IOHO/IDHO/IODHO/IODAHDH

Ioho é associado ao teixo, aos filhotes de águia e à cor branca, além do solstício de inverno. Assim como o teixo, Ioho tem relação com a morte e os términos, partes normais do ciclo maior da vida e renovação. Coloque três pedaços de quartzo branco marcados com esse ogham e três frutinhas de teixo sobre o altar se desejar ajuda para acessar seus recursos interiores durante a parte escura do ano. Isso também alimenta a energia de autossustentação. Queime as frutas em Yule, mas deixe os cristais no altar até o ano-novo. Inscreva Ioho em uma vela branca e use-a em rituais de Lua nova, pois ajuda a incubar energia positiva para o novo ciclo à frente. Use também esse ogham se quiser auxílio em trabalhos de vidas passadas.

Quando utilizado com o filhote de águia, Ioho pode ajudar uma pessoa a mudar e aproveitar as oportunidades com confiança. Escreva sobre a imagem de um filhote de águia o símbolo do ogham e algumas palavras-chave das metas ou das mudanças que estão ocorrendo em sua vida. Pressione o papel contra o coração enquanto visualiza o resultado desejado. A combinação desse ogham com esse pássaro também pode acender o pavio da inspiração e ativar a criatividade ou a paixão incandescente com a pessoa amada.

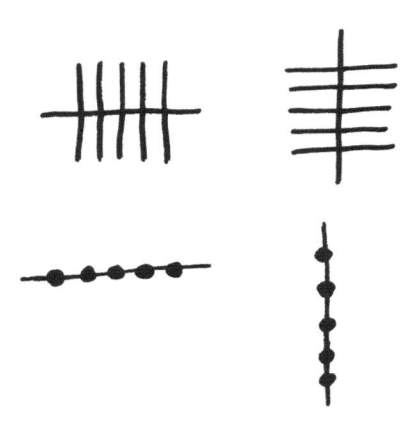

Figura 59: Ioho em suas formas linear e de ponto, escrito horizontal (esquerda) e verticalmente (direita).

Utilizado para divinação ou orientação, Ioho aconselha a pessoa a se empenhar na transformação pessoal que sustenta e aprimora os potenciais, mesmo que isso exija grande mudança de direção. Não se engane com ilusões; siga o caminho que lhe parecer assentado e apropriado, pois ele lhe permitirá ser quem realmente é.

LUIS

Luis é um ogham associado à sorva, ao pato e ao cinza e tem a ver com o despertar do início da primavera. O poder de Luis é a habilidade de ativar energia. Desenhe-o em um pedaço de papel, dobre-o várias vezes e depois o amarre com uma fita ou um pedaço de barbante. Queime este pequeno sachê e ative, com isso, a energia de um encantamento ou ponha-o sobre o altar para obter impulso na energia de um ritual. Luis é particularmente eficaz no trabalho para independência. Leve consigo um bastão ou cartão como amuleto protetor. Inscreva esse ogham em uma vela cinza e use-a em meditação para obter discernimento. Desenhe Luis sobre uma imagem da árvore sorva e queime-a em um ritual para expressar dedicação e devoção à divindade escolhida. Siga o mesmo procedimento para reconhecer as bênçãos em sua vida.

Desenhe o símbolo desse ogham na imagem de um pato e use-a em encantamentos de prosperidade, invocando o antiquíssimo simbolismo de abundância e conforto dessa ave. Pinte o ogham em um pingente ou qualquer outra joia com a figura de um pato e carregue-a como amuleto protetor. Sendo uma ave aquática, o pato é associado às emoções e, com Luis, ajuda a trazer clareza e estabilidade.

Figura 60: Luis escrito horizontal (esquerda) e verticalmente (direita).

A mensagem desse ogham, se escolhido para divinação ou orientação, é focar no presente, não no passado, principalmente se você desejar ter controle das coisas que influenciam sua vida. Estabilizar as emoções é um ato que proporciona clareza.

De 21 de janeiro a 17 de fevereiro, esse ogham traz um período associado à chegada de nova vida e inspiração, nascidas da escuridão do inverno. É, ainda, um momento para alimentar a criatividade. Pinte esse ogham em um topázio, um quartzo claro ou uma turmalina para atrair a energia incentivadora de Luis nesse período.

MUIN/MUINN

Esse ogham é associado à amora-preta ou às videiras dessa fruta, tão populares no passado, nas cercas-vivas da Grã-Bretanha. Seu pássaro é o chapim, e a cor que combina com Muin geralmente é chamada de *variegada* ou, às vezes, de *salpicada*, o que me faz pensar no modo como a luz é filtrada através de uma cerca-viva. As videiras espalhadas da amora formam pequenos matagais, e *muin* é uma palavra gaélica que significa "matagal".[94] Como uma videira, nossos caminhos não costumam ser retos; porém, com a ajuda de Muin, podemos aprender a partir das curvas e dos meandros. Se

---

94 Niall Mac Coitir. *Irish Trees: Myths, Legends & Folklore*. Cork, Irlanda: Collins Press, 2003. p. 167.

você busca orientação, marque pedaços de ametista ou jaspe com o símbolo de Muin e espalhe-os em formato de videiras tortuosas sobre o altar. Também como as videiras, Muin pode ser restritivo, ideal para encantamentos de ligação. O círculo de uma videira pode, ainda, aproximar as pessoas. Utilize Muin como símbolo que mantém e fortalece os vínculos de um relacionamento ou de uma comunidade. Igualmente associado à profecia, esse ogham pode ser entalhado em uma vela para queimar durante as sessões de divinação.

Se você desejar aprender divinação ou uma habilidade psíquica, ou ainda determinar seu caminho espiritual, o chapim aliado a esse ogham ajuda a adquirir o conhecimento necessário. Esse pássaro conhece os estados alterados e facilita práticas como as viagens xamânicas e astrais. Guarde consigo, durante essas práticas, uma imagem de um chapim marcado com Muin.

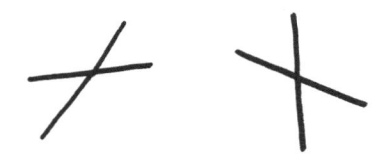

Figura 61: Muin escrito horizontal (esquerda) e verticalmente (direita).

Quando escolhido para divinação ou orientação, esse ogham indica necessidade de introspecção. Pode ser perfeitamente apropriado para quem busca inspiração criativa ou autodisciplina.

De 2 a 29 de setembro, Muin traz um período de crescimento interior e energia. Com a ajuda desse ogham, podemos nos fortalecer para adaptações e mudanças. Pinte-o em um pedaço de ametista ou jaspe e guarde-o consigo nesses tempos.

NGETAL/NGÉTAL/GÉTAL/NGÉADAL

Esse ogham é associado a juncos, a gansos e à cor verde. Como o junco, Ngetal representa adaptabilidade e habilidade de se mesclar às circunstâncias, em vez de se quebrar. Embora pareça um ato de desistência ou rendição, Ngetal nos ensina a aproveitar o tempo, pois com determinação podemos alcançar nossas metas. Use uma joia com esse ogham como lembrete para ser alerta e proativo em situações de mudança. Inscreva Ngetal no caule de um junco ou de uma taboa, ou em uma vela verde fina, em encantamentos que o ajudem a se manter no caminho certo e a realizar seus sonhos. Ademais, a energia desse ogham incentiva o trabalho de uma pessoa consigo mesma, principalmente para cura e bem-estar. Pinte Ngetal em um pedaço de jaspe verde, opala ou espinela e segure-o durante a meditação ou ponha-o no altar de um círculo de cura.

Esse ogham com sua ave, o ganso, auxilia no trabalho com espíritos e serve de guia em jornadas para o além. A combinação dos dois pode orientar o trabalho do caminho da alma, as buscas profundamente significativas e o crescimento pessoal. Deixe no local de trabalho uma estatueta ou imagem de ganso marcada com Ngetal para estimular a inspiração e estimular a imaginação.

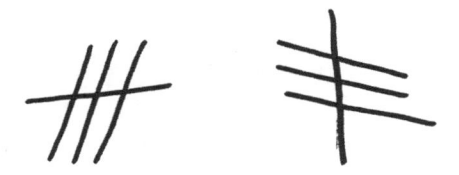

Figura 62: Ngetal escrito horizontal (esquerda) e verticalmente (direita).

Se Ngetal for utilizado para divinação ou orientação, sua mensagem será: aprenda quando seguir o fluxo ou agarrar o touro proverbial pelos chifres e assumir o controle. Com o auxílio desse ogham, você pode evitar surpresas desagradáveis que possam causar tumultos.

De 28 de outubro a 24 de novembro, esse ogham representa um período de mudanças inesperadas e desafios que exijam adaptabilidade. Ngetal nos ajuda a focar a mente e a energia para escapar das tempestades que assolam a vida. Também contribui para trazer harmonia de volta ao nosso mundo.

NION/NUIN/NUINN

Esse é um ogham associado ao freixo e ao pássaro narceja, de bico longo e que gosta de andar na água. Sua cor associada é verde-água, às vezes chamada de verde "transparente". Como a poderosa Yggdrasil da mitologia nórdica, no folclore celta essa árvore e o ogham são associados ao além e à habilidade de acessar outros reinos. Nion nos ajuda a perceber que nosso mundo é muito maior do que pensamos, por causa dos lugares invisíveis. Sonhando ou viajando, ele nos oferece conexão com outras realidades. Acenda uma vela verde inscrita com Nion e coloque-a sobre a escrivaninha ou a estação de trabalho quando desejar inspiração criativa. Use berilo verde ou água-marinha para reforço no trabalho com a energia de Nion. Também podem ser utilizados quartzo branco com iolita. A combinação de Nion com a narceja ajuda a despertar habilidades mágicas. Escreva o nome desse ogham, *NION*, em um pequeno pedaço de papel, e depois a palavra *SNIPE* ("narceja", em inglês) em sentido vertical, usando a primeira letra *N* em Nion para o *N* em *snipe*, de modo que as duas palavras formem um ângulo reto. Desenhe o símbolo do ogham dentro desse ângulo reto formado pelas duas palavras. Guarde consigo o papel para ajuda em práticas de magia.

Figura 63: Nion escrito horizontal (esquerda) e verticalmente (direita).

Quando escolhido para divinação ou orientação, Nion recomenda fazer uma pausa e avaliar uma situação antes de agir, pois talvez você precise ajustar sua perspectiva. Esse ogham também nos aconselha a ficar abertos a coisas que consideramos incomuns, pois elas podem nos dar a chave que destranca um mundo novo.

De 18 de fevereiro a 17 de março, a energia de Nion nos ajuda a descobrir que as fronteiras não são limitações, uma vez que oferecem conexões. Ganhar uma nova perspectiva do aspecto entrelaçado das fronteiras e conexões pode incrementar a criatividade e despertar o sentido de propósito renovado.

ONN/OHN

Onn é associado à planta conhecida como tojo, ao pássaro corvo-marinho e à cor amarela. Também se relaciona a Ostara e Samhain. O tojo floresce quase o ano inteiro em algumas áreas, e, portanto, Onn simboliza fertilidade e vitalidade. Se desejar engravidar, desenhe esse ogham sobre a imagem dessa planta desabrochada para uso em encantamento de fertilidade. Inscreva-o em uma vela amarela e coloque-a no altar Ostara para dar as boas-vindas ao Sol. Na Inglaterra, até o século XVIII, acendiam-se fogueiras de tojo para ajudar a partida das almas desencarnadas de volta aos lares anteriores. Em Samhain, Onn inscrito em uma vela pode servir como sinal de boas-vindas aos ancestrais. Esse ogham também representa determinação e é particularmente útil para lidar com mudanças. Escreva o ogham em um pedaço de papel e leve-o consigo quando sentir que precisa de recursos. Use Onn, ainda, para incrementar a energia de um encantamento de proteção.

O pássaro corvo-marinho, associado a esse ogham, aparece em alguns textos como *scrat* ou *odoroscrach*, referência ao termo gaélico *odhra-sqairneach*.[95] O nome comum vem do latim.[96] Na Irlanda

---

95 Alexander Robert Forbes. *Gaelic Names of Beasts (Mammalia), Birds, Fishes, Insects, Reptiles, Etc.* Edimburgo, Escócia: Oliver and Boyd, 1905. p. 34.
96 Diana Wells. *100 Birds and How They Got Their Names.* Chapel Hill, NC: Algonquin Books of Chapel Hill, 2002. p. 34.

e no País de Gales, esse pássaro era considerado um corvo-marinho mágico que une as forças do ar e da água. Com Onn, ele ajuda a encontrar e a desenvolver habilidades, em particular aquelas relacionadas a profecias e à divinação. Em ritual e magia, desenhe esse ogham sobre a imagem de um corvo-marinho, como apoio, para invocar as forças da natureza, principalmente os elementos ar e água.

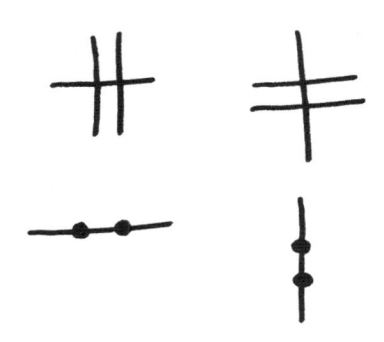

Figura 64: Onn em suas formas linear e de ponto, escrito horizontal (esquerda) e verticalmente (direita).

A mensagem desse ogham, quando escolhido para divinação ou orientação, é considerar todos os ângulos das situações antes de tomar uma decisão ou agir. Assim como o tojo cheio de espinhos, o que parece um obstáculo pode, na realidade, oferecer proteção e mostrar um caminho inesperado.

QUERT/CEIRT

Quert é um ogham associado à maçã e à maçã silvestre, à galinha e às cores verde e marrom. Desenhe esse ogham sobre uma imagem de flores de macieira e use-o em encantamentos de amor ou para reforçar a fidelidade. Coloque uma folha de maçã em um sachê marcado com Quert e use-o como amuleto, qualquer que seja sua busca. Inscreva-o em uma vela verde quando desejar enviar energia a uma pessoa em necessidade. A associação desse ogham com a maçã silvestre o aproxima da lendária Avalon, a Ilha das Maçãs, e do além. Use Quert como apoio para atravessar o portal entre os mundos. É útil também no contato com as fadas. Pinte esse ogham em um pedaço de quartzo branco como oferenda a elas.

Em combinação com ele, a galinha auxilia em encantamentos de prosperidade e fertilidade. Ponha a imagem ou a estatueta de uma galinha marcada com Quert sobre o altar de um círculo de cura para impulsionar a energia. Se precisar de ajuda em uma sessão de divinação, desenhe o ogham em um pedaço de papel e prenda-o a uma pena de galinha. Quando não precisar usá-lo, guarde-o consigo durante a sessão, com as ferramentas de divinação.

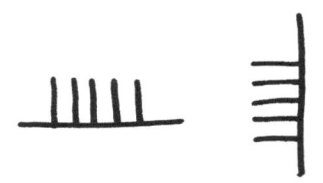

Figura 65: Quert escrito horizontal (esquerda) e verticalmente (direita).

Escolhido para divinação ou orientação, esse ogham representa um despertar capaz de expandir seu mundo até os reinos invisíveis. A escolha de Quert também serve de confirmação a um propósito definido ou a uma decisão importante tomada.

RUIS

Ruis é associado ao sabugueiro; à ave *rook*, espécie de gralha (prima dos corvos) conhecida por este termo inglês; e à cor vermelha. Esse ogham traz reconhecimento dos ciclos que pontuam nossa vida e nos ajuda a aceitar o fim de uma situação, por mais doloroso que seja. Claro que alguns finais geram sensação de completude e conquista. Queime uma vela vermelha sobre o altar para rituais assinalando esses eventos. Ruis também oferece energia propícia à divinação. Segure um bastão ou um pedaço de papel inscrito com esse ogham antes das sessões de divinação, abrindo, assim, os portais da consciência. Para auxílio no acesso ao além, desenhe Ruis em uma imagem de sabugueiro e queime-a de maneira segura no caldeirão. Com delicadeza, sopre um pouco da fumaça sobre você antes de embarcar na jornada. Malaquita e moldavita são cristais particularmente eficazes para atrair o poder desse ogham.

Quando Ruis e a gralha *rook* são utilizados juntos, a escuridão dessa ave negra se torna berço de criatividade e intuição, onde são incubados talentos. O uso concomitante desse ogham com o pássaro também é útil na abertura para divinações e todas as formas de comunicação. Em trabalhos xamânicos ou naqueles que exploram vidas passadas, desenhe Ruis com caneta preta na imagem de uma gralha *rook*. Guarde-a com você durante as sessões.

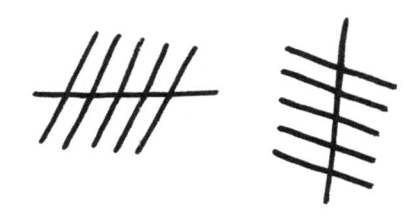

Figure 66: Ruis escrito horizontal (esquerda) e verticalmente (direita).

A mensagem de Ruis, quando escolhido para divinação ou orientação, é abrir para mudar, mesmo que você aprecie o *status quo* atual. Apegar-se à energia desse ogham é um auxílio para a autotransformação.

De 28 de outubro a 24 de novembro, esse ogham representa a energia da Velha Sábia. Enquanto rumamos para a parte mais escura do ano, Ruis nos impele a olhar além da superfície e a explorar o que há por dentro. Essa exploração costuma nos ajudar a descobrir o que é realmente importante.

SAILLE/SAILE

Saille é associado ao salgueiro e ao gavião. Sua cor costuma ser definida como incandescente ou brilhante. Esse ogham é muito útil para aprender a se tornar adaptável, sobretudo em relacionamentos pessoais. Como os galhos de um salgueiro que balançam ao vento, Saille nos ajuda a identificar quando devemos ficar firmes ou seguir o fluxo. Escreva esse ogham em uma folha dessa árvore (ou recorte a imagem de uma) e deixe-a flutuar em uma tigela com água. Com delicadeza, mexa a água com o dedo e medite sobre situações em que precisa ser adaptável. Se desejar incentivo à inspiração, desenhe Saille em um pedaço de papel e ponha-o em uma bolsinha com um rubi ou pedaços de calcita e lepidolita. Guarde a bolsinha na mesa ou em qualquer lugar onde se envolva com trabalho criativo. Na tradição celta, o gavião oferece um elo com o além e a vida após a morte, trazendo mensagens e representando presságios. Combinado com o poder de Saille, esse pássaro ajuda a aprender a confiar na intuição, em particular na hora de interpretar visões. O gavião e o salgueiro concedem iluminação na busca pela verdade de uma situação ou de si próprio.

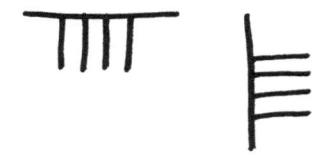

Figura 67: Saille escrito horizontal (esquerda) e verticalmente (direita).

Se escolhido para divinação ou orientação, esse ogham traz a mensagem de ir com calma. Embora sempre queiramos chegar logo, Saille nos diz que, quando nos movemos devagar e sempre, abrimos espaço para o crescimento. Também sugere dedicar tempo à criatividade.

De 15 de abril a 12 de maio, Saille traz um período de equilíbrio e harmonia. Com a ajuda desse ogham, é possível aprender a escutar a voz sutil da intuição e encontrar um significado mais profundo para o rumo da vida.

STRAIF/STRAITH

Straif é um ogham associado ao abrunheiro, ao sabiá e ao roxo. É útil para desenvolver o tipo de força e coragem necessário para lidar com as adversidades. Semelhante à árvore espinhosa conhecida como abrunheiro, a energia de Straif é eficaz para proteção e para dispersar a negatividade. Pinte o ogham em um pedaço de turmalina negra e carregue-o consigo como talismã protetor. Se desejar energia protetora em volta de casa, pinte-o em quatro pedras do jardim e coloque cada uma delas em um canto da residência dizendo:

Com estes símbolos que estou a espalhar,
negatividade, suma deste lugar.

Desenhe esse ogham em um pedaço de papel e queime-o para dar força a qualquer tipo de encantamento. Como o abrunheiro é a árvore lendária das fadas, esse ogham ajuda no contato com os entes da natureza.

A combinação desse ogham com o sabiá ajuda a trazer equilíbrio à vida e a focar no que se deseja. Como símbolo de comprometimento, o sabiá, aliado aos poderes protetores de Straif, é um impulso para fortalecer os relacionamentos. Incorpore esse pássaro e esse ogham em encantamos para sorte e use-os, ainda, para realizar seus desejos.

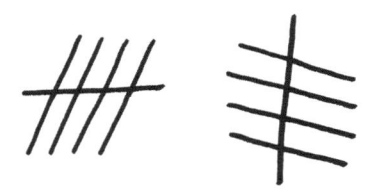

Figura 68: Straif escrito horizontal (esquerda) e verticalmente (direita).

Escolhido para divinação ou orientação, esse ogham nos aconselha a encarar as realidades duras da vida, mas sem desanimar ante os obstáculos que parecem impedir a realização de nossos sonhos. Devemos ver os desafios como um campo de treinamento onde desenvolvemos a força para controlar o rumo de nossa vida.

TINNE/TEINE

Esse ogham é associado ao azevinho, ao pássaro estorninho e ao cinza-escuro. Com espinhos afiados, as folhas do azevinho são a epítome da proteção, um dos aspectos mais importantes de Tinne. Recorte um pedaço de papel em forma de folha de azevinho e, depois, desenhe o símbolo de Tinne no centro. Guarde essa folha na bolsa ou na carteira, para carregar como amuleto protetor. Ela também pode ser queimada em um encantamento de proteção contra magia hostil. Para proteger a casa, desenhe Tinne no lado debaixo do tapete de boas-vindas. Pinte esse ogham em um pedaço de quartzo fumê, citrino ou zoisita e segure-o enquanto medita em busca de orientação, sobretudo se desejar a solução para um problema. Esse ogham também ajuda a tomar decisões e a criar coragem. Entalhe o símbolo em uma vela cinza para elevar a energia em qualquer tipo de ritual ou encantamento.

Igualmente conhecida como estrela-negra, o nome gaélico do estorninho é *Druida*.[97] Combinado com Tinne, esse pássaro se torna uma estrela-guia para acessar sabedoria antiga. Em tempos de mudança, carregue consigo uma imagem de um estorninho marcada com esse ogham, pois terá ajuda para se adaptar a novas situações.

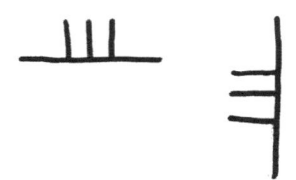

Figura 69: Tinne escrito horizontal (esquerda) e verticalmente (direita).

Quando escolhido para divinação ou orientação, Tinne traz a seguinte mensagem: reaja aos problemas com sabedoria, em vez de buscar vingança. Esse ogham nos diz que poder não é sinônimo de justiça; coragem e equilíbrio são necessários para resolver conflitos.

O dia 8 de julho até 4 de agosto é o período de Tinne e a época do ano em que o azevinho desabrocha com suas flores delicadas e discretas. Nesse período, a energia é associada à casa e ao lar. É o

---
97 Forbes. *Gaelic Names of Beasts*, p. 335.

momento em que qualquer problema que possa ocorrer é mais bem resolvido pelo uso do poder e da unidade da família.

UR/UHR/URA

Ur é associado à planta urze, à cotovia, à cor roxa e ao solstício de verão. É um ogham de sorte e paixão. Desenhe esse símbolo em um pequeno sachê cheio de flores de urze branca para encantamentos de sorte. Ou, se preferir, desenhe-o sobre uma imagem dessa planta. Faça o mesmo com a urze roxa para encantamentos que acendam as chamas da paixão. Pinte Ur em um pedaço de ametista para uso em meditação em busca de clareza quando almejar crescimento espiritual. A combinação desse ogham com o cristal é útil também para cura espiritual. Se você busca clareza e percepção enquanto desenvolve as habilidades psíquicas, entalhe o ogham em uma vela roxa para queimar durante as sessões.

Desde tempos remotos, a cotovia é símbolo de alegria. Se utilizada com o ogham Ur em meditação, esse pássaro pode guiar você até um nível introspectivo profundo, capaz de despertar a música que existe em seu coração. O uso conjunto de ogham e pássaro eleva o astral e proporciona sentimento de satisfação e felicidade.

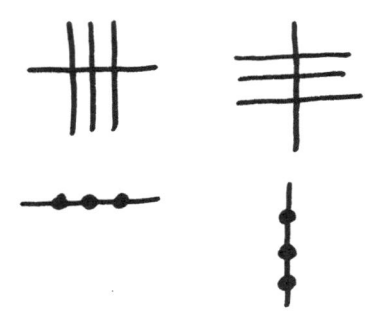

Figura 70: Ur em suas formas linear e de ponto, escrito horizontal (esquerda) e verticalmente (direita).

A mensagem desse ogham em divinação ou orientação é que a marca do verdadeiro sucesso se expressa por meio da generosidade. Prosperidade e abundância têm melhor proveito quando compartilhadas.

CAPÍTULO 12

TRABALHANDO COM OS FORFEDA

EMBORA OS CARACTERES NO QUINTO grupo de oghams não tenham vínculos individuais com pássaros, às vezes são chamados de *Bolsa da Gralha*, ou pelo termo inglês *crane bag** Segundo a lenda, os forfeda foram criados pelo deus do mar, Manannán mac Lir, que os guardava, com outros grandiosos tesouros, em sua bolsa mágica feita da pele de uma mulher/gralha metamorfa. Qualquer um desses oghams pode ser usado com a energia da gralha (ou grou) para encantamentos de abundância ou reversão. Também são úteis para incentivar a criatividade. A combinação dos caracteres de qualquer deles e o grou é particularmente poderosa para divinação e o entendimento dos mistérios profundos deste mundo e do além.

Os caracteres para Amhancholl, Ifin e Uilleann às vezes são usados para representar Phagos; porém, incluo-o como um item separado, com símbolo próprio. Peith também está incluído.

AMHANCHOLL /EAMANCHOLL/EMANCOLL/MÓR

Esse ogham é associado à avelã-de-bruxa e, às vezes, ao pinheiro. Entalhe-o em um pequeno ramo de avelã-de-bruxa ou desenhe-o em uma imagem da planta para queimar em um encantamento de banimento. Esse ogham é útil, ainda, para acessar o subconsciente em trabalho psíquico. Um ramo de avelã-de-bruxa ou pinheiro marcado com Amhancholl e pendurado acima da porta de entrada oferece proteção para sua casa.

---

* *Crane*, na tradução mais exata em português, seria a ave conhecida como grou-comum. (N. do T.)

Embora os três primeiros nomes listados acima sejam mais tradicionais, o ogham fico conhecido como Mór e associado ao mar. Além de parecer um peixe, *mór* é o termo galês e bretão celta para *mar*.⁹⁸ Associado à purificação e à liberação, como as marés oceânicas purificadoras, esse ogham pode levar embora o que não é mais necessário na vida. Mór é particularmente poderoso para liberar emoções e oferecer espaço limpo para renovação. Desenhe-o em uma concha marinha se precisar de ajuda para se recuperar de um relacionamento rompido.

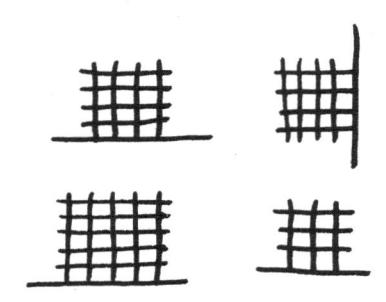

Figura 71: Amhancholl/Mór na fileira superior, escrito horizontal (esquerda) e verticalmente (direita). Também costuma ser desenhado com linhas 5 × 5 e 3 × 3.

Quando utilizado em divinação ou orientação, esse ogham representa mudanças inesperadas que talvez pareçam vir de fontes externas, mas Amhancholl/Mór ajuda a acessar informações obscuras sobre elas. Além disso, auxilia na adaptação a qualquer tipo de mudança.

EBAD/ÉABHADH/TAMBÉM KOAD/GROVE

Ebad é associado ao choupo, à madressilva e à erva-campeira. Simboliza a habilidade de enxergar acima das complexidades e dos problemas da vida cotidiana. Inscreva esse ogham em uma vela branca para encantamentos ou visualizações que atraiam o que você deseja. Para trazer felicidade ao lar, desenhe o símbolo em um pedaço de papel e salpique-o com uma pitada de folhas secas de qualquer uma das plantas de Ebad. Dobre o papel até formar um pacotinho. Ponha-o perto da porta de entrada durante três dias; depois, queime-o de maneira segura enquanto visualiza qualquer coisa que represente felicidade para você sendo atraída para dentro de casa. Esse ogham também ficou conhecido

---

98 J. P. Mallory e D. Q. Adams. *The Oxford Introduction to Proto-Indo-European and the Proto-Indo-European World*. Nova York: Oxford University Press, 2006. p. 127.

como Koad e Grove. Nesse sentido, é associado a um grupo de árvores (arvoredo, ou *grove* em inglês) em vez de uma espécie específica.

Figura 72: Ebad escrito horizontal (esquerda) e verticalmente (direita).

Escolhido para divinação ou orientação, esse ogham aconselha você a buscar equilíbrio e a resolver as diferenças que tenha com qualquer pessoa. Sua mensagem é procurar, com perseverança, as pequenas coisas que tragam mais satisfação à vida.

IFIN/IPHIN

Este ogham é associado ao pinheiro e à groselha. Ligado a profecias e visões, Ifin ajuda na divinação. Se desejar reforço em seus trabalhos, desenhe Ifin em um pedaço de papel e coloque um círculo de pinhos em volta deste sobre o altar, durante as sessões de divinação ou quando participar de qualquer trabalho psíquico e de vidas passadas. Este procedimento trará clareza às suas leituras e experiências. A inscrição do ogham em uma vela para meditação ajuda a ouvir a voz interior. Desenhe Ifin em um pedaço de papel e umedeça-o com um pouco de óleo essencial de pinho. Deixe-o sobre a mesinha de cabeceira, pois assim terá ajuda para se lembrar dos sonhos. Ifin também auxilia na busca por conhecimento e na liberação de memórias ocultas.

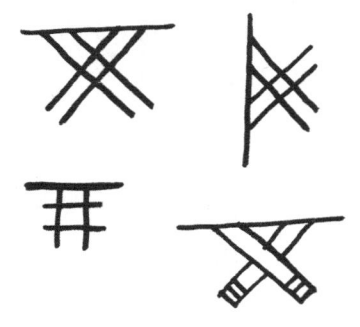

Figura 73: Ifin escrito horizontal (esquerda) e verticalmente (direita).
Duas variantes aparecem na fileira inferior.

Quando escolhido para divinação ou orientação, Ifin nos aconselha a seguir a sabedoria do passado, incluindo as histórias antigas, para desvendar as complexidades do presente. O passado compreendido pode ser um guia para o futuro.

OIR/OR

Esse ogham é associado à planta evônimo, à hera e à cor branca. A pequena árvore evônimo é mais forte e dura do que aparenta. Antigamente, sua madeira era usada para fazer carretéis e fusos, o que aproxima a planta e Oir da domesticidade e das artes mágicas de tecer e fazer renda. Tais habilidades, como muitas outras, dependem de criatividade e inspiração, que Oir ajuda a acessar. Se desejar impulso criativo, desenhe esse ogham nas ferramentas que você usa para autoexpressão. Desenhe-o em uma folha de hera (ou imagem de uma) e coloque-a sobre o altar para as jornadas espirituais que levam o praticante a seu mundo interior, mas o trazem de volta.

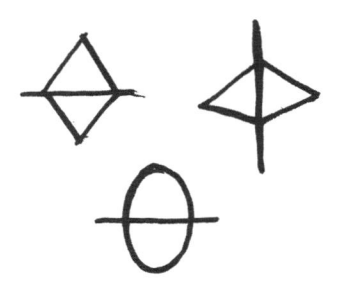

Figura 74: Oir na fileira superior, escrito horizontal (esquerda) e verticalmente (direita). Também costuma ser desenhado como um círculo.

Utilizado para divinação ou orientação, esse ogham traz a mensagem de prestar atenção às questões familiares, principalmente se houver mudança no ar. Use seus talentos para tecer vínculos que aproximem os entes queridos.

UILLEANN/UILEN/UILLEAND

Uilleann é associado à faia, à madressilva e à hera, além de à cor branco-amarelada. A relação entre esse ogham e duas plantas que se espalham torna-o particularmente eficaz para encantamentos de ligação. Escreva o objetivo de seu encantamento em um pedaço de papel e faça um rolinho com ele. Desenhe esse ogham várias vezes para criar uma espiral ao redor da parte externa do rolo. Segure-o com as duas mãos enquanto visualiza seu objetivo e, depois, queime-o. Embora as videiras possam esconder coisas, Uilleann também é associado à revelação de segredos. Além disso, é útil em encantamentos para manifestar aquilo que você procura.

Figura 75: Uilleann escrito horizontal (esquerda) e verticalmente (direita).

A mensagem desse ogham, quando escolhido para divinação ou orientação, é buscar o que se deseja. Mesmo que os meios e os métodos para alcançar a meta estejam ocultos no momento, se você continuar focado, ela acabará se manifestando na realidade.

PEITH/PETHBOC/PETHBOL

Esse símbolo parece ter evoluído da antiga forma de flecha virada para baixo, usada em inscrições britânicas para a letra P. Não é difícil perceber por que o caractere Ifin se tornou associado a Peith, pois algumas inscrições com o símbolo da flecha para baixo mostram certa semelhança. Hoje, ele é desenhado como uma linha curta paralela à linha-tronco. Embora a rosa-de-gueldres e o sabugueiro-anão sejam as plantas associadas a Peith, outras fontes indicam o pinheiro como a árvore desse ogham.

Textos dos séculos XVIII e XIX listam o ogham Pethboc no lugar de Ngetal como substituto bretônico. De acordo com fontes do século XVIII, *peth* vem do dialeto córnico, *pethav*, que significa "Eu sou", indicando a essência de uma pessoa, enquanto *boc* tinha o significado de "florescente" ou "desabrochando".[99] A palavra *boc* aplicava-se, às vezes, a um cervo jovem, por causa da energia para saltar. Minha interpretação para esse ogham é que ele nos ajuda a olhar profundamente nosso interior para descobrirmos quem somos e quem podemos ser quando nos permitimos desabrochar. Também indica a necessidade de seguirmos em frente. Quando sabemos quem somos, podemos saltar ao encontro de uma oportunidade. Inscreva esse ogham em uma vela para uso em meditação na busca por autoconhecimento.

---

99 Edward Davies. *Celtic Researches on the Origin, Traditions & Language of the Ancient Britons*. Londres: J. Booth, 1804. p. 461.

Figura 76: Peith escrito horizontal (esquerda) e verticalmente (direita).

PHAGOS

Como já mencionamos, este nome tem associação com três símbolos diferentes e ilustra a evolução e a mudança do ogham. Embora os caracteres Ifin, Amhancholl/Mór e Uilliann tenham sido usados para representar Phagos, em tempos mais recentes ele adquiriu um símbolo próprio, uma forma simples de gancho. É associado à faia e à cor marrom-alaranjada. Pinte o símbolo de gancho em um pedaço de calcita laranja para usar como talismã protetor. Também medite com ele para estimular inspiração criativa. Associado aos ancestrais e à sabedoria antiga, Phagos pode ser incluído no altar Samhain, principalmente se você pretende praticar divinação. É útil, ainda, para círculos de cura e encantamentos de ligação.

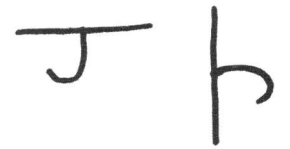

Figura 77: Às vezes retratado como um gancho simples, Phagos escrito horizontal (esquerda) e verticalmente (direita).

PARTE 5
AS RUNAS

Assim como para o ogham celta, há várias teorias acerca da origem destes símbolos e do nome *runa*. Segundo o Webster's Dictionary, a palavra *runa* deriva do nórdico antigo e do inglês antigo *rūn*, que tinha vários significados: "segredo", "mistério", "caractere do alfabeto rúnico" e "escrita".[100] Essa palavra também se assemelha ao termo inglês antigo, *rūnian*, que significa "sussurrar"; às palavras do alto-alemão antigo *rūna*, "discussão secreta", e *rūnēn*, "sussurrar"; ao nórdico antigo, *reyna*, "sussurrar"; e ao latim, *rumor*.[101] Frequentemente escritas em pedras, elas não eram, contudo, um conjunto estático de símbolos. Com o passar do tempo, as runas evoluíram com a linguística mutável da Europa. Quando foram incorporadas ao folclore, sua qualidade mística veio à tona.

---

100 Equipe editorial. *Webster's Third New International Dictionary*, p. 1989.
101 *Ibid.*

CAPÍTULO 13

O SURGIMENTO DAS RUNAS

APESAR DA REFERÊNCIA GERAL DE runas nórdicas, as primeiras evidências de um alfabeto rúnico vêm dos povos germânicos habitantes de uma área que se estendia da Dinamarca e do norte da Alemanha até o sul da Noruega e Suécia. A maior parte das inscrições antigas era entalhada em objetos como pedaços de madeira, pedra, metal ou ossos. Um dos mais antigos objetos marcados com runas é um pente de cabelo feito por volta de 160 d.C.[102] Foi encontrado no pântano Vimose, na Dinamarca, famoso por uma urna repleta de armas antigas e pelos inúmeros restos de sacrifício humano e animal.

São muitas as ideias acerca da origem deste alfabeto. De acordo com as três teorias mais aceitas, as runas derivam dos alfabetos grego, latino ou etrusco (norte da Itália).

Em 1874, o linguista e runólogo dinamarquês Ludvig Wimmer (1839-1920) lançou o primeiro estudo científico a determinar a origem.[103] Segundo sua teoria, as runas derivavam da escrita monumental usada pelos romanos em seus grandes edifícios e estruturas. Tal escrita teria sido aprendida com as legiões romanas assentadas ao longo do rio Reno. Wimmer baseou-se nas semelhanças entre várias letras romanas e as runas, como a letra *F* e a runa Feoh. Embora seja possível imaginar que as

---

102 Tineke Looijenga. *Texts and Contexts of the Oldest Runic Inscriptions*. Boston: Brill, 2003. p. 78.
103 Elmer H. Antonsen. "The Runes: The Earliest Germanic Writing System". Wayne M. Senner (org.). *The Origins of Writing*. Lincoln, NE: University of Nebraska Press, 1989. p. 145.

letras latinas *B*, *H*, *M*, *P*, *R* e *X* tenham influenciado a escrita rúnica, a maioria dos estudiosos atuais entende que a forma das letras, sendo tão poucas, não basta para associar um alfabeto a outro. A linguística precisa ser comparada para identificar semelhanças.

O pesquisador e professor sueco Otto von Friesen (1870-1942) foi um dos principais defensores da teoria de que as runas tinham origem na escrita grega. Ele afirmava que os godos – antigo povo germânico que habitava uma área em torno do Mar Negro – conheciam o alfabeto grego. De acordo com von Friesen, eles podiam estar familiarizados com a língua grega por causa dos serviços e das viagens com as legiões romanas. O professor baseou sua teoria principalmente no fato de que, assim como a antiga escrita grega, as runas podiam ser escritas da esquerda para a direita, da direita para a esquerda e Bustrofédon (forma de escrita em que a direção é alternada a cada linha). Além disso, a língua grega e as runas haviam sido entalhadas nas mais variadas superfícies, incluindo madeira e metal. Do mesmo modo que Wimmer, von Friesen baseou a semelhança de estrutura dos caracteres em um punhado de letras. Sua teoria de suporte era que as runas derivavam do latim.

O runólogo norueguês Carl Marstrander (1883-1965) acreditava que as runas tinham evoluído do etrusco, porque aquela civilização era a mais próxima dos povos germânicos. O problema é que nenhuma escrita rúnica foi encontrada no sul da Alemanha ou em qualquer área fronteiriça ao território etrusco. Além disso, o alfabeto etrusco nunca foi decifrado. O problema da teoria de Marstrander é o mesmo das outras, isto é, não leva em consideração a linguística.

Até hoje, ninguém sabe ao certo de onde se originaram as runas. O consenso da maioria dos estudiosos, porém, é de que, provavelmente, elas resultaram da necessidade prática de uma linguagem escrita relacionada ao comércio.

INSCRIÇÕES RÚNICAS

Assim como o ogham, o alfabeto rúnico recebe o nome da sequência inicial de letras. É chamado de *futhark* e *futhorc*, a partir das seis primeiras letras dos grupos de runas do Futhark Mais Velho (*Elder Futhark*) e anglo-saxônicas.

Diferente dos alfabetos modernos, a escrita rúnica é bastante idiossincrática. Uma característica frequente das inscrições rúnicas é a falta de espaço entre as palavras. De fato, quando a letra inicial de uma palavra era a mesma que a letra final da anterior, a runa era escrita apenas uma vez, juntando as duas palavras. Estamos acostumados com palavras hifenadas, mas as inscrições rúnicas eram, às vezes, escritas em aglomerado, de uma linha para outra. Como já mencionado, as runas podiam ser escritas da esquerda para a direita, da direita para a esquerda ou em direções alternadas, complicando o processo de decifração.

O primeiro alfabeto rúnico completo foi encontrado em Gotlândia, na Suécia, em parte de um sarcófago. Conhecida como a pedra de Kylver, a inscrição costuma ser datada do século V d.C.[104] É o mais antigo alfabeto rúnico, chamado de *Futhark Mais Velho*, e encontra-se em objetos pequenos, portáteis, como artigos pessoais, lanças e pontas de flecha.

Também presente na Suécia, a bracteata de Vadstena é outro artefato que contém o Futhark Mais Velho completo, com variantes em alguns símbolos e ordem um pouco diferente. Bracteata é uma medalha de ouro com imagem de leão que apresenta um enfeite ou uma inscrição gravada em um dos lados. Geralmente usadas em um cordão de couro em volta do pescoço, as bracteatas foram muito populares entre os anos 350 e 550 d.C.[105] Em um período aproximado de quinhentos anos, o cristianismo foi adotado no mundo germânico. Os primeiros convertidos cristãos pareciam não considerar as runas algo particularmente pagão e continuaram a usá-las para inscrições. As runas não só eram utilizadas em lápides cristãs como também já foram encontradas em mais de trezentas igrejas norueguesas medievais.[106] Entalhadas com aspecto de grafite em paredes e colunas, as inscrições são, na maioria, pedidos de preces. Fontes batismais, sinos, urnas e outros objetos religiosos eram igualmente marcados com runas.

Na Inglaterra, cruzes em estilo celta datando de 650-750 d.C. contêm inscrições rúnicas de poemas cristãos.[107] Além da escrita romana, há uma inscrição rúnica no ataúde de São Cuthbert, c. 698.[108] Com o passar do tempo, a escrita rúnica na Inglaterra evoluiu de inscrições curtas para textos religiosos, alguns gravados em varas de madeira.

Entre as mais de duas mil inscrições rúnicas encontradas na Suécia, muitas incluem fragmentos de poesia.[109] Na Escandinávia, a escrita rúnica persistiu até o fim do século XIII com bolsões isolados, como em Gotlândia, estendendo-se até o século XVII.[110] Apesar da longevidade, o uso de runas foi declinando aos poucos. Nesse período, referências a elas começaram a aparecer na literatura nórdica, e o alfabeto adquiriu conotação mais sobrenatural.

---

104 Jeremy J. Smith. *Old English: A Linguistic Introduction*. Nova York: Cambridge University Press, 2009. p. 124.
105 Antonsen. "The Runes", p. 148.
106 *Ibid.*, p. 139.
107 *Ibid.*, p. 137.
108 Victoria Symons. *Runes and Roman Letters in Anglo-Saxon Manuscripts*. Berlim, Alemanha: Walter de Gruyter GmbH, 2016. p. 9.
109 Ekkehard König e Johan van der Auwera (orgs.). *The Germanic Languages*. Nova York: Routledge, 2002. p. 5.
110 Terje Spurkland. *Norwegian Runes and Runic Inscriptions*. Tradução de Betsy van der Hock. Woodbridge, Inglaterra: The Boydell Press, 2005. p. 4.

OS ALFABETOS RÚNICOS

O alfabeto rúnico mais antigo, Futhark Mais Velho, consiste em vinte e quatro caracteres e foi usado entre os séculos I e V d.C., aproximadamente.[111] Os dois primeiros alfabetos rúnicos completos encontrados na pedra de Kylver e na bracteata de Vadstena apresentam ordem ligeiramente diversa de caracteres, mas não há explicação linguística para isso. Ademais, não há nenhum motivo compreensível para a divisão dos vinte e quatro símbolos em três grupos chamados *aettir*, que significa "famílias".[112]

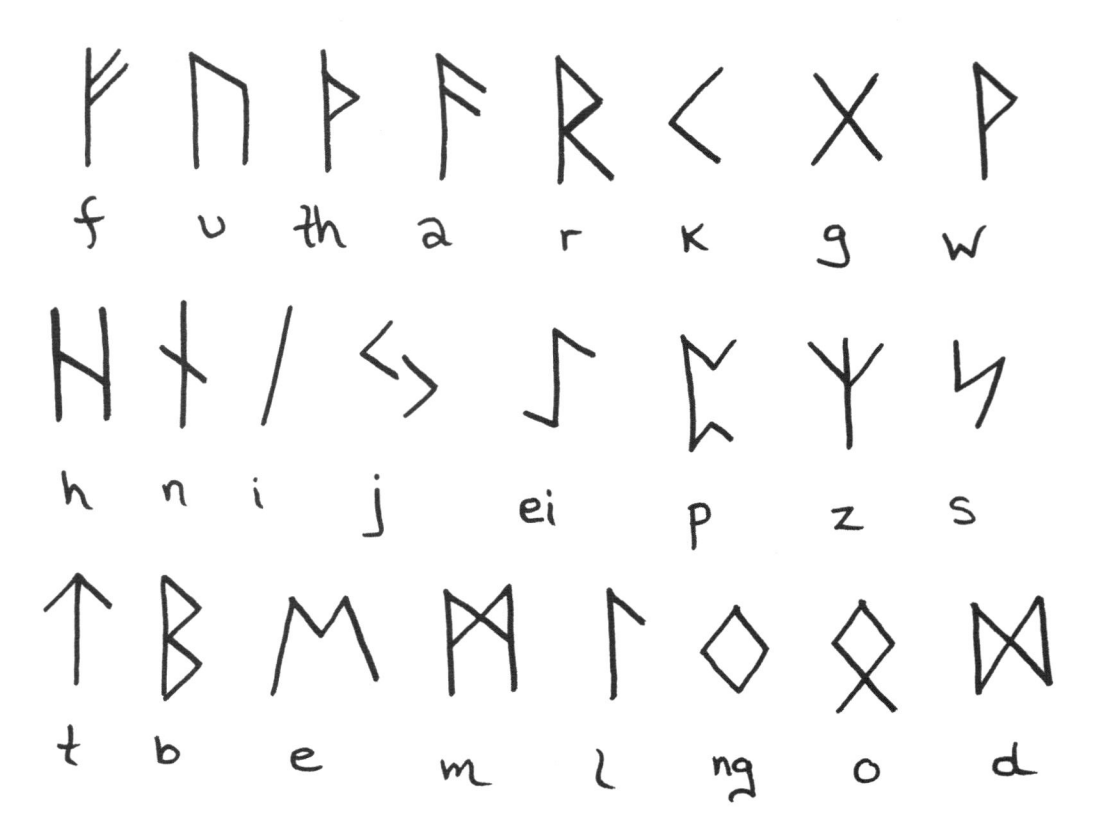

Figura 78: O Futhark Mais Velho nos três grupos de famílias.

---

111   Richard L. Morris. *Runic and Mediterranean Epigraphy*. Filadélfia: John Benjamins North America, 2012. p. 107.
112   Antonsen. "The Runes," p. 142.

Cada runa é composta de bastões (riscos verticais) e ramificações (linhas inclinadas que se estendem dos bastões). Há um consenso segundo o qual as primeiras formas das runas não tinham linhas curvas ou horizontais porque o alfabeto foi desenvolvido para inscrição em madeira. Entretanto, a forma dos caracteres não tem relação direta com a idade da inscrição. Ao contrário, acredita-se que ocorriam variações em forma entre as "escolas" de escrita. As diferenças parecem ser mera questão de estilo e preferência.

Os nomes individuais da maioria das runas são palavras comuns. Por exemplo, Fehu e Isa são termos germânicos antigos para "gado" e "gelo", respectivamente.[113] Em algumas inscrições, em vez da palavra inteira, só o símbolo da runa era usado. Na maioria dos casos, porém, a letra ou o som representado por uma runa correspondia à primeira letra para seu nome, mas havia exceções. Fehu, por exemplo, representa a letra/o som *F*, mas a runa Algiz representa *Z*. Os alfabetos rúnicos não têm símbolos para números: estes eram escritos como palavras.

O Futhark Mais Velho (*Elder Futhark*) passou por uma transição entre os anos 500 e 700, com avanços linguísticos ocorridos nas línguas germânicas.[114] Foi depois desse período que os idiomas na Escandinávia desenvolveram seus traços nórdicos com as palavras mais curtas, a redução de sílabas átonas e o surgimento de novas vogais.[115] Conforme a língua mudava, o mesmo acontecia com o alfabeto rúnico.

Por estranho que pareça, à medida que aumentava o número de sons, a escrita seguia um caminho inverso, diminuindo de vinte e quatro para dezesseis runas. Em vez de um caractere equivalente a um som, muitas runas representavam sons múltiplos. Embora o Futhark Mais Velho permanecesse em uso, no século VIII o novo alfabeto, chamado *Futhark Mais Jovem*, já era amplamente utilizado na Dinamarca e na Suécia.[116]

---

113   R. I. Page, *Runes*. Berkeley, CA: University of California Press, 1987. p. 15.
114   Morris. *Runic and Mediterranean Epigraphy*, p. 107.
115   Spurkland. *Norwegian Runes and Runic Inscriptions*, p. 78.
116   Oscar Bandle *et al.* (orgs.). *The Nordic Languages: An International Handbook of the History of the Northern Germanic Languages*. Nova York: Walter de Gruyter, 2002. p. 700. v. 1.

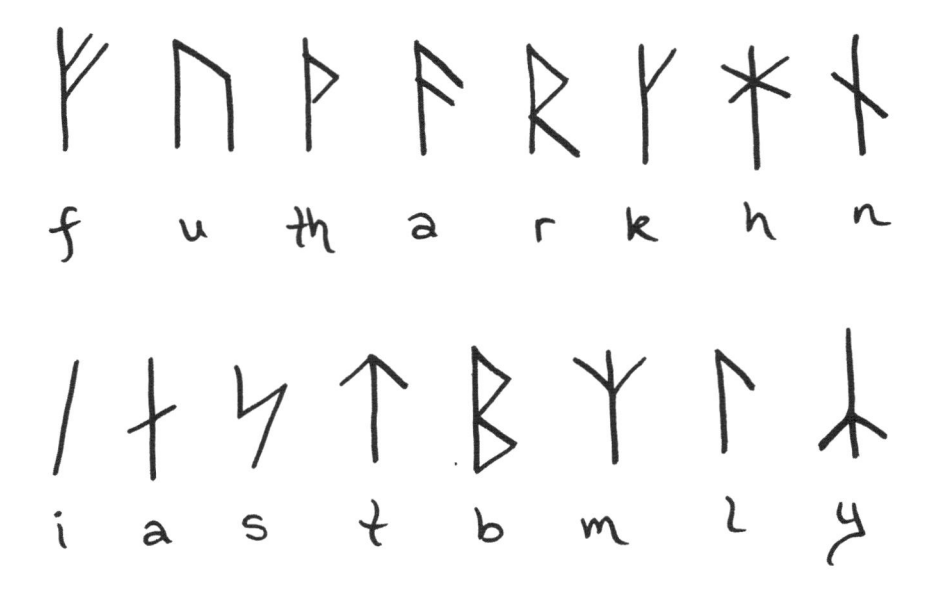

Figura 79: O Futhark Mais Jovem tem menos caracteres que o predecessor.

A Dinamarca é considerada o berço do Futhark Mais Jovem porque foi o local onde apareceu pela primeira vez na forma completa. Às vezes chamado de *Runas Vikings*, esse alfabeto tem duas variantes de grande importância: a dinamarquesa e a sueco-norueguesa. A variedade dinamarquesa também é chamada de *Runas de Ramos Longos*, e a sueco-norueguesa, de *Runas de Ramos Curtos*, conhecida, ainda, como as *Runas Rök*, por causa da pedra encontrada em Rök, na Suécia. Essas eram variantes dentro das duas divisões principais do Futhark Mais Jovem, e, por volta da época medieval, os dois tipos estavam mesclados.

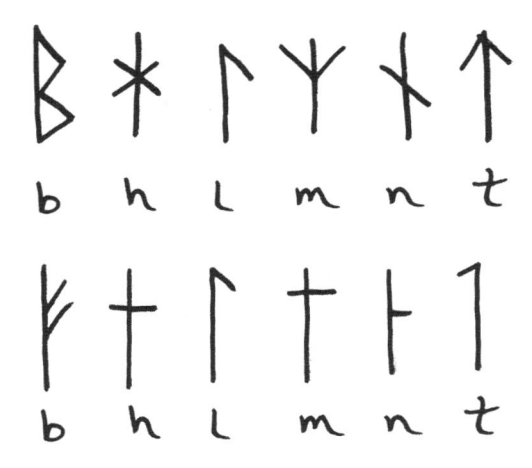

Figura 80: Na Idade Média, havia o uso frequente de uma mistura das runas de Ramos Longos e de Ramos Curtos.

AS RUNAS PONTILHADAS

O alfabeto rúnico escandinavo do século XVI esteve em uso por cerca de quatrocentos anos, até 1050 aproximadamente, quando foi substituído pelas *Runas Pontilhadas* medievais, também chamadas de *Runas Pontiagudas*.[117] Com símbolos representando mais de um som, o Futhark Mais Jovem passou a ser considerado demasiadamente ambíguo. A solução foi criar novos símbolos, adicionando um ponto às runas existentes, indicando, assim, qual som se pretendia representar. Por exemplo, um ponto acrescido às letras *B* e *T* restaurava as letras/os sons *P* e *D*, respectivamente. Entretanto, nem todos os entalhadores de runas usavam os pontos, e, em algumas inscrições, a ambiguidade persistia.

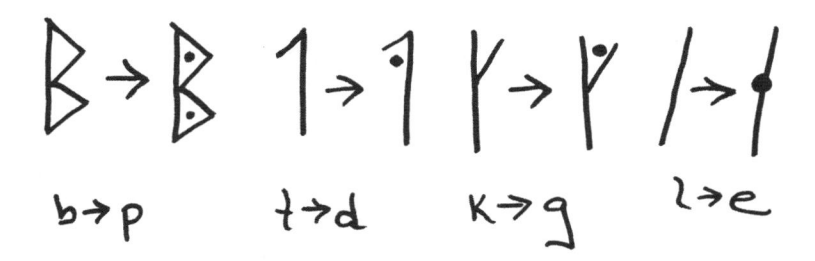

Figura 81: Pontos eram acrescidos a algumas runas para restaurar letras/sons que ficavam de fora.

---

117 Antonsen. "The Runes", p. 156.

AS RUNAS ANGLO-SAXÔNICAS

Baseada nas seis primeiras letras, o alfabeto rúnico inglês, ou anglo-saxônico, chama-se *futhorc* ou, às vezes, *fuþorc*.[118] Embora o terceiro caractere nos três alfabetos rúnicos tivesse forma de *P*, mas representasse o som TH, a variante na grafia do nome do conjunto de runas é uma peculiaridade dos manuscritos anglo-saxônicos posteriores.[119] O termo *Anglo-Saxão* é substantivo coletivo para os anglos, saxões, jutos e frísios que se assentaram na Grã-Bretanha por volta do século V. Vindo do norte da Alemanha e da costa do Mar do Norte da Dinamarca e da Holanda, levaram consigo as runas. Entretanto, as mudanças no alfabeto já tinham começado no continente, com um conjunto de vinte e oito caracteres frísios.

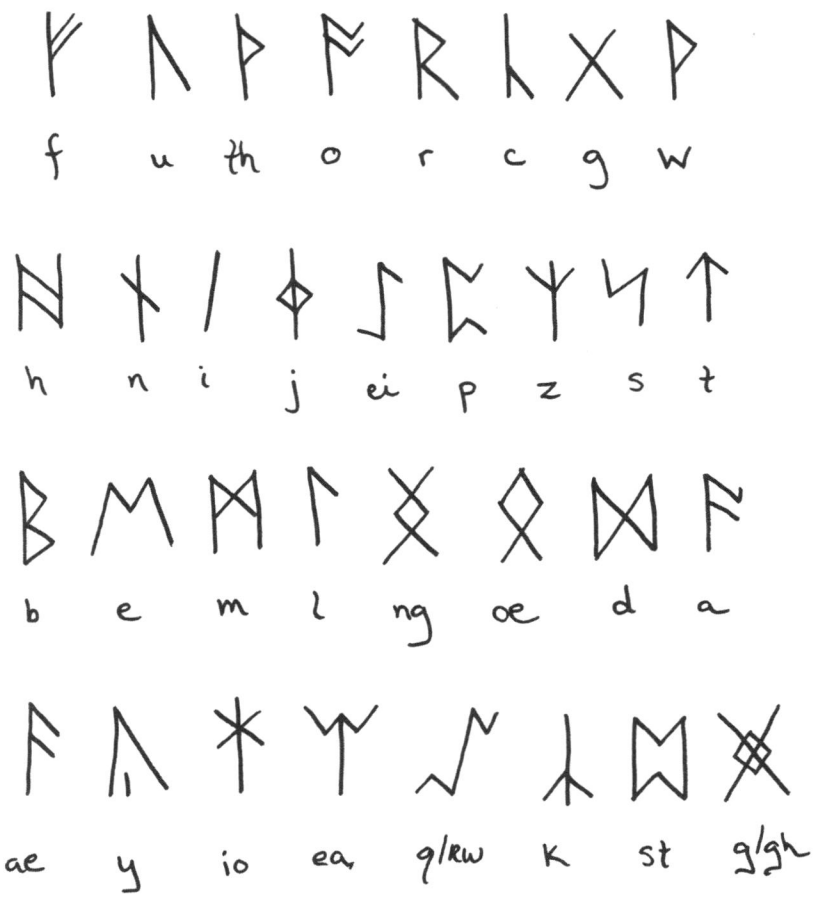

Figura 82: O conjunto de runas anglo-saxônicas foi expandido com os acréscimos regionais de Nortúmbria (os quatro últimos caracteres da fileira inferior).

---

118 Page. *Runes*, p. 38.
119 Antonsen. "The Runes", p. 140.

O inglês antigo e o frísio antigo compartilhavam das mudanças linguísticas do século V. Com acréscimos que adaptavam os complexos sons vogais do germânico antigo, as runas frísias serviam aos propósitos dos anglo-saxões. Ocorreram distorções e acréscimos regionais também, sobretudo na área ao norte do rio Humber, na Inglaterra. Por volta do século VIII ou IX, as runas de Nortúmbria alcançaram trinta e três caracteres.[120]

AS RUNAS REDESCOBERTAS

Na Idade Média, inscrições em pedras rúnicas despertaram a atenção dos antiquários. Um deles foi o bibliotecário e tutor sueco Johannes Bureus (1568-1652), que tinha interesse profundo pelo estudo de línguas. Graças à habilidade de decifrar runas, ele ganhou um posto de antiquário real e ficou encarregado de fazer um inventário das pedras rúnicas. Apesar de ter parentes encarcerados por se envolver com o oculto, Bureus tinha o hábito de se aproximar de feiticeiros locais que encontrava em viagens. Conta-se que adquiriu um livro norueguês de encantamentos, alguns dos quais incorporavam o uso das runas. Autodenominado rosacruciano e inspirado por Agrippa e John Dee, Bureus desenvolveu um sistema próprio de magia que se baseava na estrutura da Cabala e incorporava as runas.

Como não queriam ficar para trás durante a onda de nacionalismo em países europeus no século XIX, os escandinavos recorreram às antigas sagas nórdicas, que desencadearam uma Renascença Viking romantizada. Embora fossem os vikings os vilões históricos, tudo de origem viking entrou na moda, incluindo móveis com arabescos e flores com cabeça de dragão que representavam seus barcos, outrora tão temidos. Os poemas *Edda* foram traduzidos para diversas línguas, e o compositor alemão Richard Wagner (1813-1883) baseou seu épico de quatro óperas, *Canção dos Nibelungos*, nas lendas nórdicas. Qualquer coisa com toque de história nórdica permaneceria em voga até o início do século XX. E, claro, as runas cativaram a atenção das pessoas.

Ao escritor austríaco Guido von List (1848-1919) se atribui o crédito de adaptar as runas à tradição ocultista ocidental. Aparentemente refletindo as dificuldades de Odin, após um período de cegueira, von List alegou ter tido uma visão mágica. Reformulou o Futhark Mais Velho em um conjunto de dezoito runas que denominou *Runas Armanen*. Segundo o professor de história Michael Bailey (1971-), da Universidade do Estado de Iowa, embora as teorias ocultistas de List e a antiga religião germânica talvez tenham introduzido as runas à prática neopagã, a proximidade

---

120 Ralph W. V. Elliot. *Runes: An Introduction*. Manchester, Inglaterra: Manchester University Press, 1980. p. 33.

das runas com o nacionalismo e o antissemitismo, feita por List, pode ter influenciado alguns membros do partido nazista.[121]

---

121 Michael D. Bailey, *Magic and Superstition in Europe: A Concise History from Antiquity to the Present* (Nova York: Rowman & Littlefield Publishers, Inc., 2007), 235.

CAPÍTULO 14

RUNAS PARA MAGIA E ORIENTAÇÃO

CONQUANTO FOSSEM DESENVOLVIDAS POR MOTIVOS práticos, as runas parecem ter sido usadas para fins mágicos desde muito cedo. Nas inscrições do século V na pedra de Kylver aparece a palavra enigmática *sueus*, a qual estudiosos não foram capazes de traduzir ou discernir qualquer significado.[122] Palíndromos (palavras ou frases que têm a mesma grafia para a frente e para trás) com significados desconhecidos são frequentes na escrita rúnica. Segundo Terje Spurkland, professor associado de estudos medievais na Universidade de Oslo, na Noruega, esses palíndromos deviam ter função mágica.

Durante uma escavação na aldeia viking de Ribe, no litoral oeste da Dinamarca, arqueólogos descobriram um pedaço de crânio humano que continha escrita rúnica datada de 720 d.C., aproximadamente.[123] Determinou-se que a pessoa morrera havia muito tempo, e o crânio já era antigo quando as runas foram nele escritas, mas a inscrição nunca foi decifrada. Por causa de um buraco feito nesse pedaço de crânio, os arqueólogos creem que tenha sido usado como amuleto.

Também foi encontrada em Ribe, mas com data atribuída a período posterior, a vara Ribe, citada como vara de cura. A escrita rúnica nesse artefato contém uma mistura de encantações pagãs e cristãs e um pedido de prece por cura.

---
122 Smith. *Old English*, p. 124.
123 Spurkland. *Norwegian Runes and Runic Inscriptions*, p. 72.

O que parece rima de cura, conhecida como "fórmula do visco do cardo", foi encontrada em inscrições rúnicas na Escandinávia e na Islândia. Essas palavras, às vezes, aparecem com nomes de pessoas, mas, em geral, são acompanhadas de escrita indiscernível. Entretanto, o que parece indiscernível para nós, claro, pode ter tido significado importante no passado. As palavras *cardo* e *visco* também foram encontradas em memoriais de pedra na Dinamarca. Pingentes, anéis, armas e outros objetos contêm inscrições curtas ou isoladas, às quais se atribui significado talismânico ou função de palavra encantada. A repetição de uma única runa é igualmente considerada uma encantação. Por exemplo, Fehu repetida, "riqueza, riqueza, riqueza", talvez fosse isso.[124] Raymond Ian Page (1924-2012), runólogo e professor de estudos anglo-saxônicos da Universidade de Cambridge, na Inglaterra, considerava a combinação de letras *alu* uma palavra mágica relacionada à proteção.[125] A palavra *alu* aparece sozinha ou com outras palavras não decifradas, descartadas como indiscerníveis.

MAGIA RÚNICA NO SÉCULO XXI

As runas e a cultura a elas relacionada são um tema vasto, e, portanto, esta seção pretende introduzir ao leitor o uso básico das runas. Primeiro, escolha qual alfabeto rúnico você quer utilizar: o Mais Velho, o Mais Jovem ou o Anglo-Saxônico. Em seguida, faça ou compre um conjunto de bastões, cartões, blocos de madeira ou pedras. Antes de usá-los, consagre-os com água ou unte-os com incenso ou ervas. Se desejar, pode dedicá-los a Odin ou a outra divindade nórdica ou germânica. Caso escolha trabalhar com as runas anglo-saxônicas, opte por uma deidade das Ilhas Britânicas.

Antes de usar suas runas para magia ou divinação, conheça cada símbolo para compreender a importância de todos. Leve-o consigo, medite com ele e entre em sintonia com a mensagem. Apesar dos significados fundamentais para cada runa, elas também podem transmitir algo muito pessoal.

Justamente por constituir um alfabeto, as runas são fáceis de incorporar em encantamentos quando você escreve sua intenção, palavras-chave ou encantação. Lembre-se de que a escrita rúnica não apresenta direção fixa, e a primeira linha de uma inscrição antiga costumava ser escrita da direita para a esquerda, e a segunda, da esquerda para a direita. Seja criativo (Tabela 5.1.).

---

124 Mindy MacLeod e Bernard Mees. *Runic Amulets and Magic Objects*. Woodbridge, Inglaterra: The Boydell Press, 2006, p. 112.
125 R. I. Page; David Parsons (org.). *Runes and Runic Inscriptions: Collected Essays on Anglo-Saxon and Viking Runes*. Woodbridge, Inglaterra: The Boydell Press, 1998. p. 154.

TABELA 5.1 AS TRÊS PRINCIPAIS FAMÍLIAS DE RUNAS

Futhark Mais Velho			Futhark Mais Jovem			Futhorc Anglo-Saxônico		
Símbolo	Nome	Som	Símbolo	Nome	Som	Símbolo	Nome	Som
			ᛅ	Ar	a	ᚫ	Aesc	ae
ᚨ	Ansuz	a	ᚨ	As	ą	ᚪ	Ac	a
ᛒ	Berkanan	b	ᛒ	Bjarkan	b	ᛒ	Beorc	b
						ᚳ	Cen	c
ᛞ	Dagaz	d				ᛞ	Daeg	d
ᛖ	Ehwaz	e				ᛖ	Eh	e
ᛇ	Iwaz	ei				ᛇ	Eoh	ei
						ᛠ	Ear	a
ᚠ	Fehu	f	ᚠ	Fe	f	ᚠ	Feoh	f

TABELA 5.1 AS TRÊS PRINCIPAIS FAMÍLIAS DE RUNAS

Futhark Mais Velho			Futhark Mais Jovem			Futhorc Anglo-Saxônico		
Símbolo	Nome	Som	Símbolo	Nome	Som	Símbolo	Nome	Som
╳	Gebo	g				╳	Gyfu	g
						⊗	Gar	g/gh
H	Hagalaz	h	⁂	Hagall	h	⋈	Haegl	h
/	Isa	i	/	Iss	i	/	Is	i
						✳	Ior	io
⟨	Jera	j				◇	Ger	j
<	Kenaz	k	⌇	Kaun	k	⋏	Calc	k
⌐	Laguz	l	⌐	Logr	l	⌐	Lagu	l
⋈	Mannaz	m	⋎	Madhr	m	⋈	Mann	m
✢	Naudiz	n	✢	Naudhr	n	✢	Nyd	n

TABELA 5.1 AS TRÊS PRINCIPAIS FAMÍLIAS DE RUNAS

Futhark Mais Velho			Futhark Mais Jovem			Futhorc Anglo-Saxônico		
Símbolo	Nome	Som	Símbolo	Nome	Som	Símbolo	Nome	Som
◇	Ingwaz	ng				⋈	Ing	ng
◈	Oþila	o				◈	Ethel	oe
						ᚩ	Os	o
⊏	Perþ	p			i	⊏	Peorþ	p
						⋀	Cweorþ	q/kw
ᚱ	Raido	r	ᚱ	Reidh	r	ᚱ	Rad	r
ᛋ	Sowilo	s	ᛋ	Sol	s	ᛋ	Sigil	s
						ᛥ	Stan	st
↑	Tiwaz	t	↑	Tyr	t	↑	Tir	t
þ	Thurisaz	th	þ	Thurs	th	þ	Thorn	th

TABELA 5.1 AS TRÊS PRINCIPAIS FAMÍLIAS DE RUNAS							
Futhark Mais Velho			Futhark Mais Jovem			Futhorc Anglo-Saxônico	
Símbolo	Nome	Som	Símbolo	Nome	Som	Símbolo	Nome	Som
ᚢ	Uruz	u	ᚢ	Ur	u	ᚢ	Ur	u
ᚹ	Wunjo	w				ᚹ	Wynn	w
			ᛦ	Yr	y	ᛦ	Yr	y
ᛉ	Algiz	z				ᛉ	Eolh	z

Escolha uma runa apropriada para carregar consigo e fortalecer a energia de algo que você almeja. Invocando o poder da trindade, use uma runa única três vezes, como no exemplo mencionado com Fehu, para atrair riqueza. Runas únicas ou múltiplas podem ser entalhadas em velas e utilizadas para encanamentos ou rituais. Você também pode acompanhar um encantamento desenhando no ar o caractere da runa, enquanto visualiza o poder dela, que incrementa sua força de vontade.

Assim como no passado, hoje também é comum o uso de runas como talismãs. Uma ou duas palavras podem ser pronunciadas ou fazer runas de ligação que sirvam para seu intento. Runa de ligação é uma combinação de dois ou mais caracteres criados com um bastão (linha ereta). Os caracteres costumavam ser repetidos em um bastão longo.

Junte dois para criar as próprias runas de ligação com propósitos especiais. Por exemplo, combine Gebo com Kenaz se estiver em busca de clareza, conhecimento e inspiração. Algiz e Raido podem ser combinados para um talismã de proteção durante viagens.

Figura 83: Runa de ligação é uma combinação de dois ou mais caracteres.

Um exemplo famoso de runa de combinação vem da pedra de Kylver, na qual o caractere Tiwaz foi repetido um acima do outro, parecendo um abeto. Como as inscrições na pedra de Kylver (que era parte de um sarcófago) se voltavam para o interior, foram interpretadas como protetoras da tumba ou úteis ao ocupante dela por algum outro motivo.

RUNAS PARA ORIENTAÇÃO

As runas servem para nos orientar, não para prever o futuro. Em harmonia com nosso subconsciente, a energia destes símbolos oferece informação. Nossa tarefa é interpretar como essa informação se aplica às questões ou às situações para as quais buscamos orientação. As runas podem servir de guia, ajudando-nos a examinar o passado para compreendermos melhor o presente. Seja qual for seu uso delas, pense com clareza na pergunta ou situação. As runas também auxiliam a pessoa a explorar o que leva no coração.

Se guardar as runas em uma bolsinha, você terá facilidade para selecioná-las aleatoriamente, sem vê-las. Prepare-se para utilizá-las sentado em silêncio por alguns minutos, esvaziando a mente. Segure a bolsinha enquanto pensa em uma pergunta ou situação e, depois, pegue uma runa. Segure-a enquanto contempla a pergunta e o modo como o significado ou as associações da runa podem apontar uma resolução.

Pondere a informação da runa por um ou dois dias, sobretudo se não tiver certeza de como ela se encaixa na situação. Se não conseguir decifrar o que a runa lhe diz, refaça o sorteio. Caso pegue a mesma, passe mais tempo a refletir e considere todos os aspectos dela. Lembre-se de que, em geral, a primeira interpretação ou impressão do significado está correta.

Outro método para orientação é espalhar as runas delicadamente sobre uma superfície macia. As que ficarem com o símbolo para cima são aquelas que devem ser examinadas. Uma alternativa é fechar os olhos ao espalhá-las e, em seguida, impor as mãos sobre elas. Deixe-se guiar pela intuição para pegar uma ou mais.

Ao selecionar duas runas, observe as semelhanças entre elas, pois as informações de cada símbolo se complementam. Se parecerem opostos, uma das runas dará a você discernimento quanto à questão, e a outra o guiará a uma resolução. Duas runas opostas também podem revelar a raiz de um conflito.

Sorteio triplo é o que se chama de *lançar as Nornas*. Assim como as deusas do destino gregas, as Nornas eram deusas nórdicas que representavam o passado, o presente e o futuro. O trabalho com três runas proporciona clareza, mas não prevê o futuro; em vez disso, apresenta possibilidades, as quais podem incluir desafios. São os esforços, as ações e os talentos potenciais que criam o futuro.

Outro modo de trabalhar com as runas é selecionar uma por vez e colocá-las em uma figura. Por exemplo, em um esquema de cinco runas, as três primeiras são dispostas em fileira horizontal, a quarta é colocada acima, e a outra, abaixo da runa central. Ao espalhá-las dessa maneira, deixe-as viradas para não ver os caracteres. Desvire-as na ordem a seguir para fazer a leitura: comece com a runa central, que representa o estado atual de sua situação ou pergunta. A runa à esquerda da central mostra as influências do passado que causaram a situação ou contribuíram para ela. A runa acima do centro indica ajuda ou obstáculos que você pode encontrar no processo de resolução do problema. A runa abaixo do centro revela algo imutável. Isso não significa que você deva aceitar determinada coisa; apenas mostra mais clareza e possíveis contornos. A runa final, à direita do centro, representa um resultado potencial ou a chave para obter um resultado desejado.

A anotação das leituras rúnicas ou do sorteio de runas individuais em um diário pode auxiliar na interpretação. Com o tempo, o diário revela padrões nas leituras das runas apresentadas. Há várias configurações para espalhar as runas. A distribuição ao estilo do tarô também pode ser utilizada.

CAPÍTULO 15

TRABALHANDO COM O FUTHARK MAIS VELHO E O FUTHARK MAIS JOVEM

AS RUNAS SÃO LISTADAS EM ordem alfabética, de acordo com seus nomes no Futhark Mais Velho, com referência cruzada aos nomes no Futhark Mais Jovem e no Anglo-Saxônico. Por causa da diferença em alguns dos nomes do Futhark Mais Velho, é importante nos lembrarmos de que foram gravados séculos depois das primeiras inscrições rúnicas. Os nomes que utilizo aqui têm origem no trabalho do professor Raymond Ian Page e de outros estudiosos das runas. A única exceção é a runa Thurisaz, para a qual utilizei o nome posterior com as letras TH em vez de Þ, para evitar confusão.

Embora o nome do Futhark Mais Velho seja usado em cada definição, as informações se aplicam aos caracteres correspondentes nos demais futharks, a menos que especificados de maneira diferente. Os símbolos exclusivos nas runas dos Futhark Mais Jovem e Anglo-Saxônico são incluídos no capítulo seguinte.

Além do significado e da interpretação de cada runa, incluí detalhes dos meios-meses rúnicos. Li sobre eles pela primeira no *The Pagan Book of Days*, de Nigel Pennick (1946-), autoridade em antigos sistemas de crenças. Como o calendário celta ogham das árvores, os meios-meses rúnicos são um construto moderno associado à energia e à sabedoria de seus respectivos símbolos.

Embora às vezes se afirme que as runas apresentam duplo sentido baseado na posição ereta ou na reversa, isso não é prático na hora de espalhá-las para leitura, pois podem cair em ângulos variados. Ademais, os poemas rúnicos e outras fontes rúnicas não indicam duplo sentido para elas. Segundo pesquisadores de runas, a runa ocasional reversa (imagem em espelho), ou de cabeça para baixo, encontrada em inscrições devia ser apenas um capricho, sem significado relevante.[126] Claro que, se você já usa runas e trabalha com duplo sentido, siga sua preferência.

ALGIZ

Nome anglo-saxônico: Eolh
Também conhecida como: Elhaz

De acordo com estudiosos rúnicos, o nome original dessa runa é desconhecido e o atual foi aplicado mais tarde. Os nomes *Algiz* e *Eolh* são termos do germânico antigo e do inglês antigo, respectivamente, que significam "alce".[127] Entretanto, o poema rúnico em inglês antigo não se refere ao animal, mas, sim, à planta junco-de-alce, com folhas afiadas que podem provocar cortes nas mãos que tentarem puxá-la.

Defesa e proteção são os aspectos essenciais dessa runa. Algiz também significa novas oportunidades ou desafios e necessidade de manter as emoções sob controle. Dê a si mesmo espaço para manobras durante os desafios e refreie os sentimentos ferventes, pois assim poderá evitar estresse em momentos de transição. Meu comentário pessoal é que associo fortemente essa runa à epifania e à manifestação de divindade, que remonta à antiga Grande Deusa Mãe.

Quando selecionada para divinação ou orientação, Algiz recomenda que estejamos conscientes das influências indesejáveis. Não ignore as energias negativas nem finja que não existem; acerte as coisas ou reverta-as para usá-las como oportunidades positivas. Ametista, quartzo claro, granada e ônix são cristais particularmente eficazes para o trabalho com a energia de Algiz.

Figura 84: O mesmo símbolo é usado nos alfabetos rúnicos Futhark Mais Velho e Anglo-Saxônico.

---

126 Page. *Runes*, p. 9; Marie Stoklund et al. (orgs.). *Runes and Their Secrets: Studies in Runology*. Copenhague, Dinamarca: Museum Tusculanum Press, 2006. p. 175.
127 Looijenga. *Texts and Contexts of the Oldest Runic Inscriptions*, p. 7.

O meio mês rúnico de Algiz vai de 28 de janeiro a 11 de fevereiro. É um período propício para o contato com guias espirituais, principalmente para proteção. Ajuda a abrir os canais de comunicação e oferece orientação para problemas que possam surgir nessa época.

ANSUZ

Nome Futhark Mais Jovem: As
Nome Anglo-Saxônico: Os
Também conhecida como: Asa, Asc

Atribuem-se aos nomes dessa runa os significados de "deus" ou "boca". Enquanto as palavras *ansuz* do germânico antigo e *oss* do islandês antigo significam "deus", óss, do norueguês antigo, seria "estuário" ou "foz do rio".[128] Essa runa costuma ser considerada mensageira que traz sabedoria sagrada e auxilia na conexão com o Divino. Ansuz é particularmente útil para explorar os mundos interior e exterior, além de iniciar uma mudança pessoal. Atente-se para eventos incomuns que pareçam casuais, pois, na realidade, podem ser um chamado. A energia dessa runa também atiça o fogo da criatividade.

A mensagem de Ansuz, quando selecionada para divinação ou orientação, é esperar o inesperado e observar os presságios. As respostas serão evidentes, se você prestar atenção. Quartzo claro, turmalina vermelha e azul e esmeralda são eficazes para o trabalho com a energia de Ansuz.

Figura 85: O mesmo símbolo é usado nos alfabetos Futhark Mais Velho e Mais Jovem (esquerda). O alfabeto Anglo-Saxônico (direita) tem símbolo próprio.

O meio-mês rúnico de Ansuz é de 13 a 28 de agosto. Este período é propício para recebermos bênçãos e inspiração. É um tempo de comunicação, de dar poder às palavras e descobrir a verdade. Ansuz ajuda, ainda, a entender o significado das mensagens recebidas.

---

128 Page. *Runes*, p. 43.

BERKANAN

Nome Futhark Mais Jovem: Bjarkan
Nome Anglo-Saxônico: Beorc
Também conhecida como: Berkana, Berkano

Os nomes dessa runa vêm do germânico antigo, *berkana*, e do norueguês antigo, *bjarkan*, que significam "ramo de bétula", e do inglês antigo, *beorc*, "bétula".[129] Semelhante à bétula, essa runa relaciona-se à fertilidade, ao crescimento e ao recomeço. Com energia fortalecedora, Berkanan auxilia tanto no crescimento real quanto no simbólico. Sustenta especificamente a busca pelo renascimento do espírito ou qualquer forma de despertar pessoal. Berkanan aconselha paciência e clareza nos propósitos. Desenhe esse runa em um pedaço de papel ou pinte-o em um amuleto para usar durante trabalhos xamânicos.

Quando selecionada para divinação ou orientação, Berkanan pode lhe dizer que, às vezes, é necessário incentivar o crescimento. Com gentileza e paciência, qualquer situação, relacionamento ou outro aspecto da vida florescerá e crescerá no momento certo. Os cristais citrino, turmalina verde e pedra da lua ajudam a trabalhar com a energia dessa runa.

Figura 86: O mesmo símbolo é usado nos três alfabetos rúnicos.

O meio-mês rúnico de Berkanan é de 14 a 29 de março, período de começos que pode indicar uma gravidez ou o nascimento de um bebê, um novo relacionamento ou a abertura de uma empreitada comercial. Também pode ser associado aos primeiros estágios de um projeto criativo. É um tempo de autorrenovação e crescimento pessoal.

---

129 Bandle. *The Nordic Languages*, p. 636.

DAGAZ

Nome Anglo-Saxônico: Daeg
Também conhecida como: Dag
Esse símbolo não é usado no Futhark Mais Jovem.

Dagaz é uma palavra da língua germânica antiga que significa "dia".[130] Essa runa tem a ver com começos e fins, bem como com os ciclos que regem nossa vida. Costuma indicar que uma mudança importante, em forma de alguma coisa boa, está a caminho. Entretanto, também aconselha cautela e sabedoria com os ganhos, pois o descuido pode resultar em perda. Use essa runa em rituais para iniciar transformação ou apressar a completude de um ciclo, uma situação ou um projeto. Como personifica o dia, serve de lembrete de que há uma luz no fim do túnel, mesmo quando a vida estiver caótica. Dagaz também representa avanço no esforço para compreender algo.

Selecionada para divinação ou orientação, Dagaz nos aconselha a saudar, com otimismo, o alvorecer de algo novo. Encoraja-nos a confiar na intuição e a agarrar as oportunidades que parecem certas. Ametista, azurita, crisólito e cianita são eficazes para o trabalho com a energia de Dagaz.

Figura 87: O mesmo símbolo é usado nos alfabetos rúnicos Futhark Mais Velho e Anglo-Saxônico.

O meio-mês de Dagaz vai de 14 a 28 de junho. Começando pouco antes do solstício de verão (no hemisfério norte), este período é associado à luz, ao crescimento e à transformação. Embora seja uma runa de mudança, Dagaz também traz estabilidade e proporciona uma base sobre a qual algo novo poderá ser construído.

EHWAZ

Nome Anglo-Saxônico: Eh
Esse símbolo não é usado no Futhark Mais Jovem.

---

130 Looijenga. *Texts and Contexts of the Oldest Runic Inscriptions*, p. 7.

As palavras *ehwaz* e *eh* vêm do germânico antigo e do inglês antigo, respectivamente, e significam "cavalo".[131] Enquanto nas lendas nórdicas essa runa tinha ligação com o cavalo mágico de oito pernas de Odin, o poema rúnico em inglês antigo a associa ao equídeo de um guerreiro.

Ehwaz tem a ver com movimento, progresso e melhoria em todos os aspectos da vida. É muito útil nos relacionamentos, em particular no matrimônio. Refletindo o elo entre o cavaleiro e o cavalo, essa runa simboliza confiança, lealdade e apoio mútuo. Ehwaz ajuda a caminhar em direção às metas e acelera as transições. Apesar da relação com movimento, essa runa também ajuda em situações que exijam firmeza.

Selecionada para divinação ou orientação, Ehwaz indica que o esforço gradual e constante mantém o progresso. No devido tempo, é possível administrar mudanças nos negócios ou na vida pessoal. Amazonita, calcita clara, lápis-lazúli, malaquita e fenacita são particularmente eficazes no trabalho com a energia dessa runa.

Figura 88: O mesmo símbolo é usado nos alfabetos rúnicos Futhark Mais Velho e Anglo-Saxônico.

O meio-mês rúnico de Ehwaz é de 30 de março a 13 de abril. Este é um período para nos concentramos no progresso, principalmente quanto a relacionamentos ou melhorias em geral. Também se relaciona com viagens e oferece proteção.

FEHU

Nome Futhark Mais Jovem: Fe
Nome Anglo-Saxônico: Feoh

Os nomes dessa runa vêm do germânico antigo, que significa "gado" ou "mercadorias"; do norueguês antigo, "mercadorias" ou "riqueza"; e do inglês antigo, "gado" ou "riqueza".[132] Fehu é uma runa de abundância, riqueza, da criação de uma vida confortável. Na antiga língua norueguesa, o

---

131 *Ibid.*
132 Bandle. *The Nordic Languages*, p. 626; R. I. Page. *An Introduction to English Runes*, 2ª ed. Woodbridge, Inglaterra: The Boydell Press, 2006. p. 14.

poema rúnico alerta que a riqueza pode ser fonte de atrito; já o inglês afirma que a prosperidade compartilhada abundantemente traz honra. A energia dessa runa ajuda a desenvolver a criatividade e a alcançar sucesso.

Selecionada para divinação ou orientação, Fehu recomenda economia cautelosa, mesmo que você esteja financeiramente bem. Em outras palavras, não desperdice recursos. Ela enfatiza a importância de compartilhar e é eficaz para atrair sorte. Ágata-musgo, aventurina e turmalina verde são úteis para o trabalho com a energia dessa runa.

Figura 89: O mesmo símbolo é usado para os três alfabetos rúnicos.

O meio-mês rúnico de Fehu é o período entre 29 de junho e 1º de julho. Associada à riqueza e à prosperidade, a energia subjacente desse período é relacionada ao poder de alcançar e guardar o que você tem. Também é sobre ter controle suficiente da vida, gerando independência e autonomia. Encantamentos para abundância, prosperidade e sucesso nessa época são fortalecidos por Fehu.

GEBO

Nome Anglo-Saxônico: Gyfu
Esse símbolo não é usado no Futhark Mais Jovem.

Os nomes *Gebo* e *Gyfu* vêm do germânico antigo e do inglês antigo, respectivamente, e significam "presente".[133] Obviamente, essa runa tem relação com o ato de dar e receber presentes, forma de união entre as pessoas. Pode significar contrato escrito ou social. Um envelope ou uma caixa marcada com Gebo simboliza unidade e, claro, representa o antiquado símbolo de "selar com um beijo". Gebo, aliado ao ato de dar e receber, associa-se ao equilíbrio, principalmente nos relacionamentos. Ajuda na hora de agradecer os presentes – reais ou simbólicos – que você recebeu.

Se for selecionada para divinação ou orientação, essa runa indica que um relacionamento (de amor ou trabalho) está para acontecer. Entretanto, também instrui uma pessoa a ser ela mesma, a

---

133   Looijenga. *Texts and Contexts of the Oldest Runic Inscriptions*, p. 7.

não se deixar abso'rver pelo outro, a manter o próprio poder. Os cristais para uso com essa runa são angelita, olho de gato, crisoberilo, crisocola, granada e opala.

Figura 90: O mesmo símbolo é usado para os alfabetos Futhark Mais Velho e Anglo-Saxônico.

O meio-mês rúnico de Gebo é de 28 de setembro a 12 de outubro. A ênfase nesse momento são generosidade e dom da hospitalidade. É um período de equilíbrio, compartilhamento e harmonia.

HAGALAZ

Nome Futhark Mais Jovem: Hagall
Nome Anglo-Saxônico: Haegl

Os nomes dessa runa vêm do germânico antigo, do nórdico antigo e do inglês antigo e significam "granizo".[134] Embora indique algo perturbador e potencialmente perigoso, Hagalaz é, em essência, catalisador. A perturbação pode ocorrer em qualquer aspecto da vida; pode vir de uma fonte externa ou ser causada por você mesmo. Qualquer que seja a forma, ela pode induzir um despertar e uma sensação de liberdade. É como diz o velho ditado: "se a vida lhe der um limão, faça uma limonada". Use a perturbação para fazer mudanças positivas na vida ou ajustar um modo antiquado de pensar. Uma das lições mais importantes dessa runa é confiar na força interior.

Quando selecionada para divinação ou orientação, Hagalaz sugere que, se alguém puxar seu tapete proverbial, você precisa encarar o fato como uma oportunidade de aprender a se firmar com os próprios pés e descobrir seu poder pessoal. Se desejar suporte no trabalho com a energia dessa runa, use ônix, olho de tigre, selenita ou sodalita.

Figura 91: Diferentes símbolos são usados para os alfabetos rúnicos Futhark Mais Velho (esquerda), Futhark Mais Jovem (meio) e Anglo-Saxônico (direita).

---

134   Page. *An Introduction to English Runes*, p. 69.

O meio-mês rúnico de Hagalaz vai de 28 de outubro a 12 de novembro. Essa runa traz um período potencialmente caótico e perturbador. Assim com o ogham celta Ngetal, Hagalaz pode iniciar um período de mudança que requer a habilidade de se adaptar a situações em evolução. Também pode ser um tempo de despertar ou redespertar, por meio do qual você encontrará liberdade e harmonia interior.

INGWAZ

Nome Anglo-Saxônico: Ing
Também conhecida como: Inguz
Esse símbolo não é usado no Futhark Mais Jovem.

O nome dessa runa vem do termo germânico antigo *ingwar*, que significa "deus da fertilidade".[135] Conquanto a essência dessa runa se relacione à fertilidade e ao crescimento, também se estende à família e aos relacionamentos harmoniosos. Os atos de compartilhar e trabalhar em equipe na casa são os baluartes de Ingwaz. Essa runa sustenta a habilidade de pôr os planos em prática. Essa completude também possibilita um movimento de avanço para um recomeço.

Quando selecionada para divinação ou orientação, Ingwaz aconselha a planejar com os olhos no futuro, assim será possível colher os bons frutos das sementes que forem plantadas agora. Âmbar, calcita, granada e jaspe são particularmente eficazes para o trabalho com a energia de Ingwaz.

Figura 92: Diferentes símbolos são usados para os alfabetos rúnicos Futhark Mais Velho (esquerda) e Anglo-Saxônico (direita).

O meio-mês rúnico de Ingwaz é de 14 a 18 de maio. A energia dessa runa se concentra na família e no lar, protegendo a casa e a propriedade. Embora sustente o crescimento individual, Ingwaz também

---

135 Bandle. *The Nordic Languages*, p. 636.

indica que o amor e o calor da família ajudam a trazer sucesso. Igualmente associada à fertilidade masculina, essa runa oferece aos homens um momento para avaliar o papel de pai e cuidador.

ISA

Nome Futhark Mais Jovem: Iss
Nome Anglo-Saxônico: Is

Com origens nas antigas línguas germânica, nórdica e inglesa, os nomes dessa runa significam "gelo".[136] Isa pode trazer desafios que exijam um período de introspecção e exílio. Em vez de suspender os planos, aproveite um breve retiro para rever o passado e fazer planos para o futuro. Isa ajuda a armazenar energia, de modo que, quando estiver pronto, você poderá seguir em frente. Confie em si mesmo e na intuição. Selecionada para divinação e orientação, essa runa diz que um vento frio do passado talvez segure seus passos. Explore o que poderia causar isso e, depois, libere-se. Por causa de sua aparência de pingentes de gelo, os cristais de quartzo claro longo ou calcita clara são úteis para o trabalho com a energia de Isa.

Figura 93: O mesmo símbolo é usado nos três alfabetos rúnicos.

O meio-mês rúnico de Isa é de 28 de novembro a 12 de dezembro. Associada ao gelo, essa runa traz um período de rigidez; porém, isso não significa que ficaremos congelados. Apesar dos possíveis desafios desse tempo, há também uma oportunidade para clareza. Isa nos ajuda, ainda, a compreender a profundidade e a beleza do inverno que se aproxima.

IWAZ

Nome Anglo-Saxônico: Eoh
Também conhecida como: Eihwaz, Ihwiz
Esse símbolo não é usado no Futhark Mais Jovem.

---

136 Page. *Runes*, p. 14.

Os nomes *Iwaz* e *Eoh* vêm do germânico antigo e do inglês antigo, respectivamente, e significam "teixo".[137] No poema rúnico em inglês antigo, essa runa é citada como a guardiã ou mantenedora do fogo. A associação de Iwaz com o teixo também remonta ao arco longo, à caça e à defesa. Simboliza força, habilidade e responsabilidade. Embora a associação com o arco longo pareça representar combates ou atitude combativa, o poder de Iwaz está na tática habilidosa de evitar conflito direto. Perseverança e sagacidade são essenciais para vencer a força bruta. Essa é uma runa de empoderamento que pode assinalar o valor e a confiabilidade de uma pessoa.

Quando selecionada para divinação e orientação, essa runa de ação aconselha a evitar atos precipitados. Tenha paciência, pois a demora geralmente gera resultados benéficos e mais fáceis de alcançar. Angelita, ágata azul rendada e topázio azul são particularmente eficazes para atrair o poder de Iwaz.

Figura 94: O mesmo símbolo é usado para os alfabetos rúnicos Futhark Mais Velho e Anglo-Saxônico.

O meio-mês rúnico de Iwaz é de 28 de dezembro a 12 de janeiro. Traz um período de força e confiança. Nesse tempo, podemos ser convocados a servir de guardiões ou defensores de outras pessoas. A energia de Iwaz pode ser invocada para proteção enquanto cumprirmos esse papel. Também é um período para reconhecermos e aceitarmos a responsabilidade pelo modo como conduzimos nossa vida.

JERA

Nome Anglo-Saxônico: Ger
Também conhecida como: Jara
Esse símbolo não é usado no Futhark Mais Jovem.

Na antiga língua germânica, o nome Futhark Mais Velho dessa runa significa "ano".[138] Ela se relaciona ao ano, aos ciclos e às colheitas. Além de se associar às realizações e às recompensas, Jera se aplica

---

137 Page. *Runes and Runic Inscriptions*, p. 135.
138 Bandle. *The Nordic Languages*, p. 636; Looijenga. *Texts and Contexts of the Oldest Runic Inscriptions*, p. 7.

ainda a qualquer tipo de empreendimento. É um lembrete das estações do ano, da importância de vivermos em harmonia com o mundo verde e respeitarmos a ordem natural. É também uma runa de prosperidade que ajuda a cultivar o conhecimento necessário para o sucesso. Jera é um símbolo eficaz para usar no jardim, homenagear as estações e encorajar uma boa colheita.

Quando selecionada para divinação ou orientação, Jera recomenda ter paciência e não esperar resultados rápidos. Em geral, as coisas precisam se desenrolar no tempo certo antes que chegue o sucesso. Use cornalina, pedra da lua ou topázio azul no trabalho com a energia dessa runa.

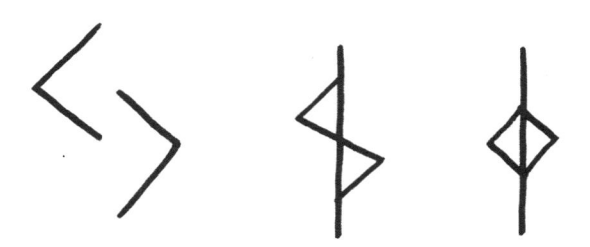

Figura 95: O símbolo de Jera tem variantes no alfabeto Futhark Mais Velho (esquerda e centro). O alfabeto rúnico Anglo-Saxônico (direita) tem símbolo próprio.

O meio-mês rúnico de Jera é o período entre 13 e 27 de dezembro, tempo para o reconhecimento dos ciclos, não apenas os sazonais, mas os eventos recorrentes em nossa vida. É um período para você examinar o que realizou e desfrutar das recompensas geradas pelo trabalho. Ainda que os ciclos da vida mudem constantemente, Jera serve de lembrete para parar e apreciar o sucesso, a prosperidade e a paz, sempre que ocorrerem.

KENAZ

Nome Futhark Mais Jovem: Kaun
Nome Anglo-Saxônico: Cen
Também conhecida como: Kano, Ken, Kaunaz

Os nomes dessa runa vêm do germânico antigo, *kenaz*, e do inglês antigo, *cen*, que significam "tocha", e do norueguês antigo, *kaun*, "ferver" ou "ferir".[139] Não se conhece um nome mais antigo no alfabeto Futhark Mais Velho.

---

139 Morris. *Runic and Mediterranean Epigraphy*, p. 141.

Nos Futharks Mais Velho e Anglo-Saxônico, essa runa representa iluminação, conhecimento e clareza, em parte porque o nome significa "tocha". Provavelmente, também deriva das antigas palavras inglesas e germânicas *cennan* e *kennen*, "dizer" e "saber", respectivamente.[140] Essa runa desperta a inspiração e sustenta a criatividade. Às vezes, é relacionada à iluminação espiritual.

Por causa da conotação norueguesa, Kenaz indica a importância de buscar conhecimento. Entretanto, quando levamos em conta a palavra de origem germânica, ela passa a implicar o poder destrutivo e purificador do fogo.

Se for selecionada para divinação ou orientação, Kenaz mostra a importância da busca de um conhecimento que dissipe a escuridão e permita clareza para uma ação consciente. Âmbar, turmalina azul, pedra da lua, jade e opala são particularmente úteis para o trabalho com a energia dessa runa.

Figura 96: Diferentes símbolos são usados para os alfabetos rúnicos Futhark Mais Velho (esquerda), Futhark Mais Jovem (centro) e Anglo-Saxônico (direita).

O meio-mês rúnico de Kenaz é de 13 a 27 de setembro e enfoca o tipo de conhecimento que ilumina e inspira. É um período para encontrar clareza e ativar a criatividade. Deixe a energia dessa runa alimentar o conhecimento profundo e estimular a imaginação.

LAGUZ

Nome Futhark Mais Jovem: Logr

Nome Anglo-Saxônico: Lagu

Os nomes dessa runa vêm das antigas línguas germânica, norueguesa e inglesa e significam "água".[141] A relação com a água aproxima Laguz das emoções e da intuição. Representando o fluxo e o refluxo dos desafios diários, essa runa mostra que a vida flui muito mais fácil com equilíbrio emocional. Laguz ajuda uma pessoa a lidar com sensibilidades e assentar-se com os próprios ritmos. Simboliza

---

140 Angus Stevenson (org.). *Oxford Dictionary of English*. 3. ed. Nova York: Oxford University Press, 2010. p. 960.
141 Page. *Runes*, p. 15.

potenciais e o desenvolvimento de habilidades psíquicas. Também representa o subconsciente ou qualquer força invisível que permeie a vida. Como uma onda oceânica gigante ou águas muito profundas, certas situações podem parecer assustadoras, mas, se você acreditar em si mesmo e tiver força interior, qualquer tempestade poderá ser superada.

Selecionada para divinação ou orientação, Laguz aconselha a relaxar e nadar com a correnteza, em vez de lutar contra correntes violentas. Deixe a intuição lhe dizer quando é seguro tomar a direção desejada. Jade, ágata-musgo, pérola e quartzo rosa e fumê funcionam bem com a energia dessa runa.

Figura 97: O mesmo símbolo é usado nos três alfabetos rúnicos.

O meio-mês rúnico de Laguz é de 29 de abril a 13 de maio. A energia desse período concentra-se em criatividade, realinhamento de energia e manutenção do equilíbrio emocional. É um momento dinâmico em que a vida parece fluir naturalmente e a magia tem poder excepcional.

MANNAZ

Nomes Futhark Mais Jovem: Madhr, Man
Nome Anglo-Saxônico: Mann

O nome dessa runa significa "homem". Embora simbolize a humanidade inteira, geralmente se relaciona a um indivíduo ou a uma identidade. Tem ligação com os relacionamentos sociais, o companheirismo e o lugar de uma pessoa na comunidade. Mannaz é sobre você encontrar seu eu verdadeiro e se conscientizar de como suas ações podem influenciar as outras pessoas. Também representa a inteligência e a criatividade de um indivíduo. O autor e antropólogo cultural Ralph Blum (1932-) sugere que Mannaz talvez representasse a imagem em espelho de Wunjo, a runa da alegria.[142] Além de ilustrar a importância do equilíbrio, essa imagem em espelho indica que a verdadeira alegria se

---

142 Ralph H. Blum. *The Book of Runes. A Handbook for the Use of an Ancient Oracle: The Viking Runes*. Londres: Headline Book Publishing, 1993. p. 88.

encontra dentro de nós. O poema rúnico em norueguês antigo associava Madhr, do Futhark Mais Jovem, com a garra do gavião.

Selecionada para divinação ou orientação, Mannaz aconselha a se olhar no espelho proverbial. Você se enxerga e sabe quem é de fato? Do contrário, passe algum tempo meditando sobre esse símbolo. Isso também o ajudará a se apegar às coisas importantes da vida. Embora a turquesa seja o cristal mais eficaz para o trabalho com Mannaz, granada, magnetita, obsidiana e quartzo fumê também funcionam.

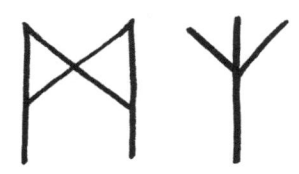

Figura 98: O mesmo símbolo é usado nos alfabetos rúnicos Futhark Mais Velho e Anglo-Saxônico (esquerda). O Futhark Mais Jovem (direita) tem símbolo próprio.

O meio-mês rúnico de Mannaz vai de 14 a 28 de abril. Oferece um período para desenvolver metas e alcançar sucesso. O trabalho pessoal pode aumentar o conhecimento, expandir habilidades e empregar a criatividade para atingir o potencial pleno. Além do progresso, a mensagem dessa runa é incentivar as mesmas habilidades em outras pessoas.

NAUDIZ

Nome Futhark Mais Jovem: Naudhr
Nome Anglo-Saxônico: Nyd
Também conhecida como: Nauthiz

No germânico antigo, no nórdico antigo e no inglês antigo, os nomes dessa runa significam "necessidade".[143] Naudiz relaciona-se às necessidades, às restrições e às lições por elas ensinadas. É uma runa também associada aos obstáculos e à dor. Contudo, embora simbolize a escola proverbial dos reveses, sua mensagem essencial é encarar os inconvenientes e problemas como professores e guias. Quando um revés parece não compensar, Naudiz recomenda a perseverança. Talvez seja importante examinar e explorar se a presença de obstáculos e restrições não se deve à falta de algo em você ou em sua vida. A espiritualidade também precisa ser examinada.

---

143   Morris. *Runic and Mediterranean Epigraphy*, p. 142.

Selecionada para divinação ou orientação, essa runa indica que você pode ser seu pior inimigo. Observe os aspectos negativos, as fraquezas ou algumas áreas de sua vida que podem estar estagnadas e descubra se é você que atrai as dificuldades. Podem ser usados com a energia dessa runa hematita, lápis-lazúli, peridoto e sugilita.

Figura 99: O mesmo símbolo é usado nos três alfabetos rúnicos.

O meio-mês rúnico de Naudiz é de 13 a 27 de novembro. Este período oferece às pessoas a oportunidade de enxergar que as supostas limitações obrigatórias podem ser obstáculos impostos por elas mesmas. Naudiz ajuda a rever essas situações com clareza e a manusear o poder de pôr em prática mudanças necessárias para superar obstáculos.

OÞILA

Nome Anglo-Saxônico: Ethel
Também conhecida como: Othala, Othila
Esse símbolo não é usado no Futhark Mais Jovem.

Os nomes dessa runa têm origem nas palavras do germânico antigo ōþalan e ōþila e do inglês antigo ēþel e æþel, que significam "propriedade".[144] Oþila é a runa da aquisição e dos benefícios. É associada à herança, ao lar e às terras ancestrais. Também se relaciona ao lar como local de retiro, ou seja, seu lar é seu castelo. Mais importante ainda é o fato de essa runa ser um lembrete de que a casa de uma pessoa é fonte de prosperidade, felicidade e segurança. Em outras palavras, não existe lugar melhor que o lar.

Quando selecionada para divinação ou orientação, Oþila indica que sua casa é um local para você repousar do mundo, mas também alerta quanto ao uso insensato desse hábito, para que não vire isolamento. Calcita, malaquita e espinela são eficazes no trabalho com a energia dessa runa.

---

144 Spurkland. *Norwegian Runes and Runic Inscriptions*, p. 47; Looijenga. *Texts and Contexts of the Oldest Runic Inscriptions*, p. 7.

Figura 100: O mesmo símbolo é usado nos alfabetos rúnicos Futhark Mais Velho e Anglo-Saxônico.

O meio-mês rúnico de Oþila vai de 29 de maio a 13 de junho. A prosperidade associada a este período tem a ver com o rico legado espiritual e cultural que consiste na base de quem somos. Entenda como todas as suas heranças – material, física e espiritual – fizeram de você um indivíduo único.

PERÞ

Nome Anglo-Saxônico: Peorþ
Também conhecido como: Peorth, Perth, Perthro
Esse símbolo não é usado no Futhark Mais Jovem.

Presença rara nas mais antigas inscrições, os nomes dessa runa registrados em manuscritos posteriores incluem Perþ, Perþu e Perþō; porém, pesquisadores de runas não encontraram nenhum significado para eles.[145] No poema rúnico em inglês antigo, o nome varia de Peorþ para Peorth e é associado a um porta-dados para jogos.

Sem saber o significado de seu nome, essa runa, no Futhark Mais Velho, adquiriu aura de mistério e segredo. Perþ representa o poder da transformação interior, que pode parecer misteriosa. Também se relaciona à tomada de decisões importantes, mesmo que nem todos os fatos sejam conhecidos. A relação dessa runa com um porta-dados sugere algo a ver com sorte e probabilidade. Ainda que os eventos pareçam incidentes aleatórios, forças invisíveis podem estar por trás deles. Talvez esta seja a mensagem da runa.

Se selecionada para divinação ou orientação, Perþ aconselha a ter fé nas próprias habilidades e coragem para lidar com o desconhecido. Em outras palavras, aprenda a trabalhar com o que a vida lhe dá e talvez tenha a recompensa de ganho antecipado. Funcionam bem com a energia dessa runa ágata, água-marinha, aventurina e sodalita.

---

[145] Page. Runes, p. 7; Spurkland. *Norwegian Runes and Runic Inscriptions*, p. 11; Looijenga, *Texts and Contexts of the Oldest Runic Inscriptions*, p. 7.

Figura 101: O mesmo símbolo é usado nos alfabetos rúnicos Futhark Mais Velho e Anglo-Saxônico.

O meio-mês rúnico de Perþ vai de 13 a 27 de janeiro. É um período de iluminação, em que as informações antes obscuras ganham clareza. Além disso, a energia dessa runa é um auxílio para fazer escolhas e resolver problemas.

RAIDO

Nome Futhark Mais Jovem: Reidh
Nome Anglo-Saxônico: Rad
Também conhecida como: Raed, Raidho

O nome Futhark Mais Velho, Raido, vem do germânico antigo e significa "andar de" ou "uma carruagem".[146] Os nomes Futhark Mais Jovem e Anglo-Saxônico muito provavelmente derivam do nórdico antigo, *reidi*, "equipamento", e do anglo-saxão, *râd*, "andar de", respectivamente.[147] *Rad* também é a palavra alemã para "roda".

Como se poderia esperar, essa runa se relaciona à viagem e às jornadas, que podem ser de diversas formas. Em sentido amplo, pode representar a jornada da vida ou da alma depois da morte física. Pode simbolizar a viagem em direção ao *self* ou a união com o Divino. Raido pode representar ainda passeios mundanos e servir de amuleto para uma viagem tranquila. Em outro nível, essa runa representa progresso e o meio de alcançá-lo. Raido tem a ver com orientação oferecida para jornadas ou missões especiais.

Selecionada para divinação ou orientação, essa runa diz que, embora sua jornada possa ser difícil ou desafiadora, você não depende exclusivamente do próprio poder para chegar ao destino ou à meta. Use crisoprásio, malaquita ou turquesa para trabalhar com a energia de Raido. Safira e sodalita também servem.

---

146 Page. *Runes*, p. 15.
147 Page. *An Introduction to English Runes*, p. 69.

Figura 102: O mesmo símbolo é usado nos três alfabetos rúnicos.

O meio-mês rúnico de Raido é o período de 29 de agosto a 12 de setembro. É uma época que incentiva e sustenta movimento em todos os aspectos da vida. Ligada a viagens, Raido assinala um período para você alcançar seus objetivos, que talvez envolvam alguma forma de viagem. Atente-se para as habilidades comunicativas, pois são parte integrante da conquista que você almeja.

SOWILO

Nome Futhark Mais Jovem: Sol
Nome Anglo-Saxônico: Sigil
Também conhecida como: Sowelu

Os nomes Futhark Mais Velho e Mais Jovem vêm do germânico antigo e do nórdico antigo, com o significado de "Sol".[148] A palavra *sigil*, do inglês antigo, refere-se a uma imagem pequena que costumava ser usada como amuleto.[149] Simbolizando o Sol, essa runa representa o poder do astro e a energia da vida. Relaciona-se ao bem-estar e à plenitude. Sowilo simboliza ainda o sucesso e representa a união de todos os aspectos da vida. Essa runa tem a ver com orientação e realização pessoal que ajudam o indivíduo a expressar seu verdadeiro eu. Sowilo também se associa à cura, tanto emocional quanto espiritual.

Quando selecionada para divinação ou orientação, essa runa nos lembra que, por mais escuro que seja o dia ou mais difícil a situação, sempre seremos guiados por uma esperança. Âmbar, aventurina, labradorita, rubi e zircão funcionam bem com a energia de Sowilo.

---

[148] Morris. *Runic and Mediterranean Epigraphy*, p. 142.
[149] Joseph T. Shipley. *Dictionary of Early English*. Lanham, MD: Rowman & Littlefield Publishers, Inc., 2014. p. 597.

Figura 103: O mesmo símbolo é usado nos três alfabetos rúnicos.

O meio-mês rúnico de Sowilo é de 12 a 26 de fevereiro, período para investir em talentos dormentes, obter sucesso e seguir em frente. Não é o momento de se acomodar com os louros, principalmente se desejar alcançar metas importantes. Com o auxílio dessa runa, é possível atingir a plenitude e realizar seus potenciais.

THURISAZ

Nome Futhark Mais Jovem: Thurs
Nome Anglo-Saxônico: Thorn

Embora se diga que os nomes mais antigos Futhark Mais Velho e Mais Jovem fossem Þurisaz and Þurs, com o significado de "gigante" ou "demônio" nos respectivos idiomas germânico e nórdico, as formas atuais podem ter derivado do termo nórdico antigo *thurse*, que significa "duende", e talvez seja oriundo de um nome hoje perdido na antiga língua germânica.[150] A palavra do inglês antigo, *þorn*, "espinho" (*thorn*, no *inglês moderno*) *começava*, *na* realidade, com um tipo exclusivo de letra chamado *diágrafo* e, apesar de parecer um P, representava o som *TH*.[151]

Essa runa simboliza defesa e mudanças muitas vezes oriundas de influências perturbadoras. No entanto, embora as perturbações pareçam gigantescas e surgidas do nada, em geral são demônios interiores. Quanto ao espinho, Thurisaz apresenta qualidade protetora e fortalece a força de vontade.

Se for selecionada para divinação ou orientação, essa runa aconselha a ficar atento para uma voz interior que pode incutir dúvida pessoal. Esse tipo de duende ou ogro pode ser dispensado por meio da verdade e da força de vontade. Citrino, lepidolita, quartzo rutilado e safira funcionam bem com a energia de Thurisaz.

---

150   *Ibid.*; Bandle. *The Nordic Languages*, p. 626.
151   Richard Hogg. *An Introduction to Old English*. 2. ed. Edimburgo, Escócia: Edinburgh University Press, 2012. p. 4.

ᚦ

Figura 104: O mesmo símbolo é usado nos três alfabetos rúnicos.

O meio-mês de Thurisaz é de 29 de julho a 12 de agosto, período para iniciarmos mudança e busca. Também é o momento para desenvolvermos e fortalecermos a força de vontade, vital na hora das mudanças importantes. A energia de Thurisaz sustenta, ainda, encantamentos para proteção e defesa.

TIWAZ

Nome Futhark Mais Jovem: Tyr
Nome Anglo-Saxônico: Tir
Também conhecida como: Teiwaz

A denominação Tiwaz deriva do germânico antigo *Tiw*, deus supremo do céu cujo nome sobrevive hoje no inglês moderno *Tuesday (terça-feira)*.[152] Odin o substituiu. Às vezes associada ao poder divino, essa runa costuma representar batalhas pessoais. Relacionada à vitória, é de vital importância que seja alcançada com honra. Tiwaz aumenta a coragem, principalmente na busca por justiça. Talvez por causa da forma de flecha, o poema rúnico em inglês antigo considerava-a um guia fiel que indicava o caminho. Nesse sentido, também aponta para o interior do indivíduo. Tiwaz é símbolo de confiabilidade, dedicação e perseverança.

Quando selecionada para divinação ou orientação, essa runa recomenda que você busque dentro de si os recursos, sobretudo se estiver envolvido em algum tipo de conflito. Provavelmente encontrará força e habilidades que nem imaginava ter. Embora a pedra da lua seja o cristal mais potente para o trabalho com a energia de Tiwaz, azeviche e olho de tigre também são eficazes.

↑

Figura 105: O mesmo símbolo é usado nos três alfabetos rúnicos.

---
152 Page. *Runes*, p. 15.

O meio-mês rúnico de Tiwaz é de 27 de fevereiro a 13 de março, período associado à probidade e à justiça. A mensagem dessa runa é que, seja qual for o tipo de batalha para a qual você foi convocado, deve ser travada com honra e integridade. Essas batalhas ou desafios podem ser de natureza espiritual.

URUZ

Nome Futhark Mais Jovem: Ur
Nome Anglo-Saxônico: Ur

Enquanto *uruz*, do germânico antigo, e *ur*, do inglês antigo, significam, respectivamente, "auroque" e "boi selvagem", no nórdico antigo *ur* significava "escória"; e, em islandês, "garoa". Isso ilustra como uma raiz comum pode adquirir inúmeros significados em línguas diferentes.[153] A dicotomia é observada nas estrofes dos poemas rúnicos da Noruega e da Islândia, em referência à escória residual do ferro ruim e da chuva que destrói o feno; e no poema anglo-saxão expressava o deslumbramento diante de um animal tão magnífico. Antigos escritores rúnicos germânicos deviam conhecer o auroque, pois a espécie sobreviveu na Europa Oriental até o século XVII. Lendas em torno desse animal devem ter acompanhado os povos que se assentaram nas Ilhas Britânicas.

Além de simbolizar vitalidade, força e poder, Uruz também era considerada uma runa de passagem. Indica que alguma dificuldade talvez seja necessária para estimular mudança; os poemas rúnicos da Noruega e da Islândia parecem indicar desafios.

Quando selecionada para divinação ou orientação, Uruz explica que enfrentar os temores é como confrontar um auroque grande e temível, mas apenas se você der vazão exagerada a eles. O mesmo serve para os desafios ou inconvenientes inesperados; reúna todos os fatos e coloque-os sob a perspectiva certa. Granada, hematita, jaspe, lepidolita e pedra do sol funcionam bem com a energia de Uruz.

Figura 106: O mesmo símbolo é usado nos Futharks Mais Velho e Mais Jovem (esquerda); o alfabeto rúnico Anglo-Saxônico (direita) tem símbolo próprio.

---

153   *Ibid.*

O meio-mês rúnico de Uruz é de 14 a 28 de julho. Simbolizando força e a vitalidade da vida, este é um período de alta energia e ação. Essa runa também auxilia a manter o bem-estar e a cura. O poder de Uruz pode ser utilizado para manifestar o que você procura e ajudar os outros.

WUNJO

Nome Anglo-Saxônico: Wynn
Também conhecida como: Wen, Wyn
Esse símbolo não é usado no Futhark Mais Jovem.

Originários do germânico e do inglês antigos, os nomes dessa runa significam "alegria",[154] e, desse modo, ela é associada à felicidade, à amizade, à paz interior e ao bem-estar. Sua forma costuma ser comparada a uma flâmula ou a um cata-vento. Nessa condição, é um incentivo para nos movermos em harmonia com os ventos da vida, o que também nos ajuda a enfrentar as tempestades e os rodamoinhos inevitáveis. Entretanto, quando esses ventos diminuem, os problemas acabam, e a energia gasta com eles pode ser aplicada para uma mudança positiva. Wunjo mostra que a verdadeira alegria está dentro de nós e não pode ser comprada ou dada por outras pessoas.

Quando selecionada para divinação ou orientação, essa runa recomenda prestar atenção às questões e aos conflitos, pois eles podem indicar uma direção nova e compensadora. Os cristais para uso com a energia dessa runa são aventurina, diamante ou iolita.

Figura 107: O mesmo símbolo é usado nos alfabetos rúnicos Futhark Mais Velho e Anglo-Saxônico.

O meio-mês rúnico de Wunjo vai de 13 a 27 de outubro. Este é um período de alegria e felicidade, sucesso e prosperidade. É um momento oportuno para fortalecer amizades e desenvolver cooperação comunitária.

---

154 Morris. *Runic and Mediterranean Epigraphy*, p. 142.

CAPÍTULO 16

TRABALHANDO COM RUNAS PRÓPRIAS DO FUTHARK MAIS JOVEM E DO ANGLO-SAXÔNICO

AS INFORMAÇÕES SOBRE ESSES ALFABETOS rúnicos vêm dos poemas. Escritos no fim do século X, o poema rúnico dos anglo-saxões, também conhecido como poema rúnico em inglês antigo, contém vinte e nove estrofes e não inclui os acréscimos de Nortúmbria. Relacionados ao Futhark Mais Jovem, os poemas rúnicos da Noruega e da Islândia foram escritos nos séculos XIII e XIV, respectivamente.[155] Apesar de ter menos caracteres que o Mais Velho, o Futhark Mais Jovem apresenta alguns que não aparecem no conjunto rúnico mais antigo.

AC

Essa runa é exclusiva do alfabeto Anglo-Saxônico.

O símbolo de Ac deriva de Ansuz no Futhark Mais Velho, mas seu significado não tem a menor relação. O nome dessa runa veio do alemão *eiche*, que significa "carvalho".[156] Associada ao carvalho,

---

155   Looijenga. *Texts and Contexts of the Oldest Runic Inscriptions*, p. 6.
156   Page. *An Introduction to English Runes*, p. 44.

ela apresenta muitos de seus atributos, como força, poder, estabilidade e resistência. Como a bolota, serve de metáfora para o potencial futuro.

O poema rúnico dos anglo-saxões também associava o carvalho à provisão de alimento e à madeira para os navios. Por isso, Ac indica que as necessidades básicas serão supridas e que um tempo de abundância está a caminho. Associada ainda ao crescimento duradouro, essa runa enfatiza a sabedoria dos planos em longo prazo, em vez da satisfação com ganhos imediatos.

Figura 108: O símbolo rúnico de Ac é exclusivo do alfabeto Anglo-Saxônico.

Quando selecionada para divinação ou orientação, essa runa pede que você olhe para dentro de si, pois as sementes que lhe são necessárias se encontram em seu coração. Isso é particularmente verdadeiro quando você precisa de força para enfrentar as tempestades da vida, como se fosse um barco forte e resistente.

AESC

Essa runa é exclusiva do alfabeto Anglo-Saxônico.

Associada à árvore chamada freixo, Aesc usa o mesmo símbolo de Ansuz no Futhark Mais Velho. Apresenta algumas características de Ansuz, como servir de condutora para a sabedoria sagrada e incentivar a criatividade. Assim como o freixo, essa runa funciona como escudo contra ataques. Também pode ser uma âncora, trazendo ordem e estabilidade.

Figura 109: O símbolo rúnico de Aesc é exclusivo do alfabeto Anglo-Saxônico.

A mensagem de Aesc, quando selecionada para divinação ou orientação, é a de que você se mantenha firme em nome da justiça e contra aqueles que querem ferir pessoas incapazes de se defender. Aconselha que a compaixão seja uma ferramenta importante ao guerreiro.

AR

Esse símbolo é exclusivo do Futhark Mais Jovem.

Os significados e as associações dessa runa são semelhantes a Jera, que não aparece no Futhark Mais Jovem. Ar representa os ciclos da natureza, as boas colheitas e os tempos de abundância. Por extensão, também representa generosidade e o ato de compartilhar a abundância pessoal. É símbolo de realização.

Figura 110: O símbolo rúnico de Ar no Futhark Mais Jovem tem variantes.

Selecionada para divinação ou orientação, essa runa indica a importância do planejamento antecipado, principalmente se você pretende realizar seus potenciais e desfrutar da abundância. A associação dela com a colheita serve de metáfora para colher o que se planta.

CALC

Essa runa é um dos acréscimos de Nortúmbria ao alfabeto Anglo-Saxônico.

Embora seja costume afirmar que essa runa representa uma taça ou um cálice em oferenda, estudiosos rúnicos observam que Calc também significa "giz". É fácil perceber por que os termos para giz e cálice podem ser confundidos. As palavras do inglês antigo *cealc* e *calc* derivavam do latim *calx* (*chalk*, no inglês moderno, que significa *giz*), e *calic* e *cælc*, também do latim *calix* (cálice).[157] Como não existem explicações dessa runa no poema em inglês antigo, ofereço uma interpretação nova. Os antigos bretões usavam lama de giz como reboco nas paredes interiores em algumas construções e, além disso, criavam figuras espetaculares de giz nas colinas. Duas das mais famosas, o Cavalo Branco de

---

[157] Robert K. Barnhart (org.). *The Barnhart Concise Dictionary of Etymology*. Nova York: HarperCollins, 1995. p. 115.

Uffington e o Gigante de Cerne Abbas, são avistadas a quilômetros de distância. Creio, portanto, que a runa Calc tenha alguma relação com mensagens importantes ou sagradas. Como algumas versões das runas anglo-saxônicas mostram semelhança entre Calc e Gar, talvez Calc também se relacione a mensagens de alerta.

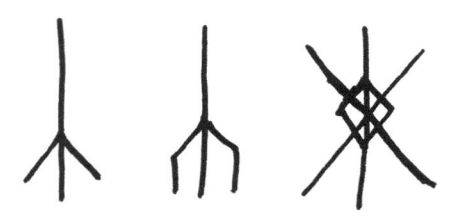

Figura 111: O símbolo rúnico nortumbriano de Calc tem variantes.

Se for selecionada para divinação ou orientação, essa runa aconselha estudo minucioso das mensagens, mesmo que pareçam obscuras a princípio, pois podem conter informações importantes.

CWEORÞ

Também conhecida como*:* Cweorth, Cweord
Essa runa é um dos acréscimos de Nortúmbria ao alfabeto Anglo-Saxônico.

Apesar de incluída nos manuscritos rúnicos, nenhum significado do nome dessa runa foi sugerido e nunca se descobriu seu uso epigráfico. Vários estudiosos rúnicos especularam que a intenção talvez fosse rimá-la com a runa Peorþ. Até hoje não se encontrou uma explicação por que Cweorþ é associada ao fogo na literatura popular. Também já se sugeriu eliminar seu uso, o que permitiria a formação de um grupo mais uniforme de runas. Tal ideia não me agrada, pois o símbolo existe; apenas não sabemos o que ele deveria representar. Prefiro aceitar Cweorþ como enigma; afinal, há coisas neste mundo que são incompreensíveis ou não podem ser explicadas.

Figura 112: O símbolo rúnico de Cweorþ pode ter sido usado como rima.

Quando selecionada para divinação ou orientação, essa runa indica a importância do empenho na busca por conhecimentos ou na tentativa de aprimorar uma habilidade. Cweorþ também pode sugerir que você aceite algo impossível de mudar, adapte os planos e prossiga com a vida.

EAR

Também conhecida como: Eor
Essa runa é exclusiva do alfabeto Anglo-Saxônico.

Estudiosos especulam que o uso da palavra *ear* no poema rúnico vem do nórdico antigo, *aurr*, que significa "argila molhada, lodo ou lama".[158] A estrofe no poema tem a ver com a morte; a terra (argila, lodo, lama) torna-se leito para o sono final, e tudo chega ao fim. Entretanto, assim como em Samhain reconhecemos a morte como parte natural do ciclo, também sabemos que ela é seguida de renascimento.

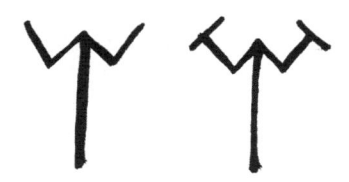

Figura 113: O símbolo rúnico Anglo-Saxônico de Ear tem variantes.

Selecionada para divinação e orientação, essa runa indica a necessidade de se desapegar de algo ou de alguém, abrindo espaço para o novo. Apesar de difícil, a mudança será gratificante.

GAR

Essa runa é um dos acréscimos de Nortúmbria ao alfabeto Anglo-Saxônico.

Gar não foi incluída em nenhum poema rúnico, e, portanto, sua interpretação se baseia na palavra inglesa antiga usada para "lança". Por isso, geralmente é associada à lança de Odin. Somos tentados a parar por aí; porém, a palavra tinha outros significados. Gar também queria dizer "afiado" e é uma

---

158 Page. *Runes and Runic Inscriptions*, p. 72.

das raízes da palavra inglesa moderna *garlic* (alho): *gar*, "afiado", e *lēc*, *leek* (alho-poró), alho afiado.¹⁵⁹ Outro significado era "tempestade".¹⁶⁰

Antes da aventura xamânica, Odin realizou uma iniciação espetando-se com a própria lança. A lança também simboliza agudeza mental ou abertura para receber sabedoria. E, claro, quando temos um *brainstorm* (tempestade cerebral), somos agraciados pela inspiração.

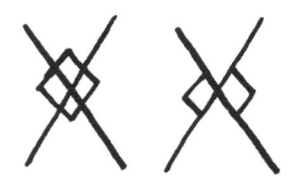

Figura 114: O símbolo nortumbriano de Gar tem variantes.

Se for selecionada para divinação ou orientação, essa runa aponta para a necessidade de dedicar algum tempo à introspecção e se abrir para a inspiração. Isso também pode significar que, com nova perspectiva, você só terá a lucrar.

IOR

Também conhecida como: Iar

O símbolo de Ior é o mesmo de Hagall no Futhark Mais Jovem, mas com conotação diferente. O nome dessa runa não existe na língua inglesa antiga; por isso, ela costuma ser considerada um enigma. Embora o poema rúnico dos anglo-saxões se refira a uma enguia ou a um peixe de água doce que leva a comida para a terra, a criatura é interpretada como diversos animais aquáticos e terrestres, desde o castor até o tritão e a serpente marinha. Claro que o animal pode ser uma metáfora para a transposição entre mundos ou símbolo da natureza dual das coisas. De modo geral, o verso rúnico é sobre uma criatura feliz e confortável com seu ambiente.

---

159 Laurel J. Brinton (org.). *English Historical Linguistics: Approaches and Perspectives*. Nova York: Cambridge University Press, 2017. p. 23.
160 George Watson (org.). *The New Cambridge Bibliography of English Literature: 600-1600*. Nova York: Cambridge University Press, 1974. p. 1.821. v. 1.

Figura 115: O símbolo de Ior é o mesmo de Hagall no Futhark Mais Jovem, mas com conotação diferente.

Selecionada para divinação ou orientação, essa runa nos diz que a chave para a felicidade geralmente se encontra em nossa capacidade de adaptação às circunstâncias e ao ambiente.

STAN

Essa runa é um dos acréscimos de Nortúmbria ao alfabeto Anglo-Saxônico.

Assim como Cweorþ, esse símbolo constava dos manuscritos rúnicos, mas não aparece no poema, e seu uso epigráfico nunca foi descoberto. Acredita-se que o nome dessa runa derive do inglês antigo, *stān*, que significa *stone* (pedra) em inglês moderno.[161] A interpretação é que ela representaria uma pedra de altar ou uma pedra ereta, bem como a noção de estabilidade.

Figura 116: O símbolo rúnico de Stan é um acréscimo de Nortúmbria.

Se for selecionada para divinação ou orientação, essa runa assinala a importância de construirmos uma base forte para a vida e nos mantermos firmes nela. Também pode indicar a necessidade de persistência em determinada situação.

YR

Os alfabetos Mais Jovem e Anglo-Saxônico usam o mesmo nome para essa runa.

---

161 Hogg. *An Introduction to Old English*, p. 28.

No Futhark Mais Jovem, Yr é associada ao teixo e aos términos. No alfabeto Anglo-Saxônico, tem relação com equipamentos de batalha. Apesar de às vezes ser considerada uma machadinha de guerra, estudiosos observam que o poema dos anglo-saxões se refere a armas mais elegantes, identificando essa runa com um arco. Faz sentido, pois o arco inglês costumava ser feito da madeira de teixo. No poema rúnico islandês, esse caractere era representado como um arco curvado. Além disso, Yr, às vezes, é mencionada como a runa do arqueiro. Representando um arco, é natural que essa runa seja associada à proteção e à defesa; no entanto, há mais que isso. Para alguém ser arqueiro, precisa de muita prática, o que indica que essa runa talvez tenha relação mais profunda com astúcia e habilidade.

Figura 117: Os conjuntos de runas do Futhark Mais Jovem (dois à esquerda) e do Anglo-Saxônico (três à direita) têm variantes.

Selecionada para divinação e orientação, Yr indica a importância de dedicar tempo ao enfoque e ao desenvolvimento das habilidades.

PARTE 6

SIGILOS

À s vezes evitados pela aparência complexa ou pela associação com magia cerimonial, os sigilos tornaram-se uma forma popular de magia. A palavra *sigilo* vem do latim *sigillum*, que significa "selo ou sinete", além de "símbolo ou artefato de poder".[162] No inglês antigo, a palavra *sigil* referia-se a uma imagem pequena, geralmente utilizada como amuleto.[163] Diferente da maioria dos símbolos, porém, os sigilos são um sistema que consiste em você criar símbolos próprios e exclusivos.

Embora a magia dos sigilos seja considerada relativamente nova, esta parte localiza suas raízes nos quadrados mágicos e na evolução com a astrologia. Em tempos remotos, um quadrado mágico era o artefato de poder; entretanto, da Idade Média até a Renascença, um quadrado mágico tornou-se o meio de criar um artefato de poder: um sigilo. Os capítulos seguintes exploram métodos para criar sigilos: o método velho (medieval), com quadrados mágicos, e o método novo (início do século XX), com palavras. Além de fornecer detalhes sobre como fazer e usar os sigilos, esta parte também apresenta vários métodos novos para criá-los que misturam o velho e o novo.

---

162 Editores. *Webster's Third New Dictionary*, v. 3, 2, p. 115.
163 Shipley. *Dictionary of Early English*, p. 597.

CAPÍTULO 17

SIGILOS DE QUADRADOS MÁGICOS

UM QUADRADO MÁGICO CONSISTE EM uma grade de números que, somados nos sentidos horizontal, vertical ou diagonal, têm o mesmo resultado. A grade de quadrados pode ser 3 × 3, 4 × 4, 5 × 5 ou maior. As grades com números que têm a mesma soma nos planos horizontal e vertical, mas não no plano diagonal, são consideradas semimágicas. O quadrado mágico mais famoso é uma grade 3 × 3, conhecida como grade Lo Shu. Segundo a lenda chinesa, o imperador Yu (2200-2101 a.C.) notou um padrão interessante no casco de uma tartaruga que passava nas margens do rio Luo. Após extensa análise, estudiosos chineses concluíram que as marcas na tartaruga formavam um quadrado mágico 3 × 3 perfeito.

4	9	2
3	5	7
8	1	6

Figura 118: A lendária grade Lo Shu no casco de uma tartaruga.

A grade Lo Shu foi mencionada pela primeira vez nos escritos do filósofo taoísta Zhuang Zhou (369-286 a.C.). Também chamada de *Nove Salões* e *Diagrama dos Nove Palácios*, era usada para representar diversos conceitos e servia como emblema de harmonia. Utilizada na astrologia e na divinação, tornou-se parte fundamental do Feng Shui. Uma tartaruga com esse quadrado mágico também aparece na cosmologia tibetana. Na astrologia europeia medieval, Lo Shu servia de quadrado mágico para o planeta Saturno.

Reverenciados na China, os quadrados mágicos supostamente oferecem acesso ao conhecimento superior. Eram empregados em divinação e magia taoísta e utilizados como talismãs. A informação a respeito dos quadrados mágicos chegou à Índia entre os séculos II e V d.C., e lá eles foram incorporados às práticas médicas para auxiliar na cura de doenças. Também eram usados como amuletos para rechaçar energia negativa.

Os antigos romanos usavam quadrados mágicos com letras em vez de números como amuletos de proteção. Em geral, consistiam em cinco palavras com cinco letras. O quadrado Sator é o mais famoso, um superpalíndromo com palavras que podem ser lidas da direita para a esquerda, da esquerda para a direita e verticalmente, de cima para baixo ou de baixo para cima.

S	A	T	O	R
A	R	E	P	O
T	E	N	E	T
O	P	E	R	A
R	O	T	A	S

Figura 119: O quadrado Sator é um superpalíndromo.

Encontrado em grafites nos muros e em fragmentos de cerâmica por todo Império Romano, o quadrado Sator foi traduzido mais popularmente como "O semeador Arepo segura a roda".[164] No entanto, o professor de filosofia sérvio-americano Miroslav Marcovich (1919-2001) considerava o nome Arepo um aspecto greco-romano de Hórus ou uma forma abreviada de Harpócrates, deus grego do silêncio, dos segredos e da boa sorte. Ele traduziu o quadrado Sator como "O semeador Arepo protege da labuta e dos tormentos".[165] Marcovich acreditava que a mensagem seria um pedido de uma pessoa a um deus pela sorte de ser poupada de trabalho duro e desconforto. Alguns dos

---

164 Barbara I. Gusick e Edelgard E. DuBruck (orgs.). *Fifteenth-Century Studies*. Rochester, NY: Camden House, 2007. p. 200. v. 32.
165 Miroslav Marcovich. *Studies in Graeco-Roman Religions and Gnosticism*. Leiden, Holanda: E. J. Brill, 1989. p. 34. v. 4.

usos para o quadrado Sator descobertos pelos arqueólogos incluem cura e recuperação de objetos perdidos.

Acredita-se que foram os mercadores árabes os responsáveis por levar o conceito dos quadrados mágicos da China e da Índia para o Oriente Médio, onde o incorporaram na astrologia e em outras práticas. Com o retorno das informações e dos conhecimentos à Europa depois da Idade das Trevas, matemáticos, estudiosos, astrólogos e ocultistas descobriram os quadrados mágicos. Embora o quadrado mágico permanecesse um artefato de poder, foi por volta dessa época que se tornou também o meio de criar um artefato de poder na forma de sigilo.

DO QUADRADO PARA O SIGILO

Na Idade Média, os quadrados mágicos começaram a aparecer nos escritos de personalidades bem conhecidas nos campos da astrologia, da alquimia e da magia, como Pietro d'Abano, Cornélio Agrippa, Frances Barrett, Paracelso e Johannes Trithemius. Também eram abundantes na obra do matemático e astrólogo italiano Girolano Cardano (1501-1576), do artista alemão Albrecht Durer (1471-1528), do professor e gramático bizantino Manuel Moschopoulus (c. fim do século XIII/início do século XIV) e do missionário e astrônomo jesuíta holandês Ferdinand Verbiest (1623-1688).

Por causa do entusiasmo pela astrologia, os quadrados mágicos para os sete planetas ganharam imensa popularidade e refletiam uma fusão de culturas e sabedoria. Embora a relação entre quadrados mágicos e planetas viesse dos textos árabes do século XI, os tamanhos mais usuais de grades e números ligados aos planetas baseavam-se na Cabala hebraica. Contudo, ocorriam variações nos quadrados em razão das diferentes interpretações cabalísticas.

Igualmente chamados de *tabelas planetárias*, esses quadrados mágicos eram muito usados em magia talismânica. Alquimistas e magos cerimoniais os utilizavam para criar três tipos de sigilos: o selo de um planeta e dois sigilos menores para entidades citadas como o espírito e a inteligência de um planeta. Os nomes das duas entidades serviam para criar seus respectivos sigilos, usados em rituais para invocá-las. A despeito dos vários métodos empregados para criar selos planetários, a maioria das técnicas permanece desconhecida. Para mais detalhes, consulte o Apêndice V nos *Três Livros de Filosofia Oculta* de Agrippa, organizado e comentado pelo estudioso ocultista Donald Tyson (1954-).[166]

Os sigilos menores foram criados de maneira prática, convertendo o nome da entidade em números. Toda letra no alfabeto hebraico tem um número equivalente de 1 a 10 e depois salta de 10

---

166 Agrippa. *Três Livros de Filosofia Oculta*.

em 10 (20, 30, 40 etc.) até 100, para novamente saltar de 100 em 100. Várias letras com mais de um som também apresentam mais de um número. Por exemplo, a letra chamada *Pe* tem o som *P*, cujo número equivalente é 80, e o som PH, 800. Por outro lado, a letra *Shin* tem sons de *S* e *SH*, mas só um número equivalente a 300.

Depois de convertido em números, o nome de uma entidade era inserido no quadrado mágico em um esquema de "ligar os pontos". Por exemplo, o nome do espírito para o planeta Júpiter é Hismael, soletrado *HSMAL* em hebraico. Os números equivalentes são $H = 5$, $S = 60$, $M = 40$, $A = 1$, $L = 30$. Para números acima de 10, os zeros adicionais são retirados. No número 120, a tabela de Júpiter é mostrada com o sigilo do espírito do planeta. Círculos iniciais e finais são colocados nos quadrados para H e L, respectivamente. Às vezes, uma linha curta atravessando o sigilo substituía o círculo final.

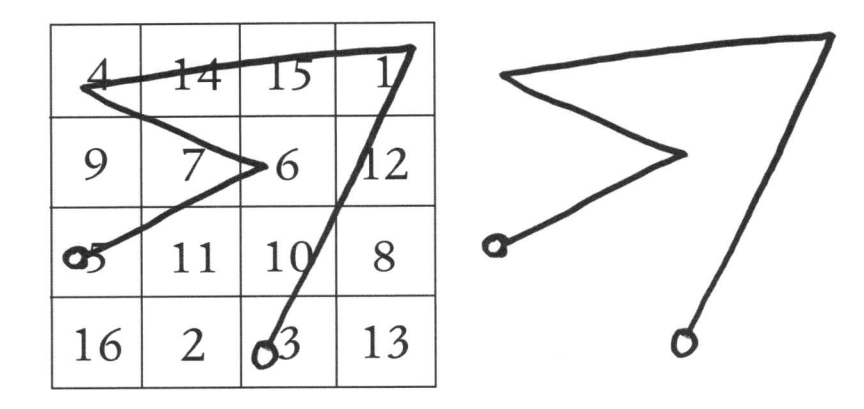

Figura 120: Quadrado mágico de Júpiter com o sigilo de seu espírito, Hismael.

Além de alquimistas e magos, outras pessoas, como os médicos ingleses Richard Napier (1559--1634) e Simon Forman (1552-1611), usavam os sigilos planetários em suas práticas. Não só se acreditava que os planetas influenciavam o dia a dia das pessoas como também que tinham efeito sobre o corpo físico. Napier os aplicava como talismãs para tratar diversas condições médicas, e Forman os utilizava para os mais variados propósitos, incluindo para afastar fantasmas. Astrólogos medievais confeccionavam e vendiam pingentes com símbolos e sigilos planetários para atrair sorte, afastar o mal ou causar outras influências. Apesar de amplamente difundida, essa prática era controversa e vista pela Igreja como magia negra.

Nem todos os sigilos medievais e renascentistas tinham relação com as tabelas planetárias. O médico e alquimista suíço Paracelso escreveu instruções explícitas de como e quando criar pingentes mágicos para males físicos. Somadas a símbolos astrológicos e a letras do alfabeto, as inscrições incluíam sigilos oferecidos por ele mesmo. Paracelso não mencionava a fonte destes nem explicava os métodos que usava para construí-los. (Para mais informações sobre Paracelso, consulte a parte 7.). Enquanto os sigilos para as quinze estrelas fixas têm origem provavelmente árabe, o método para criá-los é desconhecido.

O uso dos quadrados mágicos para a criação de sigilos não se estendia muito além das tabelas planetárias, mas é um método que pode ser facilmente adaptado para o uso moderno. Voltaremos a eles depois de explorarmos o método com palavras, muito popular atualmente.

CAPÍTULO 18

SIGILOS DE PALAVRAS

FUNDADA NO FIM DO SÉCULO XIX, a Ordem Hermética da Golden Dawn incluía em seu currículo o sistema enoquiano de magia – sistema de quadrados grandes e complexos que atraía algumas pessoas, mas parecia esotérico demais para muitas outras. No início do século XX, o artista inglês Austin Osman Spare (1886-1956) começou a elaborar um método para criar sigilos, que se tornou uma forma de magia fácil de aprender.

Como artista, Spare teve sucesso desde cedo. Trabalhou ainda como editor de várias revistas de arte e escreveu livros de arte e magia. O desenvolvimento de suas ideias acerca da magia se refletia nas obras artísticas com seres de outro mundo, em sugestões arcanas de mitologia egípcia e na sexualidade explícita. A arte de Spare chamou a atenção de Aleister Crowley (1875-1947), escritor e ocultista inglês que se autodenominava *Beast 666* (*A Besta, 666*). Embora tivesse apenas um grupo pequeno de seguidores devotos, depois de morto se tornou uma figura cultuada. Por algum tempo, Spare foi membro da ordem mística de Crowley, mas não gostava da abordagem estruturada da magia. Saiu do grupo e desenvolveu um sistema próprio de magia que chamou de *Zos Kia Cultus*, precursor da magia do caos.

Spare intrigava-se com os grimórios medievais, principalmente os símbolos mágicos associados aos espíritos. Em vez de invocar entidades, ele tentou desenvolver um meio de adaptar os sigilos para uso pessoal. A pedra angular de seu método foi incluída na obra intitulada *O Livro do Prazer*

(Autoamor): A Psicologia do Êxtase [*The Book of Pleasure (Self-Love): The Psychology of Ecstasy*], publicada por ele mesmo em 1913.[167] O livro era um tratado de suas diversas práticas ocultas e incorporava as teorias emergentes da psicologia. Apesar do sucesso anterior como artista, Spare caiu na obscuridade, pintando retratos em bares para obter trocados, e acabou morrendo pobre.

Kenneth Grant (1924-2011), assistente de Aleister Crowley, registrou as técnicas dos sigilos de Spare e o ajudou a publicar mais partes de seu trabalho, mas as ideias de Spare quanto à magia dos sigilos não se popularizaram. Foi só no início dos anos 1990 que sua obra ganhou vasto reconhecimento, graças ao livro *Practical Sigil Magick*, do mago e autor ocultista belga Frater U∴D∴, cujo nome de batismo é Ralph Tegtmeier (1952-). Desde então, o método de palavras de Spare para criação de sigilos pegou.

CRIANDO UM SIGILO

Em suma, o método de palavras consiste em escrever uma frase sobre seu propósito (Spare chamava de declaração de desejo), remover qualquer letra dupla e usar as remanescentes para formar uma figura – o sigilo. Depois, carregue de energia o sigilo, implante-o na mente, destrua o sigilo físico e, por fim, afaste-o da mente. Vejamos, passo a passo, como os métodos de Spare e a criação atual de sigilos variam.

É importante manter-se focado e traduzir em palavras sua intenção. Programe-se para ter bastante tempo, sem interrupções. Pode começar assentando e centrando sua energia enquanto pensa no motivo para criar um sigilo. Embora não seja necessário, se costuma fazer um círculo para qualquer ato ligado a trabalhos mágicos, faça um quando criar seus sigilos.

Com o propósito em mente, afirme o que quer em uma frase, de maneira clara. Se não tiver certeza de como iniciar, use a sugestão de Spare: "Desejo..." para um começo direto. Escolas mais novas de pensamento recomendam o uso de uma frase que comece com "Eu quero..." ou uma afirmação simples do tipo "Minha vida está repleta de amor". Uma alternativa é o uso de palavras-chave ou expressões, em vez de uma frase ou declaração completa. Seja qual for sua escolha, lembre-se do princípio KISS: *Keep It Simple, Silly* ("Simplifique, tolinho"). É importante ser específico; no entanto, detalhes em demasia atravancam tudo.

Utilize palavras e expressões positivas e evite termos como *não quero*, *não posso*, pois são ineficazes para direcionar energia. Diga o que deseja, não o que não deseja. Veja, por exemplo, esta frase: "Vou passar na próxima prova de Matemática". O passo seguinte é o processo de redução, em que

---

[167] Shirley Dent e Jason Whittaker. *Radical Blake: Influence and Afterlife from 1827*. Nova York: Palgrave Macmillan, 2002. p. 162.

as letras duplicadas são removidas. O resultado de nosso exemplo é *VOUPASRNÓXIMDETÁC*. É trabalhoso no início e pode ser um desafio, sobretudo para quem ainda está aprendendo a fazer sigilos.

Se deletarmos as vogais, exceto a de maior peso, podemos reduzir um pouco mais a frase, ficando como *VPASRNXMDTÁC*. Nesse caso, eliminamos as vogais *O, I, E*. Deixamos a vogal de peso *A*, porque enfatiza a conexão pessoal importante com a força do propósito de passar. A preferência, contudo, é pessoal, e você deve usar a intuição.

Se usarmos as letras *W* e *M*, elas são intercambiáveis quando viradas de cabeça para baixo, e, em casos assim, as duas não precisam ser representadas no sigilo. Quando começar a refletir sobre como montar um sigilo, procure linhas comuns que possam ser utilizadas para ancorar letras múltiplas. Por exemplo, as linhas retas das letras *I, L, T* e *P* podem combinar letras. Lembre-se também de que as letras podem ser desenhadas ao contrário ou girar para qualquer direção. Pratique fundir algumas letras em grupos pequenos. Por exemplo, use as letras *N, M* e *H* como um grupo e *I, L, T, P* e *S* como outro. À medida que experimentar vários arranjos, o sigilo surgirá de repente. Não se preocupe com talento artístico. Magia requer intento e força de vontade, não habilidade artística. Em contrapartida, se for talentoso, use toda criatividade que desejar.

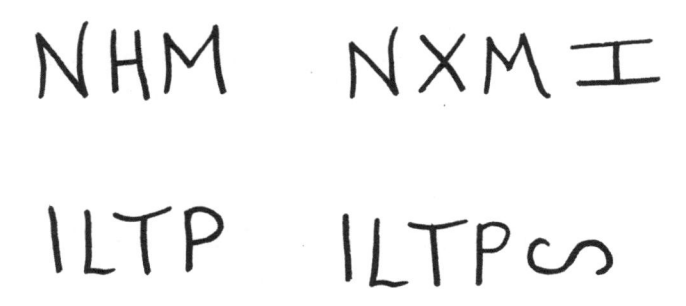

Figura 121: Faça grupos de letras e depois as combine em uma figura.

Após combinar todas as letras, pense em colocar uma margem em volta do sigilo para conter a imagem. Às vezes, isso ajuda na concentração. Como sempre, siga a intuição. Alguns floreios podem ser acrescidos como toque decorativo. De novo, lembre-se de simplificar e evite aparência sobrecarregada, pois isso pode desviar a atenção. Quando terminar o sigilo, passe alguns minutos olhando para ele; conheça-o. Essa figura exclusiva está repleta de significado que só você compreende.

Figura 122: Alguns floreios podem ser acrescidos ao sigilo ou ele pode ser cercado por uma margem.

ATIVANDO UM SIGILO

Ativar ou energizar um sigilo é o processo de focar o intento para seu propósito e enviar a própria energia para o sigilo. Como acontece no encantamento ou no ritual, a energia pode ser ativada por vários métodos. Segundo Frate U∴D∴, a preferência de Spare era o orgasmo. Lembre-se: é importante seguir um método eficaz para você ou com o qual se sinta à vontade, pois os sigilos são obras de magia muito pessoais. Além disso, Spare era um tanto focado na vida sexual.

De novo, assim como no momento de despertar a energia durante o ritual, qualquer tipo de movimento, dança, entoação e compasso são eficazes. Ponha o sigilo sobre o altar ou outro lugar em que possa vê-lo enquanto se envolve em uma dessas atividades. Quando sentir que sua energia atingiu o auge, pegue o sigilo, olhe-o e visualize sua energia entrando nele.

Se preferir uma abordagem mágica mais sutil, use meditação. Sente-se diante do altar e respire fundo e devagar à medida que estuda o sigilo. Suavize o olhar, feche os olhos e traga a imagem à mente. Repita isso várias vezes, até obter uma imagem mental clara do sigilo. Para auxiliar no processo, use sua frase, expressão ou palavra-chave como mantra. Repita-a devagar até o sigilo ficar claro em sua mente.

Um método particularmente poderoso para energizar o sigilo é a ativação da energia através dos chakras. Fique em posição reta, porém confortável, diante do altar e esfregue as mãos para ativar a energia dos chakras das palmas. Quando elas estiverem quentes, ponha a mão esquerda sobre o estômago e a direita na área do coração. A mão esquerda está sobre o chakra do plexo solar, centro de coragem e poder. Isso ativará a energia desse chakra, impulsionando-a até o chakra do coração, ativado pela mão direita. O chakra do coração é o centro de amor e compaixão. Canalizados juntos, esses chakras produzem fluxo de energia positiva. Com as mãos nessas posições, visualize a energia de ambos os chakras crescendo e se fundindo. Ao sentir que a energia se expande além de seu corpo, pegue o sigilo e olhe-o, fixando a imagem na mente. Pense em seu propósito para ele e, em seguida, visualize sua energia fluindo do centro do coração, pelos braços, até chegar ao sigilo e adequá-lo à sua força de vontade.

Seja qual for o método para energizar o sigilo, o ato de olhar para ele e visualizar o propósito implantará a imagem em seu subconsciente, que tem reação mais rápida a imagens que a palavras. Ao traduzir palavras em imagens, nosso consciente e subconsciente, os mundos interior e exterior, se unem em um único propósito.

DESTRUIR OU NÃO?

Hoje, não há consenso quanto à necessidade de destruir um sigilo para fazê-lo funcionar. Spare observava que, como o objetivo é um uso único, o sigilo tem natureza transiente. Enfatizava a importância de remover o sigilo do consciente. Destruir sua forma física e não pensar mais nele eram o segredo para fazer as coisas acontecerem. Segundo Frater U∴D∴, Spare acreditava que o trabalho com sigilos era um meio de direcionar o subconsciente com uma forma de psicologia reversa e a teoria freudiana da repressão.[168]

Por um lado, podemos pensar no sigilo como uma mandala de areia: mesmo após se esvaziar, o intento e a energia por trás dela continuam a cumprir o propósito. Entretanto, assim como outros objetos mágicos, um sigilo pode nos lembrar de focar a mente em um propósito e, ao fazê-lo repetidamente, acrescentar energia a ele. Como muitos aspectos da magia, destruir ou não um sigilo é uma escolha pessoal. Se você preferir destruí-lo, queime-o pelo método usual porque é rápido e usa o poder transformador do fogo.

Apesar de muito conhecido, o método de palavras para construir sigilos não foi o único desenvolvido por Spare. Como artista, claro que seu outro método se baseava exclusivamente em imagens.

---

168 Frater U∴D∴. *Money Magic: Mastering Prosperity in its True Element*. Woodbury, MN: Llewellyn Publications, 2011. p. 103.

CAPÍTULO 19
MÉTODO PICTÓRICO DE SPARE

OS SÍMBOLOS TRABALHAM COM A psique interior, e, por isso, Spare desenvolveu um meio de elaborar sigilos sem o uso de palavras. Tal método não requer uma declaração de propósito; ao contrário, as imagens são utilizadas para expressar uma intenção. Isso não significa, porém, que algumas letras, como as iniciais de uma pessoa ou palavras curtas, não possam ser usadas em um sigilo.

Um sigilo pictórico pode incluir outros símbolos, se estes forem significativos para a pessoa. Se porventura você costuma usar símbolos astrológicos ou dos elementos, oghams ou runas, eles podem dar dimensão extra à ideia que deseja expressar. Por exemplo, na busca por amor e romance, combine o símbolo de Vênus com uma rosa. Como medida extra, desenhe-o na cor rosa ou vermelha. Uma alternativa: use os símbolos de Vênus e Marte, que também representam masculino e feminino, e uma forma de coração. Claro que isso pode ser adaptado a dois símbolos de Vênus ou a dois de Marte, dependendo de sua orientação sexual.

Figura 123: Símbolos astrológicos e as iniciais SG usadas em um sigilo para atrair amor.

Para prosperidade, crie um sigilo com o cifrão ou outro símbolo que represente abundância junto ao contorno de uma casa ou o número de sua residência. Para enviar energia de cura a uma pessoa, incorpore as iniciais dela. Se procura paz de espírito, pense em criar um sigilo com o símbolo do elemento ar, associado à mente, e o contorno de uma flor de lótus. Siga a intuição e deixe fluir a criatividade. Se lhe parecer apropriado, estilize o sigilo para torná-lo pessoal, mas, assim como no método de palavras, simplifique-o. Use o mesmo procedimento do método de palavras para energizar o sigilo e decidir se deseja ou não o destruir.

Figura 124: A runa Feoh é usada com um cifrão e o número da residência para atrair prosperidade.

COMBINANDO OS MÉTODOS DE SPARE

Se trabalhar com o método pictórico de Spare, você poderá descobrir que a combinação dele com o método de palavras oferece mais flexibilidade e especificidade. Assim como no método de palavras, uma frase completa, uma declaração simples, uma expressão ou palavra-chave podem ser utilizadas para expressar sua intenção. Usaremos o exemplo da expressão "Ísis, proteja-me", misturando-a com o ankh, símbolo de Ísis e proteção. As palavras podem ser reduzidas para *SPRTJM*. Algumas variantes seriam deixar o ankh representar Ísis, tirar o nome e usar as letras *PRTJM*. Ou, como o ankh representa Ísis e proteção, apenas usar a letra *M*. Outra possibilidade seria o uso das letras *I* e *S* para o nome da deusa. Além disso, uma margem em volta do sigilo sugeriria um cartucho egípcio.

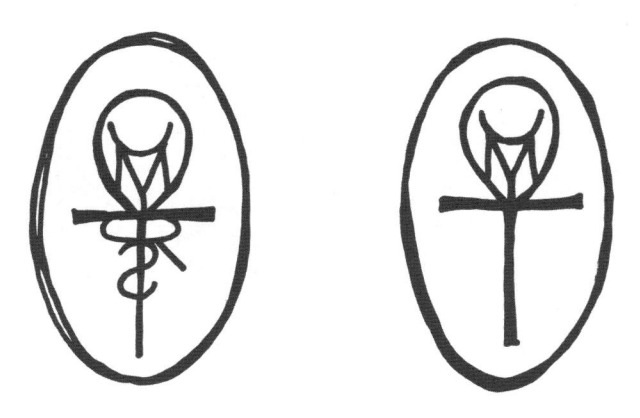

Figura 125: Experimente várias combinações de palavras e imagens em um sigilo.

INCORPORANDO SÍMBOLOS MÁGICOS

Os símbolos mágicos que você já usa para rituais, encantamentos ou outros fins podem aumentar o poder de um sigilo. Alguns símbolos, como o pentagrama ou a lua tripla, servem de margens em volta do sigilo. A Tabela 6.1 apresenta oito símbolos mágicos utilizados com frequência e seus significados.

TABELA 6.1 SÍMBOLOS POPULARES PARA INCORPORAR SIGILOS	
	Pentagrama Símbolo mais importante para pagãos e wiccanos, o pentagrama representa os quatro elementos mais o espírito. É símbolo de poder e bênçãos, também usado para proteção e banimento.
	Lua tripla Nossa vizinha celeste mais próxima, a Lua chama a atenção das pessoas desde o início dos tempos. Mostrando os aspectos de minguante, cheia e crescente, o símbolo representa os estágios mágicos de inspiração, manifestação e recebimento. Representa a Grande Deusa Mãe e o poder das mulheres. É o princípio feminino de espiritualidade e vida.

	TABELA 6.1 SÍMBOLOS POPULARES PARA INCORPORAR SIGILOS
	Deus chifrudo Assim como a lua tripla representa a deusa, esse símbolo é o emblema do deus, em particular dos deuses chifrudos como Cernuno. Representa o caçador/provedor e a natureza selvagem. Além de mostrar a Lua cheia, tem a crescente, que guarda a energia mágica das fases minguante e crescente. Esse símbolo representa o poder dos homens e o princípio masculino de espiritualidade e vida.
	Tríscele Símbolo de movimento e energia, o tríscele carrega o poder mágico da trindade. Representa o ciclo triplo de vida, morte e renascimento; a deusa como donzela, mãe e sábia; e o deus como jovem, pai e sábio. Sua energia oferece visão para o passado, o presente e o futuro. Esse símbolo representa o mundo físico e os três elementos permanentes: ar (céu), terra (solo) e água (mar).
	Cruz de Brígida Em Imbolc, a cruz de Brígida estimula simbolicamente a energia da vida para iniciar um novo ciclo. Esse símbolo pode ser usado para homenagear Brígida ou invocar sua ajuda. Deusa venerada da cura e da fertilidade, ela também rege o poder das encruzilhadas e das águas sagradas. Utilize esse símbolo para pedir orientação, inspiração e conhecimento.
	Estrela Faery Esse símbolo também é conhecido como estrela dos elfos, estrela da bruxa e estrela do astrólogo. Associada ao número sagrado 7, representa as direções cardeais, centro, acima e abaixo. As pontas da estrela simbolizam honra, verdade, justiça, serviço, fé, esperança e amor. É um símbolo vital para o trabalho com o reino das fadas (*faery* ou *fairy* = fada).
	Espiral A espiral representa um contínuo que se estende desde nossos ancestrais mais remotos até o presente e o futuro. É um dos temas mais presentes em uma vasta gama de culturas em todo o mundo e em todas as épocas. Representando o Cosmos e o tempo cíclico, é símbolo dinâmico da energia da força vital primária, do equilíbrio e da sabedoria.
	Martelo de Thor Associado ao trovão, ao relâmpago e às tempestades, Thor é também um deus do lar e da fertilidade. Usava seu precioso tesouro, o martelo, para proteger a morada dos deuses em Asgard. O uso do martelo de Thor como amuleto é um pedido de proteção. Encontrado em várias pedras rúnicas, esse símbolo provavelmente também tinha função inicial de consagração.

Os símbolos mágicos podem ser desenhados em tamanho pequeno para que caibam dentro das letras usadas em um sigilo ou servir de estrutura para este. Por exemplo, ao solicitar a ajuda de Brígida, você pode começar com as palavras "Bênçãos de Brígida". Em vez do costumeiro método de redução, a cruz pode ser usada no lugar do nome da deusa, uma vez que é seu símbolo. Você pode escolher se prefere remover as vogais ou as letras duplicadas. Na amostra (figura 126), a palavra completa *BLESS* ("abençoe") foi utilizada.

Figura 126: A cruz de Brígida em um sigilo invocando suas bênçãos.

CAPÍTULO 20
NOVOS MÉTODOS E OUTROS USOS

EXISTENTES HÁ MILHARES DE ANOS, os quadrados mágicos continuam a nos fascinar tanto no campo matemático quanto no místico. Isso me incentivou a desenvolver alguns métodos novos para criar sigilos a partir dos quadrados mágicos. Uma vez criado um sigilo, ative-o antes de o usar; e, conforme mencionado, a decisão de destruí-lo ou não é sua.

DE VOLTA A LO SHU

Considerada uma média harmônica, a grade Lo Shu contém oito permutas que sempre totalizam quinze. Quando combinado com gematria, o quadrado mágico Lo Shu pode ser usado para criar sigilos. A gematria, arte de atribuir números às letras, era usada em tempos remotos, sob a crença de que uma palavra perdida de grande poder poderia ser revelada. Os babilônios do século VIII e os cabalistas medievais utilizavam a gematria.[169] Na numerologia, cada letra do alfabeto recebe um número de 1 a 9, eficaz nesse quadrado mágico.

---

169 John McLeish. *Number: The History of Numbers and How They Shape Our Lives.* Nova York: Fawcett Columbine, 1992. p. 51.

1	2	3	4	5	6	7	8	9
A	B	C	D	E	F	G	H	I
J	K	L	M	N	O	P	Q	R
S	T	U	V	W	X	Y	Z	

Figura 127: Para o uso da grade Lo Shu, as letras são convertidas em números.

Nesse método, use uma palavra-chave ou frase curta para expressar seu propósito e, depois, converta-a no equivalente numérico. Veja um exemplo em inglês: se desejar uma casa nova e usar "new home" como frase, os números serão 5558645. Delete as duplicatas consecutivas, e o resultado será 58645. Em outro exemplo, para uma pequena ajuda na venda de sua casa, veja como ficaria a expressão "vender casa" em inglês (*sell home*): 15338645 ou 1538645 quando duplicatas consecutivas são removidas. Coloque um círculo no quadrado para os números iniciais e finais e desenhe uma linha até cada número em ordem consecutiva.

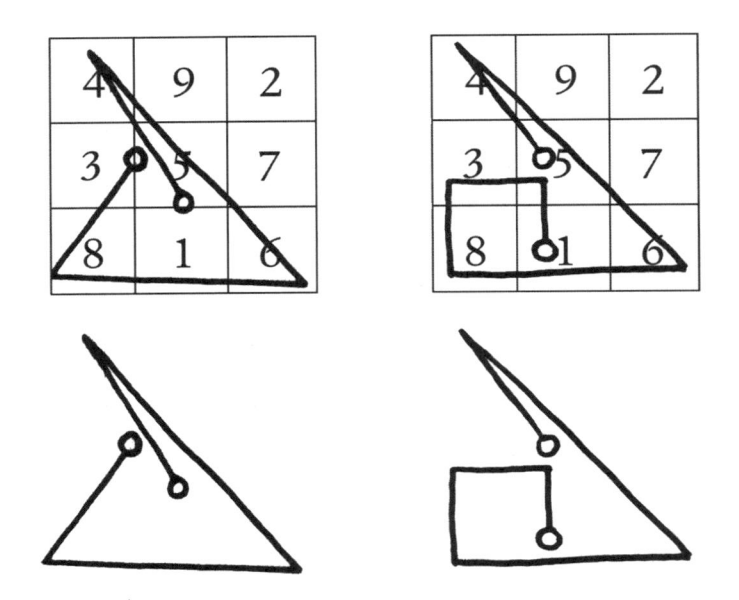

Figura 128: Sigilos criados com a grade Lo Shu usando as expressões em inglês *new home* (esquerda) e *sell home* (direita).

O QUADRADO MÁGICO ALFABÉTICO

Esse método ignora totalmente os números e usa o alfabeto em uma grade 5 × 5. Claro que nem todas as letras se encaixam na grade; portanto, as letras U e W compartilham do mesmo quadrado. Com o mesmo exemplo de encontrar uma casa nova, usando as palavras inglesas *new home*, as letras são reduzidas para N, W, H, M. Como no caso anterior, coloque círculos no início e no fim e depois desenhe uma linha até cada letra, em ordem consecutiva.

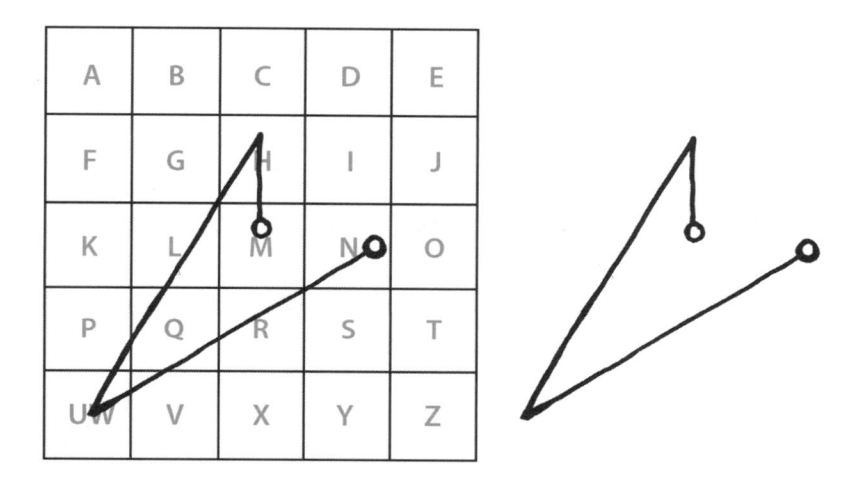

Figura 129: O quadrado alfabético pode ser usado para a criação de sigilos.

Quanto ao uso compartilhado de um quadrado pelas letras U e W, há duas opções. A letra U pode ter um quadrado próprio, e V e W seriam duplicadas. Ou a letra W pode ter um quadrado próprio, enquanto U e V compartilham outro.

Já que a tabela planetária para Marte é uma grade 5 × 5, ela também pode ser utilizada para criar sigilos. Para facilitar, traduza a tabela de Marte em letras, atribuindo números de 1 a 25, de acordo com a posição no alfabeto* Por exemplo, A é 1, B é 2, e assim por diante. Novamente, U e W compartilham um quadrado e, nesse caso, também o número 21. Essa tabela planetária é igualmente apropriada porque Marte é associado à ação, podendo acrescentar energia a um sigilo.

---

*   Ressaltamos que os quadrados mágicos apresentados nas figuras desta seção baseiam-se nas palavras em língua inglesa; Marte, por exemplo, é *Mars*. Outro exemplo é a expressão *healthy child* (criança saudável). Evidentemente, o mesmo procedimento serve para palavras na língua portuguesa. (N. do T.)

11	24	7	20	3
4	12	25	8	16
17	5	13	21	9
10	18	1	14	22
23	6	19	2	15

K	Y	G	T	C
D	L	Z	H	P
Q	E	M	U/W	I
J	R	A	N	V
X	F	S	B	O

Figura 130: A tabela planetária de Marte pode ser adaptada para o uso do alfabeto.

Embora tanto o quadrado magico alfabético quanto a tabela planetária de Marte usem letras em vez de números, os sigilos resultantes são diferentes. Veja o exemplo das palavras *healthy child* (*criança saudável*). Após a redução, lemos *HLTCD*.

Como vimos, deletar as vogais faz parte do processo de redução para que o sigilo fique mais simples e limpo. Entretanto, para frases curtas ou nomes, ou quando você desejar aprimorar seu sigilo, as vogais podem ser mantidas.

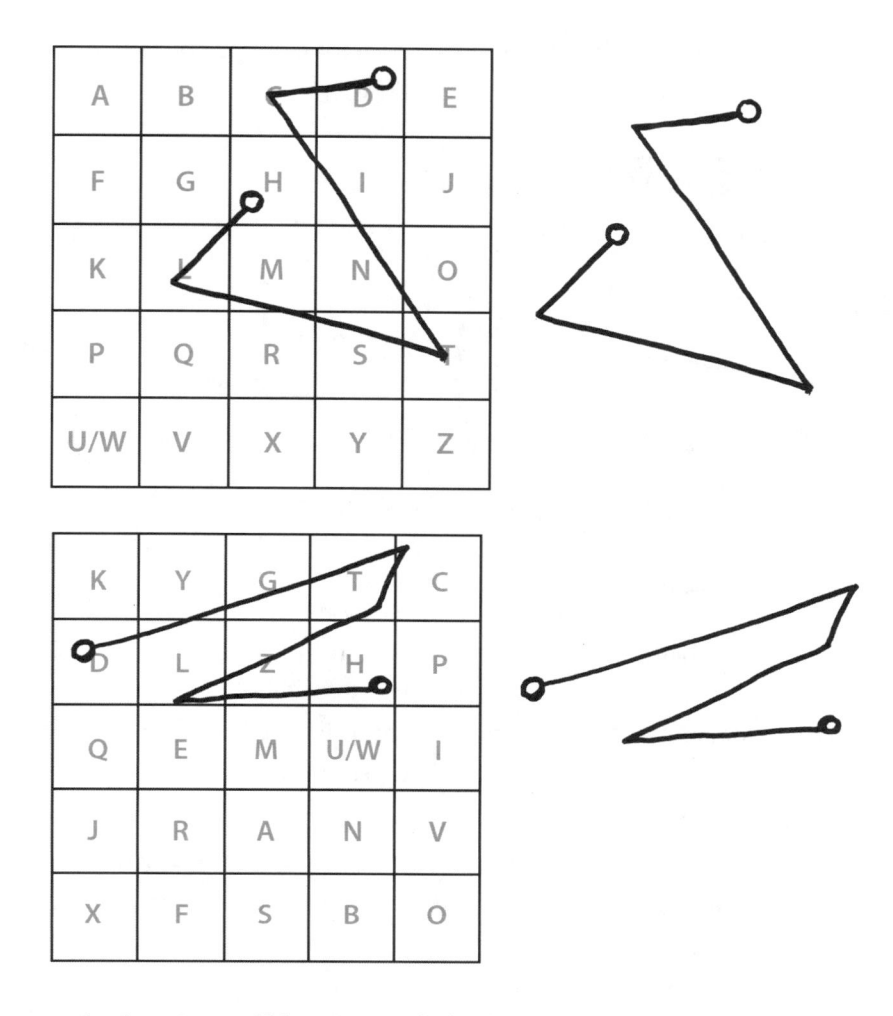

Figura 131: O quadrado mágico alfabético e a tabela planetária de Marte produzem sigilos diferentes.

DO QUADRADO PARA O CÍRCULO E O TECLADO

A Golden Dawn usava uma rosa estilizada com letras hebraicas para criar sigilos, e, do mesmo modo, um círculo de nosso alfabeto também pode ser usado. O círculo é um dos símbolos mais antigos e elementares. Quando nos reunimos em círculo, criamos um espaço muito especial e poderoso: um em que as energias se tornam focadas e fortalecidas. Quando usamos o círculo para magia, colocamos o poder desse símbolo em nossos trabalhos.

Para elaborar sigilos, apenas desenhe um círculo e escreva as letras do alfabeto no perímetro. Vejamos o exemplo de como banir energia negativa, com a frase em inglês *clear away negativity* (eliminar *negatividade*),* reduzida às letras *CLRWYNGTV*. São colocados círculos no início e no fim, nas letras *C* e *V*, ligados com uma linha de acordo com as outras letras.

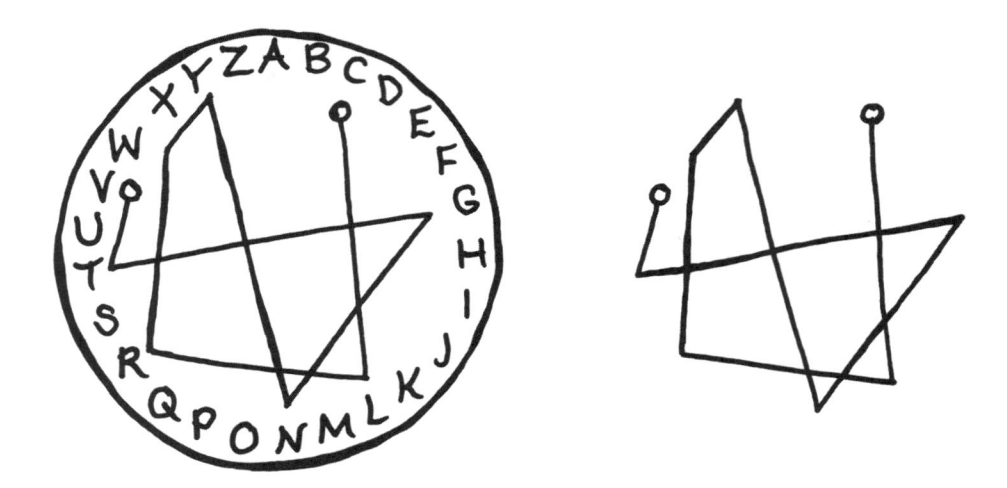

Figura 132: Sigilos podem ser criados com um círculo em vez de um quadrado mágico.

Se desejar criar sigilos de maneira mais nova e apropriada ao século XXI, disponha o alfabeto na posição QWERTY de um teclado. Pode ser eficaz, sobretudo se você pretende ganhar algum dispositivo eletrônico no aniversário ou nas festas de fim de ano. Para esse propósito, lembre-se de incluir as palavras *por favor* ou *eu gostaria*, para evitar que o pedido pareça uma ordem. Como exemplo, usaremos a frase "Eu gostaria de um celular neste aniversário" (*I wish for a phone this birthday*). A redução da frase em inglês é *IWSHFRPNTBDY*.

---

* Ver nota da tradução anterior. (N. do T.)

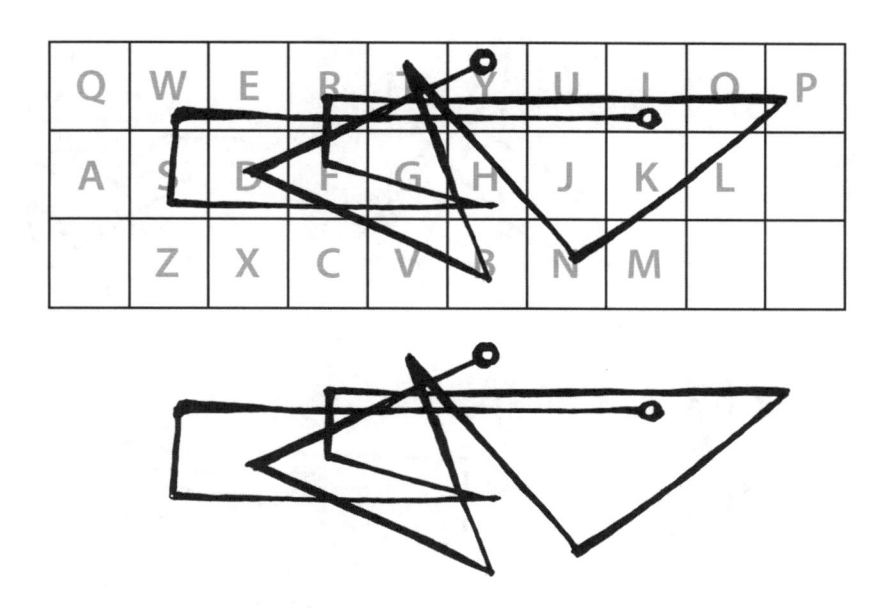

Figura 133: O teclado QWERTY pode ser usado para criar sigilos.

Experimente vários métodos para criar sigilos até encontrar o que lhe parecer mais apropriado. Se tentar abordagens diferentes, talvez descubra uma que combine mais com sua natureza. A figura 134 é uma amostra de sigilo ilustrando os diversos sigilos que podem ser produzidos pelo uso dos cinco métodos novos. A frase usada é "Eu gostaria de proteger esta casa e todos os que nela moram", em inglês *I wish to protect this house and all within*, reduzida para as letras *IWSHTPRCNDL*. Como observamos, manter a letra inicial *I* (traduzida neste caso como "eu") é uma escolha pessoal.

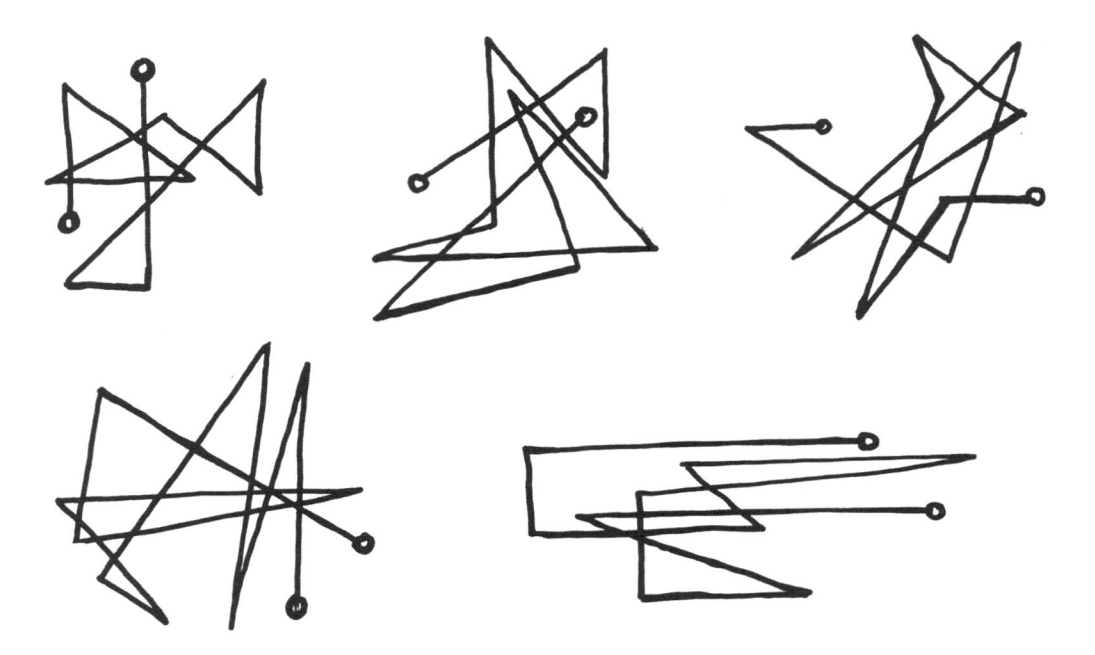

Figura 134: Da esquerda para a direita, os métodos usados para criação de sigilos: grade Lo Shu, quadrado alfabético, quadrado planetário de Marte (fileira superior), círculo e teclado (fileira inferior).

Na Parte 4, utilizei vários métodos de criar novos sigilos para as quinze estrelas fixas. A maioria contou com o quadrado mágico alfabético. Como os correspondentes medievais são muito lineares, usei o formato de teclado QWERTY nos sigilos para Ala Corvi, Espiga e Vega. Para o sigilo de Régulo, usei o círculo. Esses sigilos são para nomes e, portanto, muito mais curtos que uma frase; assim, utilizei as vogais e, em alguns casos, mantive letras duplicadas.

OUTROS MODOS DE USAR SIGILOS

Como já vimos, a decisão de destruir um sigilo é pessoal e pode variar de acordo com seu propósito. No entanto, em vez de um sigilo para uso único, talvez você prefira criar sigilos para usos repetidos em rituais ou outras ocasiões.

Um sigilo pode ser utilizado como qualquer outro símbolo para criar um talismã e atrair energia a um objeto. Crie um sigilo para fins de negócios ou emprego, com o intuito de estimular oportunidades e alcançar sucesso. Desenhe-o em um pedaço de papel e deixe-o no local onde você lida com finanças para ajudá-lo a construir riqueza. Um sigilo pode ser usado para encantamentos ou rituais ou posto na casa a fim de aumentar a energia e preservar sua intenção. Pinte um sigilo em algo no jardim para atrair abundância. Crie um sigilo de ligação para uso em um ritual de enlace ou faça um para marcar outros ritos especiais de passagem.

Um sigilo serve ainda para induzir certas atitudes ou fortalecer determinadas características. Crie um sigilo de poder pessoal para servir de insígnia. Faça com ele um pingente ou mande um joalheiro gravá-lo em um cristal. Use seu sigilo pessoal como sinete para assinar um trabalho artístico ou qualquer coisa criada por você. Pode até ser convertido em tatuagem. Além disso, uma insígnia de um sigilo pode ser criada para um *coven* ou qualquer grupo fechado. Assim como outros objetos empregados em magia, um sigilo multiuso torna-se poderoso com o tempo. Deixe-se guiar pela intuição na hora de desenvolver modos pessoais de incorporar o sigilo em sua vida diária.

Sigilos para divindades

Crie um sigilo usando o nome de um deus ou de uma deusa e entalhe-o em uma vela quando invocar a ajuda da divindade. Além dos símbolos de Brígida e Thor na Tabela 6.1, outras deidades têm emblemas simples que podem ser incorporados em sigilos. Por exemplo, use um tridente para Poseidon ou Netuno, um relâmpago para Zeus ou a Lua para *Ártemis* ou Diana.

Elabore sigilos para divindades invocadas durante os rituais e guarde-os sobre o altar. Se um sigilo se tornar peça ritualística, desenhe-o em um pedaço de papel-manteiga de qualidade ou inscreva-o em argila ou madeira. Consagre-o com a fumaça de sálvia, lavanda ou artemísia. A construção de um sigilo para um deus ou uma deusa cria um vínculo especial com essa divindade; portanto, trate-o com respeito e cuidado especial.

Se você trabalhar com deidades associadas ao mar, pinte o sigilo em uma concha ou um objeto de temática marinha. Para divindades da floresta, entalhe o sigilo em um pedaço de madeira ou desenhe-o sobre a imagem de uma árvore associada a esse deus ou essa deusa, por exemplo, carvalho para Dagda ou Júpiter, freixo para Odin ou sicômoro para Hator. Se estiver em busca de energia protetora, crie um sigilo com o nome de um deus ou uma deusa e inclua um ogham, uma runa ou a palavra *proteger*. Pendure o sigilo em algum lugar de casa onde fique oculto ou desenhe-o na parte de baixo de um tapete de boas-vindas.

Sigilos e cristais

Desde tempos remotos na China, na *Índia e* no Oriente Médio, os cristais são associados aos corpos celestes. O naturalista e autor romano Caio Plínio Segundo, mais conhecido como Plínio, o Velho (23-79 d.C.), escreveu a respeito de gemas e tudo a elas relacionado. Embora se referisse aos símbolos associados às gemas, como *sigilla*, suas descrições são de gravuras em metal padronizadas, não sigilos abstratos.

Na Europa, durante a Idade Média, astrólogos associavam as pedras preciosas aos planetas e às constelações. Com imensa popularidade, os lapidários (livros sobre minerais) incluíam informações a respeito de suas propriedades mágicas e relações astrológicas. Um dos mais famosos, *Speculum lapidum* (*Espelho de Pedras*), do médico e astrólogo italiano Camillo Leonardi (c. 1455-1532), foi publicado em 1502.[170] Além das propriedades mágicas, ele descreveu os símbolos astrológicos e mágicos para inscrever nas pedras. Embora a Igreja vociferasse contra a astrologia e a magia, anéis de gemas com símbolos astrológicos e sigilos planetários eram populares e amplamente utilizados.

Apesar de não nos limitarmos a sigilos planetários e sermos capazes de criá-los para quaisquer propósitos, podemos dar a eles impulso energético poderoso combinando-os com cristais. Se for um cristal grande, o sigilo pode ser inscrito nele com caneta hidrográfica. Se estiver trabalhando com uma gema cara, ou se a forma de um cristal não possibilitar o desenho, use uma caneta para marcar tecido e desenhe o sigilo em uma bolsinha onde guardará o cristal. Outra opção é um pequeno pedaço de papel em volta do cristal. Crie um sigilo para representar um desejo ou uma meta e, em seguida, coordene-o com as propriedades de um cristal. Use o cristal como faria normalmente em um encantamento, guardando consigo ou em algum lugar de casa.

Como exemplo de sigilo para cura, começaremos com a frase "Por favor, cure meu dedão quebrado", em inglês *Please heal my broken toe*, reduzida para PLSHMBRKNT. Qualquer método de criar sigilos pode ser usado; porém, se for elaborado com um quadrado mágico, um círculo ou o teclado QWERTY, será mais provável que obtenha resultado simples e mais fácil de desenhar que com o método de palavras. Terminado, energize o cristal-sigilo e medite com ele, olhando-o ou colocando-o sobre a área do corpo que necessita de cura; nesse exemplo, um dedão quebrado. Depois, use como acessório no corpo ou carregue consigo o cristal-sigilo até a cura se completar.

Se preferir, ponha cristais associados à cura sobre o altar, na forma do sigilo. Após energizá-los, imponha as mãos sobre eles e visualize a si mesmo envolvendo-se por uma energia de cura. Concentre-se na parte do corpo que necessita ser curada.

---

170 Lynn Thorndike. *A History of Magic and Experimental Science*. Nova York: Columbia University Press, 1958. p. 229.

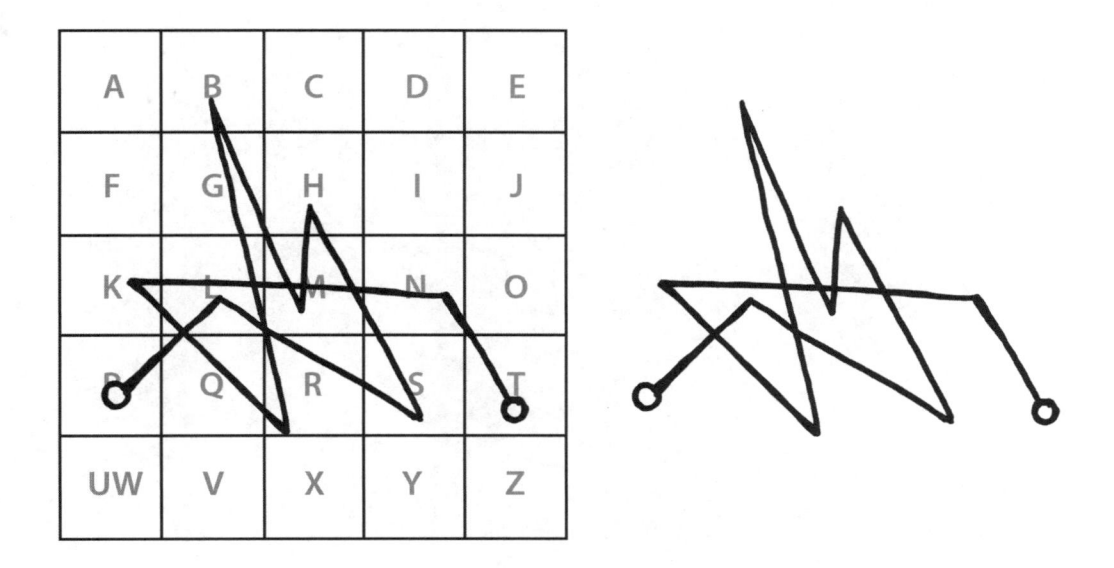

Figura 135: O exemplo para um sigilo de cura foi feito com o quadrado alfabético.

Como qualquer tipo de grade de cristal, a disposição de pedras na forma de um sigilo cria uma casa de força energética. Se seu propósito for uma meta específica ou um pedido de orientação, siga os mesmos procedimentos para criar e energizar o sigilo. Depois de trabalhar na disposição dele, deixe-o em algum lugar pelo tempo que parecer apropriado. Por fim, lembre-se de purificar os cristais.

Assim como nos outros aspectos da magia, experimente até encontrar o que funciona melhor para você.

PARTE 7
O ALFABETO DAS BRUXAS E OUTRAS ESCRITAS MÁGICAS

Como vimos nos capítulos anteriores, a magia e a astrologia eram praticadas a despeito da posição da Igreja, a qual, muitas vezes, fazia vista grossa, quando conveniente. Mesmo assim, a opinião popular aumentava ou diminuía conforme a manipulação, como no caso da histeria com as bruxas. Tal situação gerou a necessidade do silêncio. Para segurança de seu trabalho, os praticantes usavam símbolos e alfabetos mágicos nos grimórios. Os alfabetos atribuídos a tradições mais antigas eram muito respeitados e usados em talismãs e círculos mágicos. Agrippa os considerava um suporte para revelar grandes mistérios.

Alfabetos mágicos não só ajudavam a manter o segredo, caso um grimório fosse descoberto, como acrescentavam poder aos encantamentos e outras informações ao grimório. Outro motivo igualmente importante para o uso de um alfabeto mágico era que ajudava a focar a atenção. Como não tem uso diário, a escrita em um alfabeto diferente requer mais tempo e esforço, a qual, por sua vez, ajuda a ativar a energia que pode ser direcionada a um intento mágico.

CAPÍTULO 21

O ALFABETO DAS BRUXAS

DESDE A IDADE MÉDIA E a Renascença, quando a magia, a astrologia e a alquimia caminhavam de mãos dadas, vemos algumas das mesmas pessoas usando os alfabetos mágicos e escrevendo a respeito deles. Embora a utilização do alfabeto das bruxas tenha sido menor ou maior no decorrer dos séculos, hoje ele é reconhecido por pagãos e wiccanos.

O alfabeto das bruxas também é conhecido como alfabeto tebano, escrita honórica ou honoriana e runas de Honório. O último nome gera confusão, pois não há a menor afinidade entre o alfabeto tebano e as runas. Enquanto a origem do alfabeto ainda é um mistério, a tentativa de localizar suas raízes nos faz andar em círculos, como se o propósito fosse obscurecer seu criador.

O alfabeto apareceu pela primeira vez na obra de Johannes Trithemius, o abade astrólogo e praticante de magia mencionado na Parte 1 deste livro. Johann Heidenberg mudou o nome para *Trithemius* em homenagem à sua cidade natal, Trittenheim, na Alemanha. Tornou-se um estudioso conhecido por toda a Europa e, a princípio, denunciava as práticas das bruxas e dos mágicos. Essa atitude parece ter mudado quando começou a estudar textos antigos e a se interessar por práticas de magia.

De acordo com a lenda, Trithemius ganhou notoriedade de maneira faustiana na presença de Maximiliano (1459-1519), Imperador do Sacro-Império Romano-Germânico, quando conseguiu invocar o espírito da falecida esposa do imperador. Além de experimentar necromancia, Trithemius formulava teorias mágicas e buscava um meio de unir magia com teologia cristã. Dois de seus interesses favoritos eram a esteganografia, que consiste em ocultar mensagens secretas em forma regular de comunicação, e a decifração de códigos.

Embora tenha escrito inúmeros manuscritos, Trithemius frequentemente evitava publicá-los. Escrita em 1508, sua obra intitulada *Polygraphia*, composta de seis volumes, teve publicação póstuma em 1518.[171] Considerado o primeiro livro sobre criptologia, o título em latim se refere à cifração e deriva do termo grego *polygraphos*, que significa "muita escrita".[172] O volume final de *Polygraphia* contém a publicação conhecida mais antiga do alfabeto das bruxas. Trithemius o cita como um alfabeto de Honório de Tebas, descoberto por Petries de Apono (Pietro d'Abano).

Após denominá-lo alfabeto tebano, o estudante de Trithemius, Agrippa, o incluiu em sua obra. Ao se referir a d'Abano como Apponus, Agrippa explica que a escrita original veio de Honório de Tebas. Ele parecia crer que a escrita tebana datava de uma época muito remota, pois se sabia que d'Abano traduzira manuscritos antigos, incluindo a obra do médico grego Galeno. Na Idade Média e na Renascença, obras de origem antiga tinham qualidade mística fascinante. Agrippa também observou que os alfabetos mágicos foram "trazidos pelos cabalistas".[173]

Como vimos na Parte 1, o médico de Pádua, Pietro d'Abano, ganhara notoriedade na magia e foi julgado duas vezes pela Inquisição. Antes de cair em desgraça aos olhos da Igreja, era muito requisitado para ensinar e realizar consultas médicas. Um de seus pacientes mais famosos foi o papa Honório IV, Giacomo Savelli (1210-1287).

A relação entre d'Abano e o papa gerou especulações de que Honório IV teria sido a fonte do alfabeto tebano. Entretanto, o tio-avô de Honório, o papa Honório III, Cencio Savelli (1150-1227), também seria um candidato. A ligação de Honório III com o alfabeto é sugerida em um manuscrito que circulou em Paris chamado *Grimoire du Pape Honorius*. Uma cópia da obra datada de 1670, da Biblioteca Pública da Baviera, encontra-se disponível *on-line* por intermédio do Google Books.[174] Essa edição do grimório, porém, não inclui o alfabeto tebano. Além disso, cópias mais antigas do grimório, que datam do século XIII, não são associadas a Honório III ou a qualquer outro papa.

---

171 J. M. van der Laan; Andrew Weeks. *The Faustian Century: German Literature and Culture in the Age of Luther and Faustus*. Rochester, NY: Camden House, 2013. p. 101.
172 Editorial Staff. *Webster's Third New International Dictionary*, v. 2, p. 1.758.
173 Agrippa. *Três Livros de Filosofia Oculta*.
174 *Grimoire du Pape Honorius* (Rome, 1670). Disponível em: https://books.google.com/books?id=4cY5AAAAcAAJ.

Como a noção de "quanto mais velho, melhor" era um tema para fontes de informações mágicas, a atenção se voltou para alguém que parecia mais místico que os papas. Um manuscrito do século XIV intitulado *O Livro das Juras de Honório* era supostamente uma cópia de um texto muito mais antigo, escrito por Honório de Tebas. Acredita-se que a cópia mais antiga desse manuscrito remonte ao início do século XIII. Referências a ela foram feitas em numerosos livros durante a Idade Média e a Renascença, uma delas por Trithemius e outra por John Dee (1527-1608/09), astrólogo inglês e conselheiro da rainha Elizabeth I (1533-1603).

Embora se alegasse que Honório de Tebas era filho do matemático grego Euclides (c. 300 a.C.), que vivia em Alexandria, no Egito, tal afirmação é considerada fictícia, apenas com o intuito de dar mais credibilidade ao livro. Estudiosos que examinaram *O Livro das Juras de Honório* observam que na assembleia de mágicos mencionada no prólogo todos vinham do continente – Espanha, Itália e Grécia – e teorizam que o epônimo Honório teria vindo de Tebas, Grécia, e não do Egito. Conhecida atualmente como Thiva, a antiga cidade é fundamental em muitos mitos gregos, e em tempos medievais era uma encruzilhada cultural importante. Houve uma época em que a Tebas da Grécia era tão exótica quanto a Tebas do Egito.

O relato de Harry Potteresque da reunião de grandes magos também é considerado uma tentativa de dar mais glamour ao livro. Segundo a história, o propósito do encontro era reunir conhecimento mágico e registrá-lo em três cópias, por questão de segurança. Ainda de acordo com a lenda, Honório de Tebas foi um escriba que anotou as informações.

A única fonte de *O Livro das Juras de Honório* que inclui o alfabeto tebano é parte do manuscrito de Sloane número 3854. A coletânea de manuscritos na Biblioteca Britânica é uma miscelânea de textos, muitos deles sobre magia, que remonta aos séculos XIV a XVI. A coletânea recebeu o nome do segundo dono, *sir* Hans Sloane (1660-1753), médico e naturalista britânico. Um detalhe curioso acerca do documento na coletânea Sloane é a afirmação de que o alfabeto tebano teria vindo de Agrippa.

RENASCIMENTO E NOVA VIDA PARA O ALFABETO

Apesar de as práticas mágicas não terem desaparecido por completo, perduraram de forma discreta. O alfabeto tebano parece não ter sido utilizado até Francis Barrett (1774-1818) publicar *O Mago: Um Sistema Completo de Filosofia Oculta*, que abordava magia elemental e cerimonial, ervas, cristais e escritas celestiais. Barrett autoproclamava-se estudante de química, metafísica e filosofia natural e oculta. Com interesse profundo por misticismo e magia, traduziu para o inglês a Cabala e outros textos e deu aulas particulares sobre temas ocultos. *O Mago* serviu de propaganda para sua escola de magia.

Publicado em 1801, o livro de Barrett só ganhou popularidade décadas mais tarde, quando houve crescimento significativo de interesse pelas artes místicas.[175] Certas descobertas específicas no Egito ajudaram a alimentar o interesse por magia. Uma urna de livros mágicos encontrada na cidade de Tebas foi logo comprada e traduzida para o inglês. Além da Cabala judaica, os hieróglifos egípcios despertaram o interesse por símbolos e alfabetos. Em meados do período vitoriano, até as pessoas comuns, "respeitáveis", aventuravam-se no estudo da magia. Formaram-se sociedades para aprendê-la e colocá-la em prática. Quando o livro de Barrett foi reimpresso, tornou-se influência importante para as sociedades mágicas, por exemplo, a Ordem Hermética da Golden Dawn.

O autor e arqueólogo amador Gerald Gardner (1884-1964) é considerado o pai da moderna bruxaria e wicca. Com interesse profundo pela Antiga Religião, desejava que as pessoas conhecessem a história dela e não a deixassem morrer. Mergulhou na obra de Agrippa, encontrou o alfabeto tebano e reapresentou-o ao mundo. Dessa vez, pegou.

O ALFABETO DAS BRUXAS NO SÉCULO XXI

Desde que Gardner trouxe o alfabeto para a luz do dia, sua popularidade tem oscilado, mas nunca mais caiu na obscuridade. Ao contrário, parece que o alfabeto se torna cada vez mais popular. Pode ser a ferramenta perfeita para aprimorar feitiços, escrever nomes mágicos e inscrever velas. Como não é um alfabeto para uso diário, o trabalho com ele ajuda a focar a atenção, o que é eficaz para direcionar energia durante a feitura de talismãs e ferramentas mágicas ou na hora de criar círculos mágicos. Pode-se fazer *download* de alfabetos mágicos, ótimos para certos usos; entretanto, o texto gerado por computador anula o propósito de aperfeiçoar o foco e a energia para a magia.

Quando o alfabeto foi publicado em *Polygraphia*, Trithemius o acompanhou com as letras equivalentes em latim; porém, não havia símbolos para as letras *J*, *V* e *W*. Uma teoria para explicar isso é que o alfabeto tebano se baseou no hebraico, que usa o mesmo símbolo para as letras *I* e *J* e o mesmo para *U*, *V* e *W*. Embora a Cabala fosse utilizada por ávidos praticantes de magia da época, talvez fosse demasiadamente esotérica para uso mais amplo.

Parece mais provável que algum estudioso tenha elaborado o alfabeto tebano no início dos tempos medievais. Sendo o latim a língua do clero, dos estudiosos e dos mágicos, teria servido como alfabeto básico para outro. Não só inexistiam as letras *J*, *V* e *W* no latim como também só foram

---

175 Alison Butler. *Victorian Occultism and the Making of Modern Magic: Invoking Tradition*. Nova York: Palgrave Macmillan, 2011. p. 101.

incluídas *Y* e *Z* por volta do primeiro milênio.[176] Essas letras foram inseridas para acomodar os sons de palavras gregas adotadas no latim.

Quanto à letra *J*, o latim clássico usava o *G* gutural e não precisava do *G* palatal. Somente sob a influência do francês medieval foi que o *G* palatal, ou a letra *J*, entrou em uso.[177]

O *J* começou a aparecer na escrita inglesa nos anos 1600.[178]

Em versões modernas do alfabeto tebano, o mesmo caractere é usado para as letras *I* e *J* e outro para *U* e *V*. Um duplo *U* serve para *W*. Em outras versões, um ponto foi acrescido ao *J* e ao *V* para distingui-los do *I* e *U*, respectivamente.

O alfabeto tebano tem uma letra peculiar no fim, que pode ser usada de duas maneiras. É frequentemente chamada de símbolo de *ponto-final* e utilizada nesse sentido, remontando à versão de Agrippa, quando mostra o caractere equivalente à letra grega *ômega*. Ômega passou a ser conhecida como a marca do fim de algo, mesmo por parte de oradores não gregos, por causa da passagem na Bíblia: "Sou alfa e ômega, sou o começo e o fim".[179]

Na obra *Polygraphia*, Trithemius mostra um ampersand (&), que significa "e por si", como equivalente ao caractere tebano final. Pode parecer estranho, mas esse símbolo, que é a junção das letras *E* e *T* do latim e significa "e", aparecia depois do *Z*, além de outras junções em um livro-texto de 1011, escrito por um monge beneditino, o estudioso Byrhtferth (c. 970-1020).[180] Com o passar dos séculos, as outras junções caíram, mas ampersand continuou sendo a letra final no alfabeto inglês até meados dos anos 1800.[181]

---

176 Norma Goldman e Jacob E. Nyenhuis. *Latin Via Ovid: A First Course*. 2. ed. Detroit: Wayne State University Press, 1982. p. xix.
177 David Sacks. *Letter Perfect: The A-to-Z History of Our Alphabet*. Toronto, Canadá: Vintage-Canada, 2004. p. 137.
178 *Ibid*.
179 *Ibid*., 77.
180 Stanley B. Greenfield e Daniel G. Calder. *A New Critical History of Old English Literature*. Nova York: New York University Press, 1986. p. 119.
181 Stephen Webb. *Clash of Symbols: A Ride Through the Riches of Glyphs*. Nova York: Springer Publishing, 2018. p. 9.

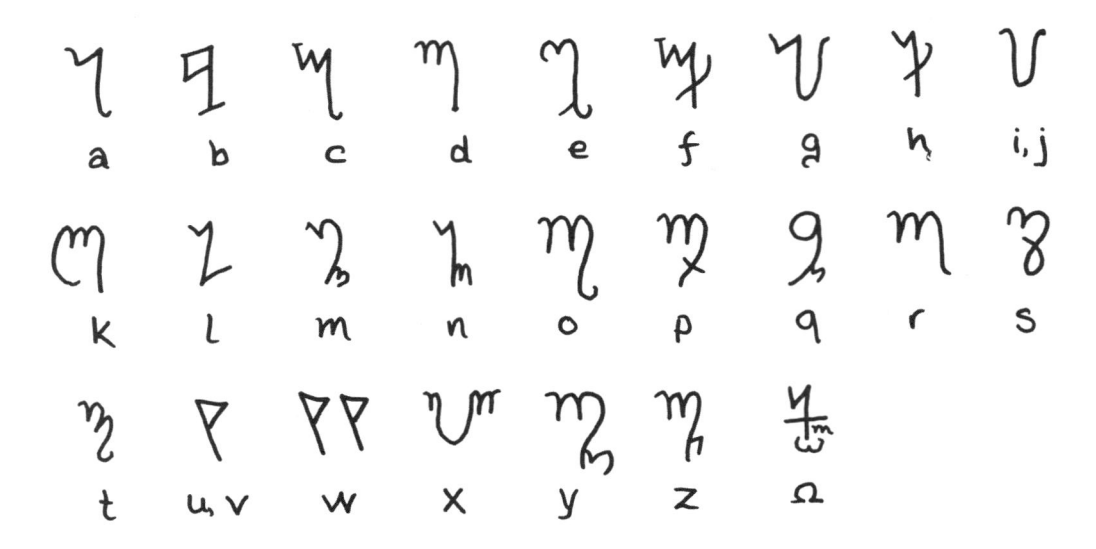

Figura 136: O alfabeto tebano também é chamado de alfabeto das bruxas.

O alfabeto tebano é um alfabeto mágico; portanto, dedique algum tempo para praticar sua escrita. Você pode escolher entre usar o caractere final como um ampersand, um ponto-final ou não o usar. Contemple os caracteres por alguns minutos e, depois, concentre-se na letra *A*. Estude a forma dessa letra até conseguir visualizá-la mentalmente. Em seguida, pratique a escrita dela. Não se preocupe em desenhá-la com perfeição; na realidade, à medida que trabalhar com o alfabeto, você poderá desenvolver um jeito próprio de escrever as letras.

CAPÍTULO 22
OUTROS TRÊS ALFABETOS MÁGICOS

ALÉM DO TEBANO, OUTROS ALFABETOS mágicos foram registrados em textos medievais, com supostas origens místicas ou divinas. Alguns desses alfabetos mostram diversas influências, em particular a hebraica. Os profundos mistérios do alfabeto hebraico pertencem à Cabala (ou Kabbalah, Kabalah, Qabala), filosofia esotérica e interpretação mística da Bíblia hebraica e da literatura rabínica que inclui o uso de magia. Os praticantes de magia e alquimia certamente foram expostos à literatura cabalística, cujo auge na Europa ocorreu entre os séculos XIII e XVI.

Os caracteres nos três alfabetos abordados neste capítulo têm a aparência quadrada das letras hebraicas e nomes semelhantes de letras. Uma característica desses alfabetos não encontrada em hebraico é a colocação de círculos nas extremidades de algumas linhas. Por causa dessa peculiaridade, os alfabetos são denominados escrita ocular, ou símbolos oculares, porque os círculos se parecem com olhos ou monóculos. Os três também são citados como alfabetos angélicos.

Embora o alfabeto angélico do *Sefer Raziel*, "Livro do Anjo Raziel", contenha caracteres oculares e se assemelhe aos alfabetos discutidos aqui, não há informação sobre os nomes de letras ou sobre os sons a elas atribuídos. Segundo as lendas, o alfabeto fora usado em um livro que o anjo Raziel deu a Adão quando este saiu do Jardim do Éden. Acredita-se que o *Sefer Raziel* foi escrito no século XIII.

Diante da contínua controvérsia em torno de anjos e paganismo, achei importante incluir esses alfabetos. Enquanto algumas pessoas acreditam que os anjos são entidades cristãs e não cabem na prática wiccana ou pagã, outras afirmam que eles antecedem o cristianismo e o judaísmo. Por minha experiência, creio que os anjos são uma espécie de seres espirituais que trazem mensagens e orientações e nos protegem em momentos de necessidade. Agem sem se preocupar com a orientação religiosa da pessoa.

O ALFABETO MALAQUIM

Duas fontes já foram sugeridas para o nome desse alfabeto: uma ordem de anjos – os Malaquim – e o Livro de Malaquias na Bíblia. Este último, igualmente conhecido como a Profecia de Malaquias, é agrupado com livros de Profetas Menores no fim do Antigo Testamento. A palavra *malachi* é hebraica e significa "meu mensageiro" ou "meu anjo".[182] De acordo com a Cabala, os Malaquim têm a sexta posição na hierarquia dos anjos.

Visto como alfabeto secreto dos Malaquim, também é considerado um presente desses anjos. Outra história acerca de sua origem é que as leis passadas a Moisés no monte Sinai foram escritas com ele. Menos importantes, algumas fontes indicam que Agrippa criou o alfabeto.

O ocultista do século XIX, Samuel Liddell MacGregor Mathers (1854-1918) atribuiu ao alfabeto origem antiga, porém diferente. Mathers, que acrescentou *MacGregor* ao nome para se apresentar como escocês, foi um estudioso excêntrico e brilhante e um dos fundadores da Ordem Hermética da Golden Dawn. Traduziu inúmeros textos de ocultismo, incluindo *A Chave de Salomão*, grimório mais famoso da Europa para magia ritualística. Na tradução, Mathers menciona que o alfabeto era usado para escrever os nomes de Deus e dos anjos em conjuração, e que Salomão o chamava de "a língua dos anjos".[183]

John Johnson (1777-1848), tipógrafo e autor inglês de história e arte da impressão, também pesquisou e escreveu acerca de alfabetos antigos. No livro *Typographia*, publicado em 1824, Johnson ilustrou vários alfabetos atribuídos ao rei Salomão que se assemelham aos alfabetos oculares, mas não combinam com nenhum deles.[184]

De qualquer modo, como as pessoas se encantavam com a antiguidade, principalmente com a sabedoria contida em textos antigos, a atribuição do alfabeto ao rei Salomão (c. 1010-931 a.C.) era um

---

182 James D. Newsome. *The Hebrew Prophets*. Louisville, KY: Westminster John Knox Press, 1984. p. 189.
183 S. L. MacGregor Mathers. *The Key of Solomon the King*. Mineola, NY: Dover Publications, Inc., 2009. p. 38.
184 John Johnson. *Typographia, Or, The Printers' Instructor: Including a Series of Ancient and Modern Alphabets*. Londres: Longman, Hurst, Rees, Orme, Brown & Green, 1824. p. 297. v. 2.

bom recurso. Famoso como grande sábio, Salomão uniu as tribos de Israel e construiu o primeiro templo de Jerusalém. Despertava o interesse profundo daqueles que queriam desvendar os segredos da magia na Idade Média.

A Sabedoria de Salomão, coletânea de máximas atribuídas a ele, é parte dos apócrifos, seção da Bíblia entre o Antigo e o Novo Testamento que não se encaixa nos critérios do cânon oficial. Outra escrita atribuída a ele é um texto do século III, *O Testamento de Salomão*, que envolve astrologia, magia, anjos e demônios. Conta a história do anel de Salomão, que lhe dava poder sobre demônios que infestavam a construção do templo. A relação do alfabeto com magia antiga e o famoso rei bíblico dava ao alfabeto mais glamour e misticismo.

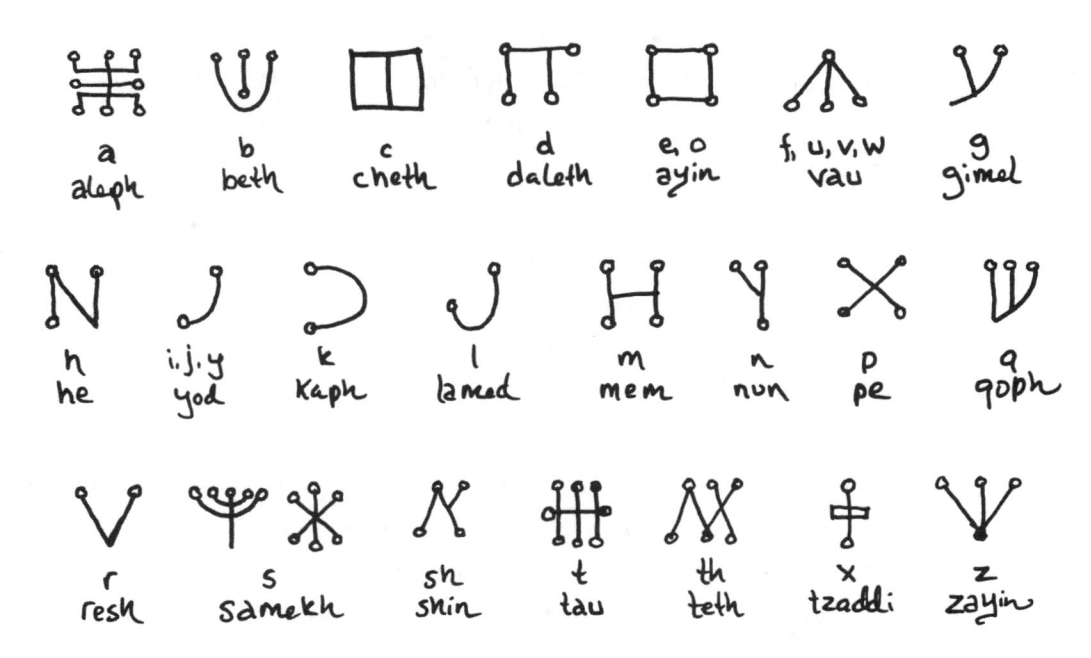

Figura 137: Alfabeto Malaquim com seus equivalentes em letras e sons de nosso alfabeto e nomes dos caracteres.

Se o alfabeto Malaquim foi trazido ou usado pelos anjos ou pelo rei Salomão, ou tão somente criado por Agrippa, o que importa é que sempre teve relação com profecia e mensagens. Se você quiser trabalhar com Malaquim, use-o em paralelo com divinação. Inscreva velas ou marque ferramentas com esse alfabeto. Para trabalhos com sonhos, escreva algumas palavras-chave em um pedaço de papel e ponha debaixo do travesseiro ou na mesinha de cabeceira. Guie-se pela imaginação para encontrar outros modos de usar o alfabeto Malaquim.

O ALFABETO CELESTIAL

Semelhante em forma ao Malaquim, o alfabeto Celestial também é chamado de angélico. O nome "Celestial" vem da noção de que as estrelas formaram as letras enquanto se deslocavam pelo céu, criando mensagens e transmitindo profecias. Segundo outras fontes, assim como as imagens associadas às constelações, a forma das letras celestiais podia ser vista quando fossem desenhadas linhas imaginárias entre determinadas estrelas. O médico, astrólogo e cabalista inglês Robert Fludd (1574-1637) comparava as letras celestiais com símbolos geomânticos, guardando conhecimento oculto discernível pelos iniciados nos antigos mistérios.

Segundo Francis Barrett na obra *O Mago*, o alfabeto Celestial foi feito por Deus ou pelos anjos para enviar mensagens às pessoas que haviam recebido o conhecimento para compreendê-las. Barrett apresentava as letras em ordem diferente da de Agrippa, mas os símbolos dos caracteres eram os mesmos. Outras fontes indicam que esse alfabeto era usado para ensinamentos secretos, passados de Adão a Set, e que se tornaram a base da Cabala.

O médico norte-americano Albert Mackey (1807-1881), que escreveu muito acerca da maçonaria livre, também estudava línguas, simbolismo e a Cabala. Ele observou que, apesar de não ter a aparência exata da escrita hebraica, esse alfabeto carrega o poder investido no alfabeto hebraico. Segundo Mackey, astrólogos e alquimistas medievais usavam o alfabeto Celestial, e Agrippa, Johnson e outros contribuíram para deixá-lo facilmente disponível.

Quando escreve sobre o alfabeto Celestial, Johnson comenta que os primeiros alfabetos eram símbolos tirados de objetos naturais. Segundo diz, os caldeus usaram as estrelas para formar seu alfabeto, que ficou conhecido como alfabeto Celestial. Outras referências a um alfabeto Celestial caldeu indicam que era entrelaçado com o hebraico. Aliás, um livro publicado em 1799 dá ao alfabeto Celestial o título de *Caldeu 1*. Consulte a seção sobre o alfabeto dos Magos para mais detalhes.

Como vimos na Parte 1, o termo *caldeu* tornou-se sinônimo de *babilônio*; contudo, era também um termo geral usado por alguns escritores da Antiguidade em referência aos estudiosos e sacerdotes renomados pelo conhecimento de astronomia e astrologia. Depois da conquista de Judá pelos babilônios no século VI a.C., os hebreus permaneceram em cativeiro até os persas conquistarem a Babilônia. Não é difícil concluir que alguns dos magos caldeus eram hebreus. Pode ter ocorrido um intercâmbio de ideias que resultou na fusão da astrologia dos caldeus/babilônios com a Cabala hebraica. Os planetas e o alfabeto hebraico são parte integrante da Cabala.

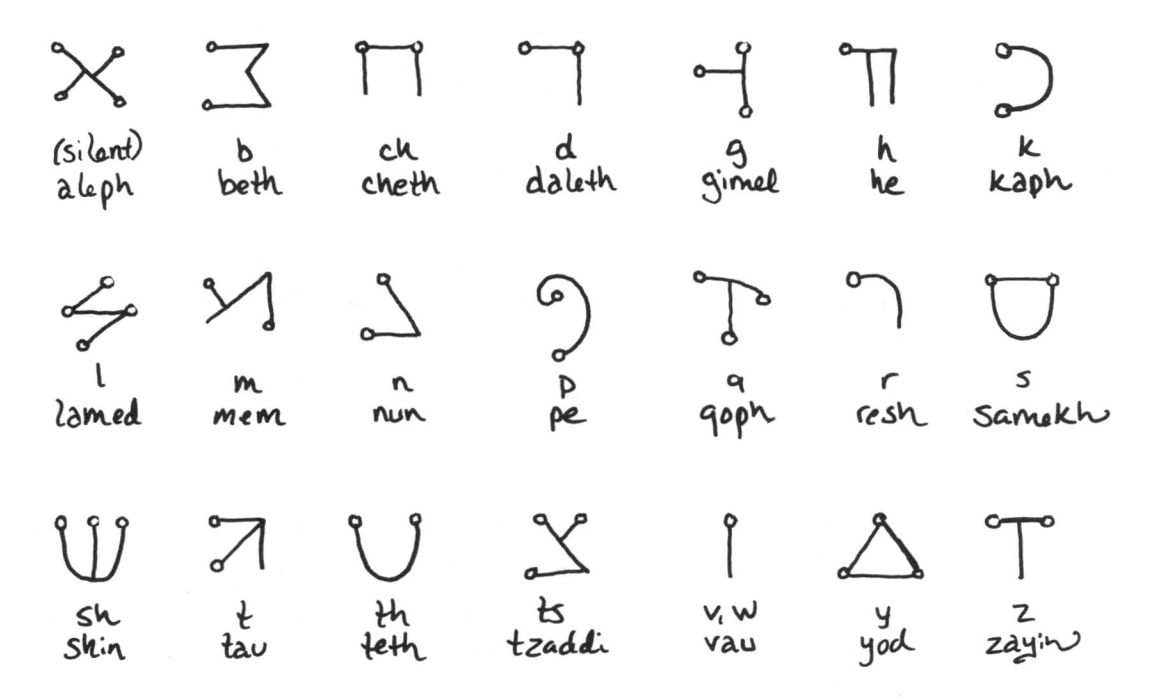

Figura 138: O alfabeto Celestial com seus equivalentes em letras e sons de nosso alfabeto e nomes dos caracteres.

Seja qual for a origem, se o alfabeto Celestial chama sua atenção, incorpore-o em suas práticas mágicas. Por causa da relação com as estrelas, talvez você sinta que ele aperfeiçoa o trabalho com astrologia. Se fizer leituras para outras pessoas, escreva o nome da pessoa com esse alfabeto e coloque-o sobre a mesa com suas outras ferramentas. Na hora da leitura, use o alfabeto para escrever uma palavra-chave ou uma pergunta relacionada ao propósito da leitura.

ALFABETO TRAVESSIA DO RIO

Este alfabeto é conhecido por outros nomes, como Passagem pelo Rio, Passagem através do Rio, Passagem do Rio, Além do Rio e *Transfluvial* e *Trans Fluvii*, do latim *Fluvii Transitus*. Embora citado como escrita talismânica do rei Salomão, os alfabetos atribuídos ao rei têm apenas semelhança mínima, com círculos no fim das linhas de algumas letras.

Como o próprio nome, o rio citado tem vários candidatos. Os quatro rios do Jardim do Éden às vezes são mencionados, mas nenhum recebe destaque como *o rio*; por isso, a ideia não faz sentido. Há um consenso de que o rio seria uma referência ao exílio dos hebreus na Babilônia, o que tornaria os rios Eufrates e Jordão os principais pretendentes. Entretanto, ao observar que os rabinos cabalistas usavam o alfabeto, Elena Petrovna Blavatsky (1831-1891) acreditava que o rio referido era o canal Chebar.[185]

Blavatsky foi uma autora e filósofa que emigrou da Rússia, além de cofundadora da Sociedade Teosófica. Ela não explica por que escolheu o Chebar, mas é uma opção interessante. Às vezes chamado de rio, o canal localiza-se no atual Iraque. O rio Chebar é mencionado no Livro de Ezequiel na Bíblia como uma área onde os judeus exilados ficavam e o local onde Deus apareceu para Ezequiel, tornando-se, assim, um lugar sagrado. Entretanto, Nippur era a cidade sumeriana sagrada do deus supremo Enlil. Os nomes e as religiões podem mudar, mas certos sítios permanecem sagrados.

Embora geralmente o alfabeto Travessia do Rio seja atribuído a Agrippa, há outros possíveis candidatos a criadores, descobridores ou publicadores. Giovanni Agostino Panteo (falecido em 1535), padre italiano interessado em combinar alquimia e Cabala, revestiu seu trabalho sob termos cristãos para se poupar da Inquisição. O alfabeto Travessia do Rio apareceu na segunda edição de seu livro *Ars et Theoria Transmutationis Metalicae* (*Arte e Teoria da Transmutação de Metais*), publicado em 1530.[186] Panteo o chamava de alfabeto Além do Rio e o associava a Abraão, patriarca do povo judeu.

O calígrafo italiano Giovambattista (Giovanni Battista) Palatino (c. 1515-1575) era fascinado por alfabetos, códigos e famílias tipográficas. A fonte Palatino é uma homenagem ao seu nome. Em 1550, ele publicou um manual de caligrafia e amostras de alfabetos gregos, hebraicos, árabes e outros.[187] O alfabeto Travessia do Rio aparece como *Alphabetum Hebraicum ante Esrdram* (*Alfabeto Hebraico antes de Ezra*). Ezra foi um sacerdote e escriba hebreu exilado na Babilônia.

O estudioso jesuíta alemão Athanasius Kircher (1602-1680) estudava línguas e alegava conhecer o segredo para decodificar hieróglifos egípcios. Incluiu Travessia do Rio no livro *Turris Babel* (*Torre de Babel*), publicado em 1679.[188] Nele, Kircher observa que Abraão de Balmes foi o primeiro estudioso a divulgar o alfabeto. Abraão ben Meir de Balmes (c. 1440-1523) foi médico, gramático, filósofo e tradutor judeu que se dedicou aos estudos judaicos. O alfabeto foi incluído em seu tratado sobre a língua hebraica, publicado em Veneza, em 1523.[189]

---

185   H. P. Blavatsky. *The Theosophical Glossary*. Nova York: The Theosophical Publishing Society, 1892. p. 250.
186   Nadia Vidro; Irene E. Zwiep e Judith Olszowy-Schlanger. *A Universal Art: Hebrew Grammar across Disciplines and Faiths*. Boston: Brill, 2014. p. 217.
187   Ibid., p. 216.
188   Ibid., p. 231.
189   Israel Zinberg. *A History of Jewish Literature: Italian Jewry in the Renaissance Era*. Tradução e org. Bernard Martin. Nova York: KTAV Publishing House, Inc., 1974. p. 46.

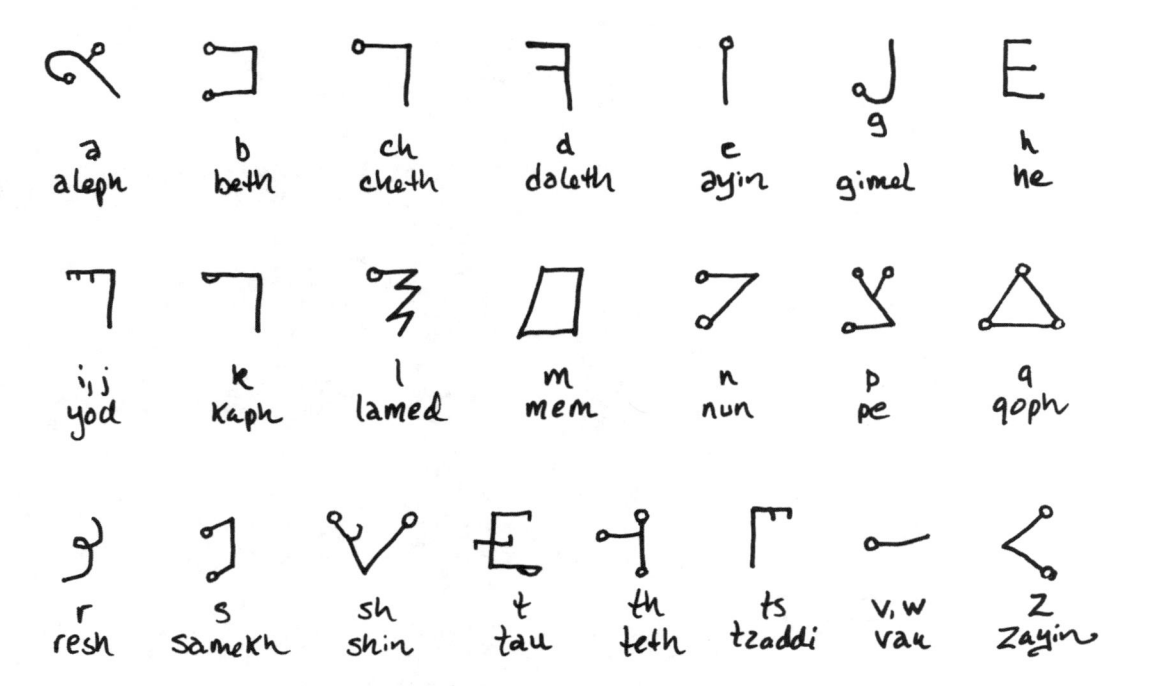

Figura 139: Alfabeto Travessia do Rio com seus equivalentes em letras e sons de nosso alfabeto e nomes dos caracteres.

O alfabeto Travessia do Rio pode ser utilizado como qualquer outro alfabeto mágico; porém, por causa da associação com rios, é particularmente eficaz para encantamentos que envolvam água. Use-o também em objetos ritualísticos que representem o elemento água.

CAPÍTULO 23

PARACELSO, JOHN DEE E ALFABETOS MÁGICOS

NESTE CAPÍTULO, EXAMINAREMOS OUTROS DOIS alfabetos mágicos. Ao contrário de Malaquim, Celestial e Travessia do Rio, esses alfabetos não têm a menor relação com o alfabeto hebraico. O alfabeto dos Magos e o alfabeto Enoquiano são particularmente associados a povos bem conhecidos. Embora Paracelso e John Dee sejam famosos pelo interesse em magia, astrologia e alquimia, seu conhecimento mais vasto e suas melhores contribuições costumam ser ignorados.

O ALFABETO DOS MAGOS

Às vezes chamado de alfabeto dos feiticeiros, o alfabeto dos Magos é atribuído a Paracelso. Como outros alfabetos mágicos, a história deste é tortuosa. Mencionado na Parte 2 deste livro por causa do tratado dos elementais, o médico e alquimista Teofrasto Bombasto de Hohenheim se autodenominava Paracelso. Criou essa identidade com base no nome de um célebre médico romano do século I, Celso, e acrescentou o prefixo para que seu nome significasse "além de Celso".[190]

---

[190] Thomas F. X. Noble et. al. *Western Civilization. Beyond Boundaries Volume I: to 1715*. 7. ed. Boston: Wadsworth Cengage Learning, 2018. p. 488.

Paracelso influenciou o desenvolvimento da química como ciência e é considerado o fundador da toxicologia moderna e do sistema homeopático de medicina. Também foi influente ao promover o uso de minerais para fins terapêuticos. Afirma-se ainda que, com a astrologia como parte da prática de medicina, ele usava o alfabeto dos Magos para inscrever os nomes de anjos em talismãs, com o intuito de curar os pacientes.

Paracelso fez jus à conotação de seu segundo nome, pois foi excessivamente bombástico. Convicto de que sabia mais que médicos clássicos como Galeno, por exemplo, surpreendeu os colegas na Universidade da Basileia ao atirar os livros médicos mais importantes na fogueira da *véspera* de 23 de junho (*midsummer*). Embora possamos pensar que a palavra bombástica tinha de fato relação com ele, na realidade derivava do termo antigo que significava estrondoso como bomba, além de empolado ou afetado.[191]

O mais curioso acerca de Paracelso e do alfabeto dos Magos é que, segundo algumas fontes, esse alfabeto não aparece em nenhum de seus escritos. Como não tenho acesso à sua obra completa, não posso confirmar isso. Entretanto, a edição de seu livro *Dos supremos mistérios da natureza*, de 1656, traduzida pelo escritor inglês Robert Turner (1654-1665), inclui ilustrações de seus talismãs com uma escrita que pode ser confundida com o alfabeto dos Magos. Ou poderiam ser apenas exemplos malfeitos dele.

O alfabeto consta na obra de outros. O linguista e filólogo francês Claude Duret (c. 1570-1611) foi um ávido colecionador de textos e alfabetos antigos. Seu livro sobre história e origem das línguas, intitulado *Thresor de l'histoire des langues de cest univers* (*Tesouro da história das línguas deste universo*) foi publicado postumamente, em 1613.[192] Nele, Duret se refere ao alfabeto dos Magos como os caracteres do anjo Rafael e cita Teseo Ambrogio (1469-1540) como fonte.

Teseo Ambrogio Albonesi também era linguista e ensinava línguas semíticas na Universidade de Bolonha. No livro publicado em 1539, *Introductio in chaldaicam linguam* (*Introdução às línguas caldeias*), Ambrogio apresentava diversos alfabetos antigos, incluindo o dos Magos. Assim como Duret, dizia que o alfabeto veio do anjo Rafael. Comenta-se que trabalhava em uma versão cristã da Cabala.

O alfabeto dos Magos apareceu em vários outros manuscritos no decorrer dos séculos, por exemplo, na obra do inglês Edmund Fry (1754-1835). Apesar de ser formado em medicina, Fry preferiu assumir a funilaria da família e o serviço de tipografia com os irmãos. Sendo ele próprio tipógrafo, interessava-se por famílias tipográficas e alfabetos; assim, publicou um livro intitulado *Pantographia*,

---

191 Barnhart. *The Barnhart Concise Dictionary of Etymology*, p. 77.
192 Florence Bretelle-Establet e Stéphane Schmitt (orgs.). *Pieces and Parts in Scientific Texts*. Nova York: Springer Publishing, 2018. p. 307.

que continha cópias exatas de todos os alfabetos conhecidos do mundo. O livro incluía os dois alfabetos por ele chamados de *Caldeu 1* e *Caldeu 2*. Este último é o alfabeto dos Magos, que Fry atribuía a Duret. *Caldeu 1* é o alfabeto Celestial. A fonte de Fry e o motivo de chamar os dois alfabetos de caldeus são incertas. Não pode ter sido Ambrogio, porque os dois alfabetos caldeus por ele apresentados são completamente diferentes.

O alfabeto dos Magos não deve ser confundido com o Alfabeto Místico dos Magos, do Conde Alessandro Cagliostro, nome adotado de Giuseppe Balsamo (1743-1795). Cagliostro foi alquimista e charlatão italiano que viajou pela Europa curando pessoas e praticando magia enquanto tentava desenvolver um movimento maçônico egípcio. Foi preso como vigarista e acabou atraindo a atenção dos inquisidores. Seu alfabeto místico não era um alfabeto *per se*, mas, sim, um método de divinação por ele elaborado que dependia de um arranjo específico de letras.

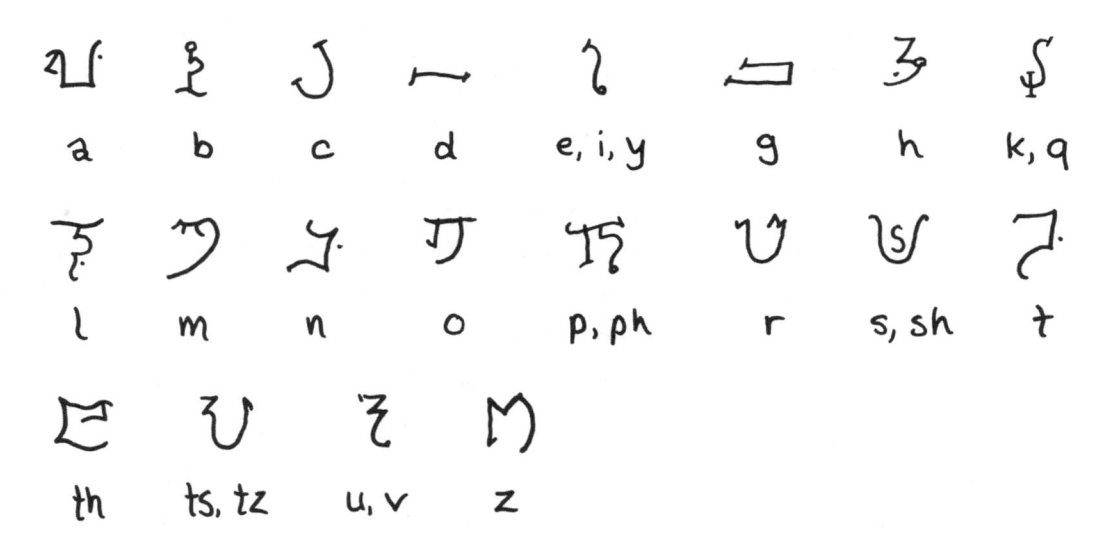

Figura 140: Alfabeto dos Magos com seus equivalentes em letras e sons de nosso alfabeto.

Assim como os outros alfabetos mágicos, o dos Magos pode ser utilizado para qualquer propósito que lhe pareça apropriado. Seja verdade ou não que Paracelso o inventou para a prática de medicina, tem extensa relação com talismãs e cura. Use-o para inscrever velas ou quaisquer objetos empregados em cura, rituais de proteção ou encantamentos.

O ALFABETO ENOQUIANO

O alfabeto Enoquiano é diferente dos outros por causa do lendário surgimento com John Dee e Edward Kelley (1555-1597). Apesar de não contar com nenhuma ligação com o hebraico, Dee e Kelley trabalharam na época em que a Cabala alcançava o auge da popularidade medieval. A obra dos dois com o sistema enoquiano durou sete anos.[193] De acordo com as anotações de Dee, o alfabeto foi recebido no decorrer de um período de treze meses, em diversas sessões de transe, por meio de vidência com um cristal.

Da Idade Média até a Renascença, a cristalomancia (vidência por meio de cristais) era uma forma comum de divinação, porque os cristais eram considerados uma ponte entre a matéria e o espírito. Às vezes apontados como responsáveis por criar a euforia, Dee e Kelley usavam uma bola de cristal de rocha que chamavam de "pedra de visão", ou pedra angélica, ou ainda *crystallo*.[194] Placas lisas de obsidiana altamente polida também serviam de espelho para a vidência. A bola de cristal e o espelho de obsidiana de Dee encontram-se no Museu Britânico.

John Dee é mais conhecido como matemático, astrólogo, filósofo ocultista e conselheiro da rainha Elizabeth I. Costuma-se ignorar o fato de também ter sido antiquário e inventor cujos interesses se estendiam da geografia e navegação até as belas-artes – verdadeiro homem da Renascença. Nos séculos posteriores, seu interesse por filosofia oculta, magia matemática e teurgia (influência dos poderes sobrenaturais) obscureceu uma avaliação correta de sua obra. Na época, Dee era considerado homem culto e respeitável, principalmente no continente, onde as pessoas reconheciam suas contribuições para a matemática e o convidavam para ministrar palestras sobre Euclides na Universidade de Paris.

Entretanto, na Inglaterra, a matemática era associada à magia negra, e o interesse de Dee por astrologia, magia e alquimia não ajudou sua reputação. Durante vários meses, em 1555, ele permaneceu preso por ordem da rainha Maria I (1516-1558) por conjurar espíritos.[195] Quando a irmã de Maria, Elizabeth, assumiu o trono, o pecado de Dee tornou-se virtude, pois os conselheiros da nova rainha solicitaram a ajuda dele após encontrar uma imagem de Elizabeth com um alfinete espetado no coração.

---

193 Egil Asprem. *Arguing with Angels: Enochian Magic and Modern Occulture*. Albany, NY: State University of New York Press, 2012. p. 11.
194 Eric G. Wilson. *The Spiritual History of Ice: Romanticism, Science, and the Imagination*. Nova York: Palgrave MacMillan, 2003. p. 13.
195 Peter French. *John Dee: The World of the Elizabethan Magus*. Nova York: Routledge, 2002. p. 6.

Ávido colecionador e faminto de conhecimento, Dee montou a maior biblioteca da Inglaterra no século XVI. Comprava manuscritos e livros velhos na Inglaterra e no continente com a intenção de preservar conhecimentos e adquiriu alguns dos manuscritos dos mosteiros dissolvidos pelo pai da rainha Elizabeth. De acordo com um catálogo escrito pelo próprio Dee, sua biblioteca continha quase quatro mil obras, muitas marcadas com suas anotações nas margens.[196] Com tanto conhecimento disponível, ele logo ganhou popularidade e atraiu muitos visitantes, incluindo a própria rainha.

Um texto na biblioteca de Dee que deve ter exercido influência em sua obra foi *Voarchadumia*, do padre italiano Giovanni Agostino Panteo (falecido em 1535).[197] Manual de alquimia mística, o livro contém um alfabeto que Panteo chamava de Enoquiano. Acredita-se que uma cópia do livro no Museu Britânico tenha pertencido a Dee por causa das anotações nas margens. Embora o alfabeto Enoquiano de Dee seja diferente, existe a teoria de que *Voarchadumia* foi uma inspiração para ele.

Na busca por sabedoria oculta acerca do Universo, seus diários e livros detalhados eram uma tentativa de encontrar elos entre alquimia, astrologia, geometria sagrada e a Cabala. Pelo uso de preces e invocações, Dee pedia aos anjos que aparecessem em cristais. Incapaz de praticar a vidência, trabalhou com vários videntes/observadores de cristais, até conhecer Edward Kelley. Boticário experiente, o alquimista e médium espírita Kelley (às vezes escrito Kelly) ocasionalmente se apresentava sob o nome de Edward Talbot.

Os diários de Dee indicam que, nas sessões, Kelley fazia a vidência e transmitia a informação a Dee, que registrava os detalhes. As mensagens recebidas por Kelley consistiam em letras dispostas em quadrados. Reza a lenda que, quando Kelley não conseguia descrever ou desenhar corretamente o alfabeto, e tinha dificuldade em reproduzir as letras, os anjos as faziam aparecer em papel como caracteres amarelos tênues, para que ele os contornasse.

Os transcritos de Dee dessas sessões, chamados *Cinco Livros de Mistério*, fazem parte do manuscrito Sloane, números 3188 a 3191. Kelley também fez uma transcrição do alfabeto e outras anotações, o *Sexto Livro do Espírito*, igualmente parte da coleção Sloane. Tanto a caligrafia de Dee quanto a de Kelley aparecem por todo manuscrito. Os transcritos contêm, ainda, uma parte que Dee chamou de *Livro de Enoque*, segundo ele, trazido pelo anjo Rafael.

De acordo com a Bíblia, Enoque foi um patriarca profético levado aos céus sem sofrer a morte. Assim como a Cabala, o místico e perdido (ou esquecido) *Livro de Enoque* despertou grande interesse no decorrer do século XVI. Uma cópia do manuscrito apareceu no século XVII e, posteriormente,

---

196 *Ibid.*, p. 43.
197 A controvérsia em torno da palavra *Voarchadumia* não cabe no tema deste livro.

nos manuscritos do Mar Morto. O *Livro de Enoque* contém histórias sobre uma classe de anjos chamados *Observadores*, que vieram para a terra a fim de ensinar alquimia, feitiçaria e astrologia aos seres humanos. Além de visões e profecias, o livro traz, ainda, uma descrição do inferno.

Há três versões do alfabeto Enoquiano nos transcritos de Dee. Segundo o linguista e antropólogo australiano Donald Laycock (1936-1988), os dois primeiros têm alguma semelhança com os caracteres hebraicos desenhados por Dee.[198] Entretanto, ninguém jamais conseguiu localizar os caracteres em qualquer fonte semítica. O alfabeto consiste em vinte e um caracteres, cada qual com seu nome, mas sem a menor relação com o valor fonético da letra. Além de um alfabeto, as mensagens recebidas por Dee e Kelley incluíam uma língua enoquiana que Dee considerava a língua perdida de Adão.

Entretanto, mesmo com gramática própria, a linguagem enoquiana segue os padrões dos idiomas modernos. Por exemplo, contém dois sons para as letras *C* e *G* e usa a combinação de *S* e *H* para produzir o som "SH". Segundo Laycock, essas não são características próprias de nenhuma língua antiga.

Além do alfabeto e da língua, os transcritos dessas sessões também continham um sistema complexo de magia. Pouco se sabe quão difundida era a magia enoquiana na Renascença, mas parece que desapareceu por vários séculos. No século XIX, o alfabeto e o sistema de magia ganharam atenção por meio dos escritos de MacGregor Mathers. Tornaram-se o coração de um sistema mágico adotado pela Ordem Hermética da Golden Dawn, que acrescentou a eles atributos elementais e planetários. Atribui-se a Aleister Crowley o crédito de atrair atenção ao alfabeto também fora da Golden Dawn. Uma pequena amostra do sistema mágico que costuma ser usado nos rituais populares é a invocação das quatro Torres de Vigia direcionais enoquianas.

---

198 Donald C. Laycock. *The Complete Enochian Dictionary: A Dictionary of the Angelic Language as Revealed to Dr. John Dee and Edward Kelley*. York Beach, ME: Weiser Books, 2001. p. 27.

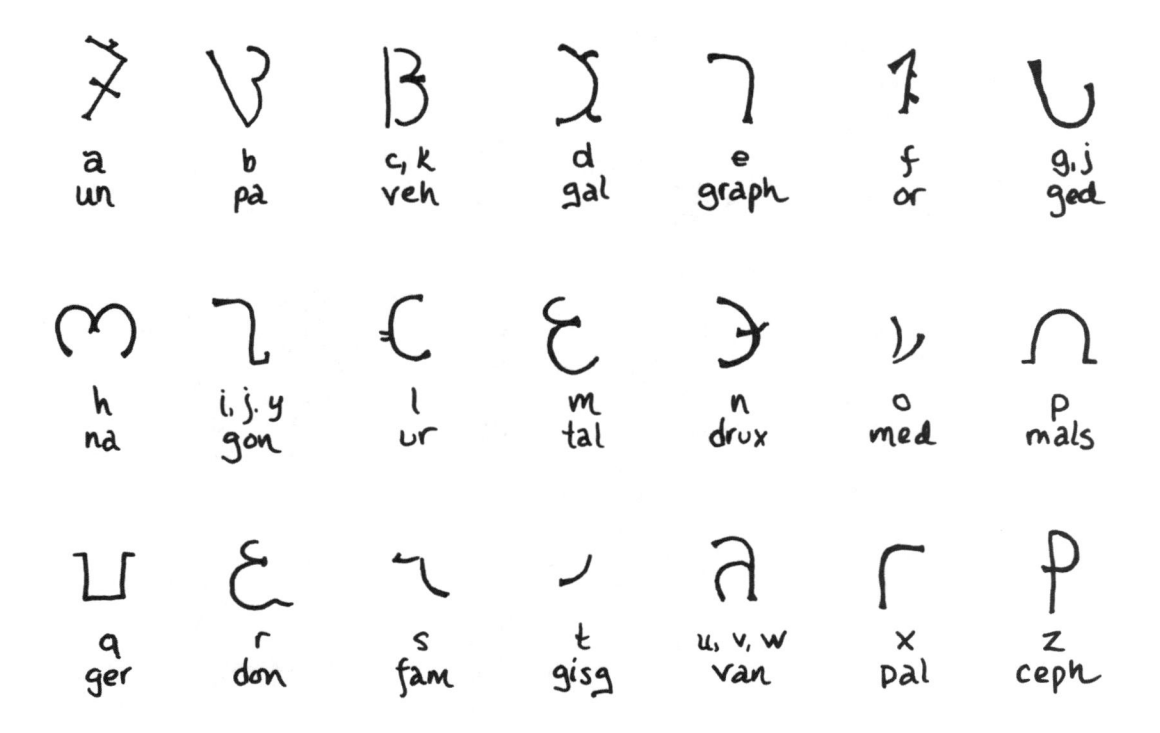

Figura 141: Alfabeto Enoquiano com seus equivalentes em letras e sons de nosso alfabeto e nomes dos caracteres.

Obviamente parte integrante da linguagem enoquiana, essa escrita também foi usada por Dee para marcar talismãs, equipamentos ritualísticos e implementos para a prática da vidência. Podemos usar o alfabeto para essas finalidades. Essencial na vidência de Kelley, a escrita serve, ainda, para marcar ferramentas, velas e outros objetos usados em divinação. Assim como em todos os alfabetos mágicos, siga a intuição até encontrar outros usos para este.

RESUMO

EMBORA UM SÍMBOLO INDIVIDUAL SEJA significativo, o aprendizado a respeito dele no contexto de um sistema e o estudo de sua história acrescentam profundidade e dimensão ao seu uso. Às vezes, os detalhes históricos podem estimular nossa imaginação e nos ajudar a descobrir relevância pessoal nos símbolos que utilizamos.

Como vimos, alguns símbolos e seus significados mudam com o passar dos séculos, à medida que sucessivas gerações de pessoas encontram novos atributos neles. Continuamos a adaptá-los a fim de lhes dar relevância no mundo atual, mas é importante evitarmos a distorção do passado apenas para enquadrá-los em nossa visão.

Mesmo que você nunca tenha trabalho com um grupo de símbolos, explore-os, se achá-los interessante. Não precisa ser mestre das runas para que elas falem com você. Comece com um símbolo que lhe pareça atraente; conheça-o, use-o e medite com ele. A partir daí, explore outros símbolos no sistema. Talvez descubra que uma mistura das runas do Futhark Mais Velho e do Anglo-Saxônico serve aos seus interesses ou que alguns símbolos astrológicos alternativos refletem sua natureza. Siga a intuição e deixe o coração lhe mostrar seu caminho único enquanto explora o poder dos símbolos.

BIBLIOGRAFIA

Agrippa de Nettesheim, Henrique Cornélio. *Three Books of Occult Philosophy: The Foundation Book of Western Occultism*. Tradução de James Freake. Organizado e comentado por Donald Tyson. St. Paul, MN: Llewellyn Publications, 2004.

_____. *Three Books of Occult Philosophy Or Magic: Book One – Natural Magic*. Tradução de James Freake. Organizado por Willis F. Whitehead. Chicago: Hahn & Whitehead, 1898.

Åkerman, Susanna. *Rose Cross Over the Baltic: The Spread of Rosicrucianism in Northern Europe*. Boston: Brill, 1998.

Allen, Richard Hinckley. *Star-Names and Their Meanings*. Nova York: G. E. Stechert, 1899.

Anônimo. "The Ogam Scales of the Book of Ballymote". *Epigraphic Society Occasional Papers*. Danvers, MA: The Epigraphic Society, 1993. v. 22, parte 2.

Antonsen, Elmer H. "The Runes: The Earliest Germanic Writing System". *The Origins of Writing*. Organizado por Wayne M. Senner. Lincoln, NE: University of Nebraska Press, 1989. p. 137-158.

Asprem, Egil. *Arguing with Angels: Enochian Magic and Modern Occulture*. Albany, NY: State University of New York Press, 2012.

Austin, Daniel F. *Florida Ethnobotany*. Boca Raton, FL: CRC Press, 2004.

Bailey, Michael D. *Magic and Superstition in Europe: A Concise History from Antiquity to the Present*. Nova York: Rowman & Littlefield Publishers, Inc., 2007.

Bandle, Oscar; Kurt Braunmüller; Ernst Håkon Jahr; Allan Karker; Hans-Peter Naumann; Ulf Teleman; Lennart Elmevik; Gun Widmark (orgs.). *The Nordic Languages: An International Handbook of the History of the Northern Germanic Languages*. Nova York: Walter de Gruyter, 2002. v. 1.

Barnes, Michael P. *Runes: A Handbook*. Woodbridge, Inglaterra: The Boydell Press, 2012.

Barnhart, Robert K. (org.). *The Barnhart Concise Dictionary of Etymology*. Nova York: HarperCollins, 1995.

Barrett, Francis. *The Magus: A Complete System of Occult Philosophy*. Livros Um e Dois. Escondido, CA: The Book Tree, 1999.

Becker, Udo. *The Continuum Encyclopedia of Symbols*. Tradução de Lance W. Garmer. Nova York: Continuum International Publishing Group Inc., 2000.

Berg, Walter. *The 13 Signs of the Zodiac*. Londres: Thorsons Publishing Group, 1995.

Berloquin, Pierre. *Hidden Codes & Grand Designs: Secret Languages from Ancient Times to Modern Day*. Nova York: Sterling Publishing Company, Inc., 2008.

Blavatsky, H. P. *The Theosophical Glossary*. Nova York: The Theosophical Publishing Society, 1892.

Block, Daniel I. *Beyond the River Chebar: Studies in Kingship and Eschatology in the Book of Ezekiel*. Cambridge, Inglaterra: James Clarke & Co., 2014.

Blum, Ralph H. *The Book of Runes. A Handbook for the Use of an Ancient Oracle: The Viking Runes*. Londres: Headline Book Publishing, 1993.

Brady, Bernadette. *Brady's Book of Fixed Stars*. York Beach, ME: Red Wheel/Weiser LLC, 1998.

Brann, Noel L. *Trithemius and Magical Theology: A Chapter in the Controversy over Occult Studies in Early Modern Europe*. Albany, NY: State University of New York Press, 1999.

Bretelle-Establet, Florence; Stéphane Schmitt (orgs.). *Pieces and Parts in Scientific Texts*. New York: Springer Publishing, 2018.

Brinton, Laurel J. (org.). *English Historical Linguistics: Approaches and Perspectives*. Nova York: Cambridge University Press, 2017.

Brown, Michelle P. *The British Library Guide to Writing and Scripts: History and Techniques*. Toronto, Canadá: University of Toronto Press, 1998.

Butler, Alison. *Victorian Occultism and the Making of Modern Magic: Invoking Tradition*. Nova York: Palgrave Macmillan, 2011.

Campbell, Joseph; Bill Moyers. *The Power of Myth*. Nova York: Doubleday, 1988.

Campion, Nicholas. *A History of Western Astrology Volume II: The Medieval and Modern Worlds*. Nova York: Continuum US, 2009.

Capecchi, Danilo. *History of Virtual Work Laws: A History of Mechanics Prospective*. Nova York: Springer, 2012.

Carraher, Jr., Charles E. *Giant Molecules: Essential Materials for Everyday Living and Problem Solving*. 2. ed. Hoboken, NJ: John Wiley & Sons Inc., 2003.

Chartrand, Mark R. *Night Sky: A Guide to Field Identification*. Nova York: St. Martin's Press, 1990.

Cirlot, Juan Eduardo. *A Dictionary of Symbols*. 2. ed. Tradução de Jack Sage. Mineola, NY: Dover Publications, Inc., 1971.

Classen, Albrecht (org.). *Magic and Magicians in the Middle Ages and the Early Modern Time: The Occult in Pre-Modern Sciences, Medicine, Literature, Religion, and Astrology*. Boston: Walter de Gruyter, 2017.

Cortés, Carlos E. (org.). *Multicultural America: A Multimedia Encyclopedia*. Los Angeles: Sage Publications, Inc., 2013. v. 4.

Crone, Hugh. *Paracelsus, The Man who Defied Medicine: His Real Contribution to Medicine and Science*. Melbourne, Austrália: The Albarello Press, 2004.

Crowley, Vivianne. *Jung: A Journey of Transformation, Exploring His Life and Experiencing His Ideas*. Wheaton, IL: Quest Books, 1999.

Daniels, Peter T.; William Bright (orgs.). *The World's Writing Systems*. Nova York: Oxford University Press, 1996.

Danver, Steven L. (org.). *Popular Controversies in World History: Investigating History's Intriguing Questions. Prehistory and Early Civilizations*. Santa Barbara, CA: ABC-CLIO, LLC, 2011. v. 1.

Darling, David J. *The Universal Book of Astronomy: From the Andromeda Galaxy to the Zone of Avoidance*. Hoboken, NJ: John Wiley & Sons, Inc., 2004.

Davies, Edward. *Celtic Researches on the Origin, Traditions & Language of the Ancient Britons*. Londres: J. Booth, 1804.

Davies, Norman. *Europe: A History*. Nova York: Oxford University Press, 1996.

Davies, Owen. *Grimoires: A History of Magic Books*. Nova York: Oxford University Press, 2010.

Deming, David. *Science and Technology in World History: The Origin of Chemistry, the Principle of Progress, the Enlightenment, and the Industrial Revolution*. Jefferson, NC: McFarland & Company, Inc., 2016. v. 4.

Dennis, Geoffrey W. *The Encyclopedia of Jewish Myth, Magic and Mysticism*. 2. ed. Woodbury, MN: Llewellyn Worldwide, 2016.

Dent, Shirley; Jason Whittaker. *Radical Blake: Influence and Afterlife from 1827*. Nova York: Palgrave Macmillan, 2002.

DeSalvo, John. *The Lost Art of Enochian Magic: Angels, Invocations, and the Secrets Revealed to Dr. John Dee*. Rochester, VT: Destiny Books, 2010.

deVore, Nicholas. *Encyclopedia of Astrology*. Nova York: Philosophical Library, 1947.

Dobelis, Inge N. (org.). *Magic and Medicine of Plants: A Practical Guide to the Science, History, Folklore, and Everyday Uses of Medicinal Plants*. Pleasantville, NY: The Reader's Digest Association, Inc., 1986.

Ede, Andrew; Lesley B. Cormack. *A History of Science in Society: From Philosophy to Utility*. 3. ed. Toronto, Canadá: University of Toronto Press, 2017.

Editorial Staff. *Webster's Third New International Dictionary*, Unabridged. Chicago: Encyclopedia Britannica, Inc., 1981. v. 3.

Editor of Encyclopaedia Britannica. "Babylonia". *Encyclopaedia Britannica*, Inc. 12 jul. 2016. Disponível em: https://www.britannica.com/place/Babylonia.

Elliot, Ralph W. V. *Runes: An Introduction*. Manchester, Inglaterra: Manchester University Press, 1959.

Evans, James. *The History and Practice of Ancient Astronomy*. Nova York: Oxford University Press, 1998.

Evans-Wentz, W. Y. *The Fairy Faith in Celtic Countries*. Nova York: Citadel Press, 1999.

Findell, Martin. *Phonological Evidence from the Continental Runic Inscriptions*. Boston: Walter de Gruyter, 2012.

Finocchiaro, Maurice A. *The Routledge Guidebook to Galileo's Dialogue*. Nova York: Routledge, 2014.

Fontana, David. *The Secret Language of Symbols: A Visual Key to Symbols and Their Meanings*. São Francisco: Chronicle Books, 2003.

Forbes, Alexander Robert. *Gaelic Names of Beasts (Mammalia), Birds, Fishes, Insects, Reptiles, Etc*. Edimburgo, Escócia: Oliver and Boyd, 1905.

Forbes, John. *The Principles of Gaelic Grammar*. 2. ed. Edimburgo Escócia: Oliver and Boyd, 1848.

Fortson, Benjamin W. *Indo-European Language and Culture: An Introduction*. 2. ed.. Chichester, Inglaterra: Wiley & Sons, Ltd., 2010.

French, Peter. *John Dee: The World of an Elizabethan Magus*. Nova York: Routledge, 2002.

Fry, Edmund. *Pantographia; Containing Accurate Copies of All the Known Alphabets in the World*. Londres: Cooper and Wilson, 1799.

Gallant, Roy A. *Constellations: How They Came to Be*. Cincinnati, OH: Four Winds Press, 1979.

Gettings, Fred. *The Book of the Hand: An Illustrated History of Palmistry*. Nova York: Hamlyn Publishing, 1971.

_____ . *Dictionary of Occult, Hermetic and Alchemical Sigils*. Boston: Routledge and Kegan Paul, Ltd., 1981.

Gimbutas, Marija. *The Language of the Goddess*. São Francisco: HarperSanFrancisco, 1991.

Glick, Thomas; Steven Livesey; Faith Wallis (orgs.). *Medieval Science, Technology, and Medicine: An Encyclopedia*. Nova York: Routledge, 2005.

Goldman, Norma; Jacob E. Nyenhuis. *Latin Via Ovid: A First Course*. 2. ed. Detroit: Wayne State University Press, 1982.

Grande, Lance; Allison Augustyn. *Gems and Gemstones: Timeless Natural Beauty of the Mineral World*. Chicago: The University of Chicago Press, 2009.

Graves, Charles. "On the Ogham Character". *Archaeologia Cambrensis, The Journal of the Cambrian Archaeological Association*, v. 2, 3ª série. Londres: J. Russell Smith, 1856.

Graves, Charles. "On Ogam Inscriptions". *Hermathena: A Series of Papers on Literature, Science, and Philosophy*, v. 6, p. 241-268. Dublin, Irlanda: Hodges, Figgis, & Co., 1888.

Greer, John Michael. *The New Encyclopedia of the Occult*. St. Paul, MN: Llewellyn Publications, 2004.

Gregersen, Erik (org.). *The Milky Way and Beyond: Stars, Nebulae, and Other Galaxies*. Nova York: Britannica Educational Publishing, 2010.

Greenfield, Stanley B.; Daniel G. Calder. *A New Critical History of Old English Literature*. Nova York: New York University Press, 1986.

Gusick, Barbara I.; Edelgard E. DuBruck (orgs.). *Fifteenth-Century Studies*. Rochester, NY: Camden House, 2007. v. 32.

Hock, Hans Henrich; Brian D. Joseph. *Language History, Language Change, and Language Relationship: An Introduction to Historical and Comparative Linguistics*. 2. rev. org. Berlim, Alemanha: Mouton de Gruyter, 2009.

Hoeller, Stephan A. "On the Trail of the Winged God: Hermes and Hermeticism Throughout the Ages". *Gnosis: A Journal of Western Inner Traditions*, v. 40, p. 20-28. Commack, NY: Gnosis, 1996.

Hogg, Richard. *An Introduction to Old English*. 2. ed. Edimburgo, Escócia: Edinburgh University Press, 2012.

Holberg, Jay B. *Sirius: Brightest Diamond in the Night Sky*. Nova York: Springer, 2007.

Holden, James Herschel. *A History of Horoscopic Astrology*. 2. ed. Tempe, AZ: American Federation of Astrologers, Inc., 2006.

Honório, III, papa. *Grimoire du Pape Honorius with a Collection of the Rarest Secrets*. Roma, 1670.

Honório de Tebas. *The Sworn Book of Honorius: Liber Iuratus Honorii*. Tradução de Joseph Peterson. Lake Worth, FL: Ibis Press, 2016.

Hulse, David Allen. *The Western Mysteries: An Encyclopedic Guide to the Sacred Languages and Magical Systems of the World*. St. Paul, MN: Llewellyn Publications, 2000. v. 2.

Hume, Lynne; Nevill Drury. *The Varieties of Magical Experience: Indigenous, Medieval, and Modern Magic*. Santa Bárbara, CA: Praeger, 2013.

Johnson, John. *Typographia, or the Printers' Instructor*. Londres: Longman, Hurst, Rees, Orme, Brown & Green, 1824. v. 2.

Jung, Carl G.; M.-L. von Franz; Joseph L. Henderson; Jolande Jacobi; Aniela Jaffé. *Man and His Symbols*. Nova York: Dell Publishing, 1968.

Jung, C. G. *Mysterium Coniunctions: An Inquiry into the Separation and Synthesis of Psychic Opposites in Alchemy*. Princeton, NJ: Princeton University Press, 1976.

Kassell, Lauren. *Medicine and Magic in Elizabethan London. Simon Forman: Astrologer, Alchemist & Physician*. Nova York: Oxford University Press, 2005.

Kenner, T. A. *Symbols and Their Hidden Meaning*. Londres: Carlton Publishing Group, 2007.

Koch, John T. (org.). *Celtic Culture: A Historical Encyclopedia: M-S*. Santa Bárbara, CA: ABC-CLIO, Inc., 2005. v. 4.

Koch-Westenholz, Ulla. *Mesopotamian Astrology: An Introduction to Babylonian and Assyrian Celestial Divination*. Copenhague, Dinamarca: Museum Tusculanum Press, 1995.

König, Ekkehard; Johan van der Auwera (orgs.). *The Germanic Languages*. Nova York: Routledge, 2002.

Lachièze-Rey, Marc; e Jean-Pierre Luminet. *Celestial Treasury: From the Music of the Spheres to the Conquest of Space*. Tradução de Joe Larado. Nova York: Cambridge University Press, 2001.

Laycock, Donald C. *The Complete Enochian Dictionary: A Dictionary of the Angelic Language as Revealed to Dr. John Dee and Edward Kelley*. York Beach, ME: Weiser Books, 2001.

Lehmann, Ruth P. M. "Ogham: The Ancient Script of the Celts". *The Origins of Writing*. Organizado por Wayne M. Senner, p. 159-170. Lincoln, NE: University of Nebraska Press, 1989.

Leitch, Aaron. *The Angelical Language, Volume 1: The Complete History and Mythos of the Tongue of Angels*. Woodbury, MN: Llewellyn Publications, 2010.

Lipp, Deborah. *The Way of Four: Create Elemental Balance in Your Life*. St. Paul, MN: Llewellyn Publications, 2004.

Liungman, Carl G. *Symbols: Encyclopedia of Western Signs and Ideograms*. Estocolmo, Suécia: HME Publishing, 1995.

Looijenga, Tineke. *Texts and Contexts of the Oldest Runic Inscriptions*. Boston: Brill, 2003.

Macalister, R. A. Stewart. *The Secret Languages of Ireland*. Nova York: Cambridge University Press, 2014.

MacCall, Seamus. *And So Began the Irish Nation*. Dublin, Irlanda: The Talbot Press Limited, 1931.

Mac Coitir, Niall. *Irish Trees: Myths, Legends & Folklore*. Cork, Irlanda: Collins Press, 2003.

MacDonald, Fiona. *The Plague and Medicine in the Middle Ages*. Milwaukee, WI: World Almanac Library, 2006.

Mackey, Albert G. *An Encyclopaedia of Freemasonry and Its Kindred Sciences: Comprising the Whole Range of Arts, Sciences and Literature as Connected with the Institution*. Filadélfia: Moss & Company, 1874.

Magill, Frank N. (org.). *Dictionary of World Biography: Volume II The Middle Ages*. Nova York: Routledge, 1998.

MacKillop, James. *A Dictionary of Celtic Mythology*. Nova York: Oxford University Press, 1998.

MacLachlan, Bonnie; Judith Fletcher (orgs.). *Virginity Revisited: Configurations of the Unpossessed Body*. Toronto, Canadá: The University of Toronto Press Inc., 2007.

MacLeod, Mindy; Bernard Mees. *Runic Amulets and Magic Objects*. Woodbridge, Inglaterra: The Boydell Press, 2006.

Mallory, J. P.; D. Q. Adams. *The Oxford Introduction to Proto-Indo-European and the Proto-Indo-European World*. Nova York: Oxford University Press, 2006.

Marcovich, Miroslav. *Studies in Graeco-Roman Religions and Gnosticism*. Organizdao por H. S. Versnel. Leiden, Holanda: E. J. Brill, 1989. v. 4.

Marshack, Alexander. *The Roots of Civilization: The Cognitive Beginnings of Man's First Art, Symbol and Notation*. Wakefield, RI: Moyer Bell Ltd., 1991.

Mathers, S. L. MacGregor (org.). *The Key of Solomon the King*. Tradução de S. L. MacGregor Mathers. Mineola, NY: Dover Publications, Inc., 2009.

McCalman, Iain. *The Last Alchemist: Count Cagliostro, Master of Magic in the Age of Reason*. Nova York: HarperCollins, 2003.

McLeish, John. *Number: The History of Numbers and How They Shape Our Lives*. Nova York: Fawcett Columbine, 1992.

Mickey, Sam. *Whole Earth Thinking and Planetary Coexistence: Ecological Wisdom at the Intersection of Religion, Ecology, and Philosophy*. Nova York: Routledge, 2016.

Monk, Michael A.; John Sheehan (orgs.). *Early Medieval Munster: Archaeology, History and Society*. Cork, Irlanda: Cork University Press, 1998.

Monod, Paul Kléber. *Solomon's Secret Arts: The Occult in the Age of Enlightenment*. New Haven, CT: Yale University Press, 2013.

Morris, Richard L. *Runic and Mediterranean Epigraphy*. Filadélfia: John Benjamins North America, 2012.

Nauert, Charles G. *The A to Z of the Renaissance*. Lanham, MD: Scarecrow Press, Inc., 2004.

Newsome, James D. *The Hebrew Prophets*. Louisville, KY: Westminster John Knox Press, 1984.

Noble, Thomas F. X.; Barry Strauss; Duane J. Osheim; Kristen B. Neuschel; Elinor A. Accampo; David D. Roberts; William B. Cohen. *Western Civilization. Beyond Boundaries Volume I: to 1715*. 7. ed. Boston: Wadsworth Cengage Learning, 2018.

Nozedar, Adele. *The Secret Language of Birds: A Treasury of Myths, Folklore and Inspirational True Stories*. Londres: Harper Element, 2006.

Ó Cróinín, Dáibhí (org.). *A New History of Ireland: Prehistoric and Early Ireland*. Nova York: Oxford University Press, 2005. v. 1.

O'Kelly, Michael J. *Early Ireland: An Introduction to Irish Prehistory*. Nova York: Cambridge University Press, 2001.

Olcott, William Tyler. *Star Lore: Myths, Legends, and Facts*. Mineola, NY: Dover Publications, Inc., 2004.

Osborne, Kenan B. *Sacramental Theology: A General Introduction*. Nova York: Paulist Press, 1988.

Page, R. I. *Runes*. Berkeley, CA: University of California Press, 1987.

_____. *Runes and Runic Inscriptions: Collected Essays on Anglo-Saxon and Viking Runes*. Organizado por David Parsons. Woodbridge, Inglaterra: The Boydell Press, 1998.

_____. *An Introduction to English Runes*. 2ª ed. Woodbridge, Inglaterra: The Boydell Press, 2006.

Page, Sophie. *Astrology in Medieval Manuscripts*. Toronto, Canadá: University of Toronto Press, 2002.

Pankenier, David W. "On Chinese Astrology's Imperviousness to External Influences". *Astrology in Time and Place: Cross-Cultural Questions in the History of Astrology*. Organizado por Nicholas Campion e Dorian Geiseler-Greenbaum. Newcastle upon Tyne, Inglaterra: Cambridge Scholars Publishing, 2015. p. 3-26.

Paracelso. *Of the supreme mysteries of nature*. Tradução de Robert Turner. Londres: N. Brook and J. Harison, 1656.

Payne-Gaposchkin, Cecilia; Katherine Haramundanis. *Introduction to Astronomy*. Nova York: Prentice Hall, 1970.

Pennick, Nigel. *Magical Alphabets*. York Beach, ME: Samuel Weiser, Inc., 1992.

Pogačnik, Marko. *Nature Spirits & Elemental Beings: Working with the Intelligence in Nature*. Forres, Escócia: Findhorn Press, 2009.

Pyle, Andrew. *The Dictionary of Seventeenth-Century British Philosophers*. Bristol, Inglaterra: Thoemmes Continuum, 2000. v. 1.

Remler, Pat. *Egyptian Mythology A to Z*. 3ª ed. Nova York: Chelsea House, 2010.

Rhys, John. *Celtic Britain*. Nova York: E. & J. R. Young & Co., 1882.

Ridpath, Ian. *Star Tales*. Cambridge, Inglaterra: Lutterworth Press, 1988.

Robson, Vivian. *The Fixed Stars & Constellations in Astrology*. Abingdon, MD: The Astrology Center of America, 2005.

Roeckelein, J. E., comp. *Elsevier's Dictionary of Psychological Theories*. San Diego, CA: Elsevier Inc., 2006.

Ross, Anne. *Pagan Celtic Britain: Studies in Iconography and Tradition*. Londres: Constable and Company, Ltd., 1993.

Rudhyar, Dane. *The Astrology Of Personality: A Reformulation of Astrological Concepts and Ideals in Terms of Contemporary Psychology and Philosophy*. Nova York: Lucis Publishing Co., 1936.

Ruickbie, Leo. *The Impossible Zoo: An Encyclopedia of Fabulous Beasts and Mythical Monsters*. Londres: Little, Brown Book Group, 2016.

Sacks, David. *Letter Perfect: The A-to-Z History of Our Alphabet*. Toronto, Canadá: Vintage-Canada, 2004.

Savedow, Steve (org.). *Sepher Rezial Hemelach: The Book of the Angel Rezial*. Tradução de Steve Savedow. York Beach, ME: Weiser Books, 2000.

Schaaf, Fred. *A Year of the Stars: A Month by Month Journey of Skywatching*. Amherst, NY: Prometheus Books, 2003.

_____. *The Brightest Stars: Discovering the Universe through the Sky's Most Brilliant Stars*. Hoboken, NJ: John Wiley & Sons, Inc., 2008.

Schmandt-Besserat, Denise. *Before Writing Volume I: From Counting to Cuneiform*. Austin, TX: University of Texas Press, 1992.

Shipley, Joseph T. *Dictionary of Early English*. Lanham, MD: Rowman & Littlefield Publishers, Inc., 2014.

Skeat, Walter W. *The Concise Dictionary of English Etymology*. Ware, Inglaterra: Wordsworth Editions, Ltd., 1993.

Slavin, Michael. *The Ancient Books of Ireland*. Montreal, Canadá: McGill-Queen's University Press, 2005.

Smith, Jeremy J. *Old English: A Linguistic Introduction*. Nova York: Cambridge University Press, 2009.

Sommers, Susan Mitchell. *The Siblys of London: A Family on the Esoteric Fringes of Georgian England*. Nova York: Oxford University Press, 2018.

Spurkland, Terje. *Norwegian Runes and Runic Inscriptions*. Tradução de Betsy van der Hock. Woodbridge, Inglaterra: The Boydell Press, 2005.

Stevenson, Angus (org.). *Oxford Dictionary of English*, 3ª ed. Nova York: Oxford University Press, 2010.

St. Fleur, Nicholas. "Oldest Known Drawing by a Human is Found in South Africa". *The New York Times*, 13 de set. 2018. p. 10.

Steingass, F. *Persian-English Dictionary: Including Arabic Words and Phrases to be Met with in Persian Literature*. Nova York: Routledge, 1998.

Stoklund, Marie; Michael Lerche Nielsen; Bente Holmberg; Gillian Fellows-Jensen (orgs.). *Runes and Their Secrets: Studies in Runology*. Copenhague, Dinamarca: Museum Tusculanum Press, 2006.

Swetz, Frank J. *Legacy of the Luoshu: The 4,000 Year Search for the Meaning of the Magic Square of Order Three*. Boca Raton, FL: CRC Press, 2008.

Swift, Catherine. "The Story of Ogham". *History Today* 65, nº 10, pp. 4-5. Londres: History Today Ltd, 2015.

Symons, Victoria. *Runes and Roman Letters in Anglo-Saxon Manuscripts*. Berlim, Alemanha: Walter de Gruyter GmbH, 2016.

Tester, Jim. *A History of Western Astrology*. Woodbridge, Inglaterra: The Boydell Press, 1996.

Thierens, A. E. *Elements of Esoteric Astrology*. Londres: Rider & Co., 1931.

Thorndike, Lynn. *A History of Magic and Experimental Science*. Nova York: Columbia University Press, 1958.

Torkelson, Anthony R. *The Cross Name Index to Medicinal Plants: Plants in Indian Medicine A-Z*. Boca Raton, FL: CRC Press, 1999. v. 4.

Tyson, Donald. *Llewellyn's Truth About Runes*. Woodbury, MN: Llewellyn Publications, 2013.

U∴D∴, Frater. *Money Magic: Mastering Prosperity in its True Element*. Woodbury, MN: Llewellyn Publications, 2011.

_____. *Practical Sigil Magic: Creating Personal Symbols for Success*. Tradução de Ingrid Fischer. Woodbury, MN: Llewellyn Publications, 2015.

van der Laan, J. M.; Andrew Weeks (orgs.). *The Faustian Century: German Literature and Culture in the Age of Luther and Faustus*. Rochester, NY: Camden House, 2013.

van der Poel, Marc. *Cornelius Agrippa: The Humanist Theologian and His Declamations*. New York: Brill, 1997.

Vidro, Nadia; Irene E. Zwiep; Judith Olszowy-Schlanger. *A Universal Art. Hebrew Grammar across Disciplines and Faiths*. Boston: Brill, 2014.

Watson, George (org.). *The New Cambridge Bibliography of English Literature: 600-1600*. Nova York: Cambridge University Press, 1974. v. 1.

Webb, Stephen. *Clash of Symbols: A Ride Through the Riches of Glyphs*. Nova York: Springer Publishing, 2018.

Wells, Diana. *100 Birds and How They Got Their Names*. Chapel Hill, NC: Algonquin Books of Chapel Hill, 2002.

Wilson, Eric G. *The Spiritual History of Ice: Romanticism, Science, and the Imagination*. Nova York: Palgrave MacMillan, 2003.

Wilson, Nigel (org.). *Encyclopedia of Ancient Greece*. Nova York: Routledge, 2010.

Zinberg, Israel. *A History of Jewish Literature: Italian Jewry in the Renaissance Era*. Translated and edited by Bernard Martin. Nova York: KTAV Publishing House, Inc., 1974.

RECURSOS ON-LINE

Astronomical Applications Department of the U.S. Naval Observatory. Disponível em: http://aa.usno.navy.mil/data/docs/RS_OneYear.php.

The Internet Archive. Disponível em: https://archive.org/.

ÍNDICE REMISSIVO

A

abibe-comum, 124

abrunheiro, 29, 140

aether/éter, 40, 41, 61, 62

Afrodite, 37, 51

Agrippa, Henrique Cornélio, 21-3, 61, 83-5, 89, 92-8, 101-04, 107, 159, 205, 233, 236-39, 242-44, 246

águia 28, 106, 131

além, o, 52-3, 130-31, 135, 137-39, 143

alfabeto Celestial, 244, 245, 249, 251

alfabeto das bruxas, 13, 233, 235, 236, 238, 240

alfabeto dos Magos, 244, 249-51

Alfabeto Enoquiano, 249, 252, 253-55

alfabeto Malaquim, 242-44, 249

alfabeto tebano, 235-41

alfabeto Travessia do Rio, 245-47, 249

âmbar, 30, 35, 42, 48, 77, 98, 177, 181, 187

ametista, 28, 32-3, 42, 52, 55, 95, 126, 134, 142, 170, 173

Aristóteles, 57, 61, 62

arquétipos, 68

artemísia, 93, 98-101, 104-06, 122, 229

avelã, 30, 35, 126, 143

avelã-de-bruxa, 35, 143
axis mundi, 64
Ayurveda/ayurvédica, 61

B

Babilônios, 17-9, 24, 26, 45, 50-2, 95, 97, 221, 244, 246
Bagdá, 20, 83
Barrett, Francis, 205, 237, 238, 244
Behenianas, 81, 84
    Behenii, 84
Beltane, 131
bétula, 31, 125, 172
Blavatsky, Elena Petrovna, 246
Bolsa da Gralha, 143
Book of Ballymote, The, 111-13, 124
Bracteata de Vadstena, 153, 154
Brígida, 218, 219, 229

C

Cabala, 159, 205, 237, 241, 242, 244, 246, 250, 252, 253
caldeus, 18, 19, 24, 26, 96, 244, 251
carvalho, 28, 35, 126-27, 193-94, 229
Ceres, 54, 55
chakras, 35, 44, 52, 53, 71, 86, 87, 212
Chaucer, Geoffrey, 21
cinza, 29, 32-3, 36, 135, 194-95, 228-29
cisne, 128, 129-30
coleção Harley, 85
coleção Sloane, 237, 253
constelações zodiacais, 18, 20, 22, 39, 40-2
    Aquário, 34, 36, 40
    Áries, 29, 39, 40, 43, 44
    Câncer, 31, 40, 44, 45
    Capricórnio, 34, 40, 45, 46, 98
    Escorpião, 29, 33, 39, 40, 52, 53

　　　　Gêmeos, 30, 40, 46, 47
　　　　Leão, 35, 40, 47, 48, 103
　　　　Libra, 37, 40, 48, 49
　　　　Ophiuchus, 39, 40, 49, 50
　　　　Peixes, 28, 32, 39, 40, 50, 51
　　　　Sagitário, 28, 39, 40, 51, 52
　　　　Touro, 37, 40, 53, 54, 91, 99
　　　　Virgem, 30, 40, 48, 54, 55, 90, 105
cornalina, 34, 46-8, 53, 77, 92, 125, 180
corvo-marinho, 136
Crowley, Aleister, 209, 210, 254
Culpeper, Nicholas, 22

D

d'Abano, Pietro, 20, 23, 205, 236
Dagda, o 122, 229
Danu, 122
Dee, John, 30, 159, 237, 249, 252-55
Deméter, 54, 55
deusa das serpentes minoica, 49
divinação, 18, 21, 24, 29-32, 35, 50, 54, 75, 77-8, 85, 86, 91, 117, 120, 121, 122, 124-42, 143-48, 162, 170-92, 194-200, 204, 243, 251, 252, 255
dragão, 60, 61, 159
druidas, 113, 127, 141

E

eclíptica, 17, 18, 39, 40, 92
elementais, 57, 61-3, 71, 73, 75, 78, 79, 215, 216, 225, 237, 249, 254
elementos, 13, 15, 19, 23, 24, 27, 28-37, 42-5, 46-9, 51-5, 57, 59-65, 67-71, 73-9, 127, 137, 213, 217, 218, 247
　　água, 30-4, 36, 41, 42, 44-5, 50, 51, 53, 59-64, 67, 69, 74-5, 78-9, 102, 133, 137, 139, 162, 181, 218, 247
　　ar, 28-30, 36, 42, 47, 49, 59-64, 67, 70, 74-6, 79, 87, 96, 137, 146, 166, 216, 218
　　espírito, 24, 32, 33, 35, 41, 59, 61, 62, 78-9, 129, 171, 172, 205, 206, 217, 236, 252, 253
　　fogo, 28, 29, 35, 36, 44, 47, 48, 52, 59-64, 67, 70, 74, 77, 79, 179, 181, 196, 213

terra, 17, 18, 23, 24, 34, 37, 40, 46, 54, 55, 59-64, 67-9, 74-5, 76-7, 79, 86-8, 122, 197, 218, 254
Empédocles, 60, 61, 67, 78
Enoque, 209, 252-55
    Livro de, 253-54
erva-de-são-joão, 35
Esbat, 44, 51, 86, 100
Esculápio, 19
espinheiro-branco, 29, 130-31
estrelas fixas, 13, 19, 22, 23, 81, 83, 89, 90, 92, 96, 99, 103, 207, 228
    Ala Corvi, 90, 91, 228
    Aldebarã, 91, 92, 99
    Algol, 86, 92, 93
    Alfeca, 93, 94
    Antares, 94, 95
    Arturo, 90, 96, 105
    Capela, 92, 97-9, 106
    Deneb Algedi, 98-9
    Plêiades, 91, 97, 99, 100
    Polaris, 100-03, 105
    Prócion, 101, 102-03
    Régulo, 103, 104, 228
    Sirius, 101-02, 104, 105
    Espiga, 90, 105-06, 228
    Vega, 106-07, 228
evônimo, 146

F

faia, 34, 146, 148
forfeda, 111, 114, 115, 121, 124, 143

G

gaivota, 129
Galeno, Cláudio, 67, 236, 250
Gardner, Gerald, 238
gavião, 139, 183
gematria, 221
Geoffrey de Monmouth, 20
Gettings, Fred, 61, 63
ginseng indiano, 84
godos, 152
gralha da noite, 130-31
granada, 33, 45, 46, 78, 92, 104, 129, 170, 176, 177, 183, 190
Graves, Charles, 113, 114-15, 116
Graves, Robert, 114

H

Hator, 100, 229
Hermes, 19, 43, 84, 85
    Trismegisto, 84, 85, 89
Hipócrates, 60, 61, 67
Honório, 235-37
    grimório, 236
    Livro Consagrado de, 237
    Papa, 236-37
Hórus, 204
humores, os, 60, 61, 67

I

Imbolc, 218
Ísis, 52, 95, 104, 216-17

J

jade, 37, 42, 48, 49, 51, 54, 55, 77, 78, 98, 181, 182
jaspe, 29, 34, 43, 44, 52, 55, 77-8, 95, 96-7, 102, 134, 177, 190

jaspe-sanguíneo, 29, 43-4, 50, 51, 53, 77, 92, 93, 104, 181, 189
Jung, Carl, 12, 63, 68

K

Kelley, Edward, 252-55
Kylver, pedra de, 153, 154, 161, 167

L

labradorita, 32-3, 36, 52, 53, 77, 187
lançar as Nornas, 167
lápis-lazúli, 32, 37, 44, 49, 50, 54, 78, 129, 130, 174, 184
Lughnasadh, 55

M

Mabon, 98, 128
Macalister, R. A. Stewart, 113, 114
magia do caos, 209
magnetita, 47, 77, 97, 101
Manannán mac Lir, 143
mandrágora, 30, 98, 99, 106
Marduk, 43, 53, 97
Medicina tradicional chinesa, 61
meimendro, 34, 91

O

obsidiana, 33, 34, 45, 46, 52, 77, 129, 183, 252
Odin, 159, 162, 174, 189, 197, 198, 229
ogham, 12, 13, 109, 111-18, 120-42, 143-49, 152, 169, 177, 215, 229
    Ailm, 115, 118, 120, 124
    Amhancholl, 118, 143, 144, 148
    Beith, 115, 116, 118, 120, 125
    Coll, 118, 126
    Duir, 118, 126-27
    Ebad, 118, 144, 145
    Edad, 118, 128

Fearn, 116, 118, 129
Gort, 118, 129-30
Huath, 115, 119, 130-31
Ioho, 119, 131-32
Ifin, 114, 119, 143, 145, 147, 148
Koad/Grove, 144-45
Luis, 116, 119, 132-33
Mór, 118, 143, 144, 148
Muin, 115, 119, 133-34
Nion, 116, 119, 135-36
Ngetal, 119, 134-35, 147, 177
Onn, 117, 119, 136-37
Peith, 119, 121, 143, 147-48
Pethboc, 147
Phagos, 119, 121, 143, 148
Quert, 117, 120, 137-38
Ruis, 120, 138-39
Saille, 120, 139-40
Straif, 120, 140
Tinne, 120, 141
Ur, 120, 142, 166, 189
Uilleann, 120, 143, 146, 147

Ogma, 109, 122

olho de tigre, 35, 48-50, 105-06, 126, 176, 189

Ordem Hermética da Golden Dawn, 209, 238, 242, 254

Ostara, 98, 105, 136

P

Paracelso, 79, 205-07, 249-51

pedra da lua, 31, 44, 45, 49, 78, 172, 180

Pedra Filosofal, 62

Perséfone, 54

planetário/a (os/as), 18, 21, 23, 24, 26, 27, 205-07, 223-25, 228, 230, 254
    dias, 24-5, 27
    horas, 25, 26

    regência, 19
planetas, 15, 17-24, 26-37, 40, 42-4, 46-55, 83, 87, 95, 204-06, 230, 244
    Júpiter, 24, 26-8, 32, 51-3, 97, 206, 229
    Marte, 24, 26, 27, 28, 29, 33, 43, 44, 53, 95, 215, 223-25, 228
    Mercúrio, 24, 26, 27, 29, 30, 47, 55
    Lua, 17-21, 22-4, 26, 27, 30, 31, 40, 45, 61, 83, 86, 131, 217, 218, 229
    Netuno, 24, 31, 32, 51, 229
    Plutão, 24, 32, 33, 53
    Saturno, 24-5, 26, 27, 33-4, 36, 42, 46, 204
    Sol, 15, 18, 19, 24-7, 34, 35, 39-40, 41, 47, 48, 83, 104, 125, 136, 187
    Urano, 24, 25, 35, 36, 42
    Vênus, 24, 26, 27, 36, 37, 49, 50, 54, 215
Ptolomeu, 19, 23, 39, 105

Q

quadrado Sator, 204-05
quadrados mágicos, 13, 201, 203-07, 221, 223-26, 228, 230
quartzo, 31-3, 36-7, 42-5, 46, 47, 49, 50, 53, 54, 76-8, 100, 106-07, 117, 127, 130, 131, 133, 135, 137, 141, 170, 171, 178, 182, 183, 188
quintessência, 64-5

R

Renascença Celta, 109, 114
runas de Nortúmbria, 158, 159, 193, 195, 196, 197, 198, 199
Runas Rök, 156
runas, 12, 13, 24, 27, 111, 112, 149, 151-60, 161-63, 166-92, 193-200, 215, 216, 218, 229, 235, 257
    Ac, 163, 193, 194
    Aesc, 163, 194-95
    Algiz, 155, 166, 170-71
    Ansuz, 163, 171, 193, 194
    Ar, 163, 195
    Berkanan, 163, 172
    Calc, 164, 195, 196
    Cen, 163, 180
    Cweorþ, 165, 196-97, 199

Dagaz, 163, 173
Ear, 163, 197
Ehwaz, 163, 173-74
Fehu, 155, 162, 163, 166, 174-75
Gar, 164, 196-98, 238
Gebo, 164, 166, 175-76
Hagalaz, 164, 176-77
Ingwaz, 165, 177
Ior, 164, 198-99
Isa, 155, 164, 178
Iwaz, 163, 178-79
Jera, 164, 179-80, 195
Kenaz, 164, 166, 180-81
Laguz, 164, 181-82
Mannaz, 164, 182-83
Naudiz, 164, 183-84
Oþila, 165, 184-85
Os, 165, 171
Perþ, 164, 165, 185-86
Raido, 165, 166, 186-87
Sowilo, 165, 187-88
Stan, 165, 199
Thurisaz, 165, 169, 188-89
Tiwaz, 165, 167, 190
Uruz, 166, 191
Wunjo, 166, 182, 192
Yr, 166, 199-200

S

sagrado, 141
salgueiro, 31, 37, 139
Salomão, 242, 243
    rei, 63, 242, 243, 245
    selo de, 34, 63
Samhain, 33, 53, 136, 148, 197

seres, 23, 57, 78, 79, 105, 131, 209, 242
Sociedade Teosófica, 246
solstício, 47, 124, 125, 131, 142, 173
    de inverno, 124, 125, 131
    de verão, 47, 142, 173
sorva, 34, 36, 132-33
Spare, Austin Osman, 209, 210, 212, 213, 215, 216

T

teixo, 131, 179, 200
Thebit, 83-5
Thoth, 84
tojo, 35, 136, 137
trabalho com sonhos, 24, 30-3, 41, 44, 51, 78, 86, 105, 126, 243
Trithemius, Johannes, 21, 22, 205, 235-39
turquesa, 28, 31, 32, 37, 42, 52, 54, 55, 77, 78, 91, 183, 186

U

U∴D∴, Frater, 210, 212, 213
urze, 142

V

vara de Ribe 161

W

wren, 127

Y

Yule, 125, 131

CONTATO COM A AUTORA

Se você quiser contatar a autora ou obter mais informações a respeito deste livro, por favor, escreva para ela sob os cuidados da Llewellyn Worlwide Ltd. e encaminharemos sua solicitação. É muito importante para a autora e os editores saberem sobre seu interesse pelo livro e como a obra ajudou em sua vida. A Editora Llewellyn Worldwide Ltd. não pode garantir que todas as cartas escritas para a autora serão respondidas, mas certamente serão encaminhadas. Escreva para:

Sandra Kynes
c/o Llewellyn Worldwide
2143 Wooddale Drive
Woodbury, MN 55125-2989

Favor incluir um envelope selado, com remetente, para a resposta ou US$ 1,00 para as despesas. Se escrever de fora dos Estados Unidos, inclua um cupom postal internacional de resposta.

Muitos autores da Llewellyn têm sites na internet com informações e recursos adicionais. Para informação, visite nosso site em http://wwe.llewellyn.com.